21 世纪**信息管理与信息系统**系列教材

管理信息系统

（第 2 版）

◎ 洪小娟 黄卫东 韩普 主编

MANAGEMENT
INFORMATION SYSTEMS
(2nd Edition)

人 民 邮 电 出 版 社

北 京

图书在版编目（CIP）数据

管理信息系统 / 洪小娟，黄卫东，韩普主编. -- 2版. -- 北京 : 人民邮电出版社，2015.9(2019.1重印)
21世纪信息管理与信息系统系列教材
ISBN 978-7-115-40114-4

Ⅰ. ①管… Ⅱ. ①洪… ②黄… ③韩… Ⅲ. ①管理信息系统－高等学校－教材 Ⅳ. ①C931.6

中国版本图书馆CIP数据核字(2015)第177320号

内 容 提 要

本书在系统阐述管理信息系统基本概念、功能、原理的基础上，结合提高管理效率和创新管理，深入剖析信息系统的开发和应用。

全书共分 8 章。第 1 章介绍管理信息系统与组织的问题，包括管理信息系统的基本概念，以及在构建企业竞争优势过程中发挥的作用；第 2 章介绍管理信息系统的基础应用；第 3 章介绍管理信息系统的扩展应用；第 4 章介绍决策支持系统与商务智能；第 5 章介绍管理信息系统开发的基本内容；第 6 章介绍管理信息系统实施与管理问题；第 7 章介绍管理信息系统的未来发展；第 8 章内容包括单项业务系统开发、ERP 系统业务操作、商务智能软件应用 3 个主题的实验指导，帮助读者了解管理信息系统在组织中由浅入深的应用过程。

本书可作为高等院校信息管理与信息系统专业以及经济管理相关专业管理信息系统课程的教材，也可作为 MBA 相关课程的教材，以及职业经理人信息管理培训教材，并可供从事信息系统研究、开发和应用的人员学习参考。

◆ 主　　编　洪小娟　黄卫东　韩　普
责任编辑　武恩玉
责任印制　沈　蓉　彭志环

◆ 人民邮电出版社出版发行　　北京市丰台区成寿寺路 11 号
邮编 100164　　电子邮件 315@ptpress.com.cn
网址 http://www.ptpress.com.cn
固安县铭成印刷有限公司印刷

◆ 开本：787×1092　1/16
印张：14.25　　2015 年 9 月第 2 版
字数：327 千字　　2019 年 1 月河北第 6 次印刷

定价：35.00 元

读者服务热线：(010)81055256　印装质量热线：(010)81055316
反盗版热线：(010)81055315

前言 FOREWORD

一本优秀的教材必须与时俱进，必须用易于理解的方式阐释概念，并且能够调动读者学习的积极性。本书再版修订时，力争兼顾这三点。

首先，与时俱进。在复杂性和多变性日益增强的现实世界，信息的地位和作用日益突出。持续不断的信息技术创新，以及新的商业实践和高超的管理决策，正在改变我们经营企业的方式、创造收入的方式以及获得产品和服务的方式。新的通信手段、全新的硬件平台、创新的数据处理方式正在改变着人们工作的方式、地点和内容。所以本书在修订时，力争能够反映时代的变化，跟上企业变革的步伐。为此，本书更新了所有的案例，并尽力体现未来的信息系统发展趋势。第 2 章中修订了 ERP 厂商收购、合并之后的产品介绍。在第 7 章增加了大数据、云计算、移动商务的内容，以使教学内容能够与时俱进。

其次，用易于理解的方式表达概念。再版时，编者力争对每个提及的概念进行详尽的介绍。我们不求涵盖的概念数量多，但求将概念以通俗易懂的方式讲解透彻。本书各章节内容都经过精心组织，章与章之间、节与节之间都是逻辑连贯的，没有一个术语是未经定义就出现在章节中的。每章开头介绍学习目标，用问题引导学生回答学习要点。每章结尾处给出本章的关键术语和中英文对照。这样的内容安排，适合于读者了解管理信息系统这个复杂、多变的领域。

当然，能够调动读者学习“管理信息系统”课程的积极性，是本书再版修订时追求的终极目标。相比其他的教材，本书有自己的独特视角，即兼顾并融合信息系统在企业中的应用和系统开发流程与方法，以帮助读者形成一个全局的观点，清楚地认识到现代信息技术在企业中的应用形式，管理信息系统又是如何辅助管理人员解决遇到的问题、完成日常工作的。因此，本书能兼顾读者的学习兴趣，能够深入浅出地展示技术表达和管理需求的表达差异。另外，本书通过提出问题、理论讲解、解决问题的步骤来组织教学内容。每章的开头（除第 8 章外）都会以案例的形式给出一个企业中实际遇到的问题，引导读者进行思考，然后在章节正文中讲解相关的理论知识，理论介绍完毕之后再要求读者运用这个理论来分析、解决案例中的问题。

本书第 1 章、第 2 章、第 8 章由洪小娟修订完成；第 3 章由朱京辉修订；第 4 章、第 7 章由韩普修订；第 5 章由黄双颖修订；第 6 章由刘婧修订。洪小娟负责全书统稿工作。

在本书修订过程中，黄卫东教授提出了不少中肯的指导意见，在此表示感谢，并感谢翟丹妮、朱恒民等老师对第1版教材的奉献。

本书是各位编者、修订者参考同类型教材，并根据多年来在高等学校中为本科生开设管理信息系统课程的经验修改而成的。但由于编者水平有限，而且信息技术发展迅速、日新月异，书中难免有不当之处，希望各位读者多提宝贵意见。编者的 E-mail 地址为 hongxj@njupt.edu.cn。

编　者

2015年6月

目录 CONTENTS

第1章 管理信息系统与组织

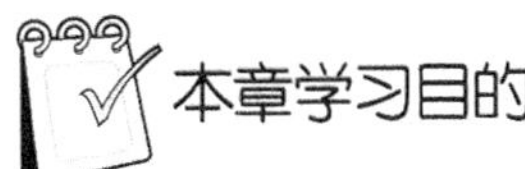

本章学习目的

在信息时代，信息系统与技术的应用使企业、行业和市场发生着深刻的变革。组织应该顺应时代潮流，认清信息技术对企业获得竞争优势的重要性，从而更好地利用信息系统面对全球竞争。

通过本章的学习应掌握以下问题：

（1）了解我们现在所处时代的特征，以便更好地适应这个多变的环境。

（2）了解并掌握管理信息系统的基本概念、特点、功能和基本要素。

（3）解释为什么人是管理信息系统中最重要的资源，明确他们面对的信息和技术挑战，并讨论他们道德上的责任。

（4）从不同视角理解管理信息系统。

（5）理解信息技术为什么对组织竞争优势如此重要。

（6）如何利用信息技术获得竞争优势。

本章引导案例

互联网时代下的华为

在进入管理信息系统的学习之前，我们必须明确：互联网时代仍然需要科学管理。科学地掌握生产规律，以适应未来时代的发展，是需要严格的数据、事实与理性的分析的。没有此为基础，就谈不上科学，更不可能成为技术革命的弄潮儿。科学管理与创新并非是对立的，两者遵循的是同样的思维规律：基于数据和事实的理性分析和科学管理，建立在计划和流程基础上的规范的管理控制系统，以及客户导向和力求简单的产品开发策略。

案例背景：

华为技术有限公司于 1987 年在中国深圳正式注册成立，是一家生产销售通信设备的民营通信科技公司，总部位于广东省深圳市龙岗区坂田华为基地。华为的产品主要涉及通信网络中的交换网络、传输网络、无线及有线固定接入网络和数据通信网络及无线终端产品，为世界各地通信运营商及专业网络拥有者提供硬件设备、软件、服务和解决方案。

华为的产品和解决方案已经应用于全球 170 多个国家，服务全球运营商 50 强中的 45 家及全球 1/3 的人口。2014 年《财富》世界 500 强中华为排行全球第 285 位，与 2013 年相比上升三十位。2015 年，被评为新浪科技 2014 年度风云榜年度杰出企业。

信息化发展历程：

第一阶段：信息化变革。

从 1998 年起，顺应互联网等信息技术大发展的时代趋势，华为投入数十亿美元，邀请 IBM 等多家世界著名顾问公司，先后开展了 ITS&P、IPD、ISC、IFS 和 CRM 等管理变革项目。变革的指导方针，是“先僵化，再固化，后优化”。僵化是让流程先跑起来，固化是在跑的过程中理解和学习流程，优化则是在理解的基础上持续优化，要防止在没有对流程深刻理解时的“优化”。经过十几年的持续努力，华为的变革取得了显著的成效，基本上建立起了一个集中统一的管理平台和较完整的流程体系，支撑公司进入了 ICT 领域的领先行列。

第二阶段：用互联网改善公司管理。

互联网和物联网正渗透到社会生产和生活的方方面面，互联网促进了信息的生产、交流、获取和共享，但没有改变事物的本质，即使在互联网时代，车子还是车子，豆腐还是豆腐。同样，互联网也不可能使一家公司的管理实现跨越，科学管理还是基础，流程和规则可以简化，但不可以没有。

对实体经济来说，互联网的真正作用是什么？是颠覆还是推动？蒸汽机和电力都曾在产业和社会生活中起过革命性的作用，但这些技术革命不是颠覆而是极大地推动了社会和生产的进步。互联网也不例外，其本质作用在于用信息化改造实体经济，增强其优质、低成本和快速响应客户需求的能力。一句话，互联网对实体经济的意义，是可以用它来提升实体经济的核心竞争力。

在改进公司内部管理方面，互联网可以大有作为。华为已经在大力推广互联网在公司管理中的运用。首先使产业链内部交易标准化、数据化的信息快速传递，并全流程透明。其次通过信息互联加强内部的信息沟通和共享，推倒部门墙，简化内部运作、核算和控制，降低交易成本。再者，运用大数据分析方法，充分挖掘和分析公司客户需求的大数据，加强客户洞察，与客户共同创造价值；分析内部运作的合同、订单、项目、配置、库存、物流的大数据，支持及时、准确、优质和低成本的交付；通过对人力资源的大数据分析，实现人力资源的合理配置，牵引优质资源向优质客户倾斜。实际上，把标准化产品销售和行政采购搬到互联网上，实现 B2B、B2C、O2O 等多种新商业模式的运作，华为已走在前列。

经过十几年努力，华为已经建立了统一的管理平台，平台上绝大部分数据是真实、可靠的，这使华为利用互联网方式继续改进管理有了扎实基础。未来，华为的产品要占领世界大数据流量的制高点，除了靠创新外，还要靠严格、有效、简单的现代管理体系。只有在此基础上，才能实现大战略。

（案例改编自：互联网时代下的公司管理 http://info.ceo.hc360.com/2014/12/020845290249.shtml）

讨论：在今天动态的全球环境下，如果没有互联网等信息技术的支持，华为公司会取得今天的成功吗？企业该如何运用信息技术获取竞争优势来适应时代的发展呢？

1.1 信息时代的特征

“信息改变了我们的生活，信息还在改变我们的生活，信息已经成为我们的生活。”当今社会，以计算机系统、网络和通信技术、数据库等为核心的信息技术革命正在形成和推进，信息时代已经成为我们所处时代的恰当写照。在这个时代里，无论是社会经济环境，还是信息使用者的信息需要，都在发生着深刻变化，其特征主要表现在三个方面：①信息产业的蓬勃发展成为当今世界经济增长的主要推动力；②全球一体化进程加快；③关注点从信息量的快速增长向信息处理能力提升转变。

1.1.1 信息产业成为经济的主要推动力

当今世界正处于信息时代，信息已被视作现代社会的重要战略资源，信息资源的开发与利用已成为生产力、竞争力、综合国力的关键因素和社会经济发展的重要推动力。随着计算机、互联网等信息技术的迅速发展和广泛应用，信息产业已成为当今世界经济增长的主要推动力。世界之所以对信息产业高看一眼，不仅仅因为它本身就是一个大产业，还在于它在发展中不断向各行各业进行渗透，颠覆，迭代，融合，重构，创新……对传统制造业、服务业都产生深刻影响，并逐渐渗透至社会服务、政府管理等领域。

1．传统制造的信息“再造”

浙江兆丰机电股份有限公司（以下简称“兆丰”）生产车间里，一条上马不久的新生产线，让“兆丰”迅速具备了年产 500 万套第三代汽车轮毂轴承单元的制造能力。而且，其他生产线要 380 名工人，新生产线把仓储人员算在内还不到 50 人；出力的都是机器人，做一套第三代汽车轮毂轴承单元的生产节拍只要 18 秒，以前则起码要 10 分钟。18 秒和 10 分钟，这不是时间和产能的问题，而是技术的问题。汽车轮毂轴承单元的生产节拍极限在 15 秒，德国人已经实现。如果中国再快 3 秒，那就是达到世界一流水平了。

让“兆丰”接近德国制造的，正是“信息化”。新的生产线零件自国外采购，但智能控制是自主研发的。工业 4.0 时代很重要的一点，就是单机智能设备的互联，这一点在“兆丰”正在普及。最终“兆丰”要做到的是，把不同的智能生产线互联组成智能车间，智能车间互联组成智能工厂……“兆丰”的目标是要做工厂物联网，车间工人只要用一个 Pad，就能操作、监控生产线了。

如“兆丰”一般，随着信息化、工业化深度融合的推进，中国一大批工业企业已经走在信息化与工业化融合的转型路上。

2．与服务业的产业融合

在不久前公布的《2014 杭州互联网创业热度报告》中，资本青睐的杭州公司以金融服务、出行服务（交通、汽车、旅游酒店）、教育健康等服务业居多。经济发展规律证明，当工业化步入中后期，服务业就将成为经济结构调整和增长方式转变的“主角”。而随着新一代信息技术的风起云涌，这一转变也变得更加值得期待。

落户于杭州湾信息港的移动医疗服务平台挂号网，堪称这场新变革的引领者。在过去的 3

年时间里，挂号网一直致力于把医院的数据由浅到深逐步打通。目前，挂号网已与全国 23 个省份 900 多家重点医院的信息系统实现连接。2014 年，挂号网刚刚获腾讯领投的超过 1 亿美元融资。借助移动互联网等新一代信息技术，挂号网改变了传统的医疗流程，方便了患者就诊，减轻了医院压力。

同在杭州的另一家医疗领域的创业公司丁香园，因为拥有 200 万医生用户（中国医生总数只有 260 万），被业界称为"中国最有价值的移动医疗企业"。

用互联网连接一切医疗健康资源，畅通所有健康信息流。迎着大数据、移动互联网的风口，越来越多的创业者在杭州上路了。随之改变的，不仅是人们的就医习惯、医生的诊断方式，还有整个医疗行业、健康服务业。

2015 年 3 月 5 日上午十二届全国人民代表大会第三次会议上，李克强总理在政府工作报告中首次提出"互联网+"行动计划。李克强总理所提的"互联网+"在较早相关互联网企业讨论聚焦的"互联网改造传统产业"基础上已经有了进一步的深入和发展。它实际上是创新 2.0 下互联网发展新形态、新业态，是知识社会创新 2.0 推动下的互联网形态演进。伴随知识社会的来临，驱动当今社会变革的不仅是无所不在的网络，还有无所不在的计算、无所不在的数据、无所不在的知识。"互联网+"不仅是互联网移动了、泛在了、应用于某个传统行业了，更加入了无所不在的计算、数据、知识，造就了无所不在的创新，推动了知识社会以用户创新、开放创新、大众创新、协同创新为特点的创新 2.0，改变了我们的生产、工作、生活方式，也引领了创新驱动发展的"新常态"。

3．对社会生活的渗透

据 CNNIC 2015 年年初发布的第 35 次《中国互联网络发展状况统计报告》显示，中国全功能连接国际互联网 20 年来，网民对各类互联网应用的使用不断丰富。一方面，是互联网的发展带动商业模式不断变化，各类创新应用层出不穷；另一方面，互联网对网民生活的渗透程度不断深入，互联网早已从网民的休闲娱乐工具，转变为日常工作、生活不可或缺的一部分。2014 年，在移动互联网的推动下，个人互联网应用发展整体呈现上升态势。手机即时通信逐渐演变成支付、游戏、O2O 等高附加值业务的用户入口，以其庞大的用户基数为其他服务提供了巨大的潜在商业价值。2014 年第三方网络支付业务的灵活性与创新性"倒逼"传统银行改革，银行业的监管制度不断约束第三方网上支付业务金融安全。第三方网上支付在阿里巴巴、百度和腾讯等互联网公司的运作下已具备多种金融服务能力，对传统银行业务造成一定冲击。由于收益率下滑和中国股市回暖带来的分流作用，互联网理财已基本结束了其用户规模爆发式增长的态势，增速开始放缓，同时新产品扩容速度也有所放慢。2014 年，我国在线旅游预订需求潜力进一步释放，虽然企业竞争加剧使盈利压力突显，但市场前景看好。各国对中国免签和延长签证时间的政策激发了更多出境游需求。

近年来，"智慧地球""感知中国"和智慧城市等概念随着物联网的应用而出现。无线城市、数字城市、宽带城市、感知城市是智慧城市的必要条件；智能制造、智能农业、智能电网、智能交通、智能建筑、智能安防、智慧物流、智慧环保、智慧医疗等是智慧城市的重要体现；创新城市、绿色城市、宜居城市、平安城市、健康城市、幸福城市、人文城市等是智慧城市应有之意。以智能交通为例，北京每天使用公交一卡通出行的刷卡逾 4000 万人次，地铁 1000 万人次，收集和分析这些数据可了解客流去向，据此可优化公交路线的设计。利用公路上的埋地线圈和路口的摄像头，甚至利用驾车人和乘车人的手机位置信息，可以判断车流量和实际通行速度，及时疏导交通的拥堵。需要指出的是，信息基础设施等技术仅仅是手段，城市各主管部门的协调和管理体制的改革及市民参与才是智慧城市的根本。中国的物联网和智慧城市的热度堪称全球之冠，但不少地方重感知轻分析，重建设轻管理，核心产品自主可控的比例不高。

信息产业作为“朝阳产业”，在它的带动下，传统产业正在走进新的领域、获得新的动力。信息产业的构建也促成了社会的生产方式的不同，工业社会是依靠物质资本来获取财富，而信息社会则是靠信息资本来获取财富。计算机化、信息化、网络化正成为新的生产力，正在决定新的生产关系，产生新的经济环境，构建新的人际关系。

1.1.2 全球一体化进程加快

信息技术及信息产业的广泛应用与快速发展，能够使生产要素在全球范围内实现高速、高效的配置，推动了世界经济的全球一体化进程。信息化直接促进了全球经济的一体化，而全球经济的一体化又使得信息化进一步加强。

信息化给了我们一个“坐地日行八万里”的“地球村”，信息化还在重新塑造我们的时间观念、地域概念和生活理念。我们所面对的一切都是全新的：全新的社会，全新的生活，全新的经济，全新的人类，全新的世界，全新的中国；信息化的社会，数字化的生活，国际化的人类，一体化的世界，科学化的管理，现代化的中国。

工业时代，尽管国家之间的经济、政治、社会等系统有着密切的联系，但由于联系方式落后，相对而言，国家或地区之间仍然是一种“孤岛”关系。而在信息时代，以计算机为主体构成的网络将全球经济、政治、社会等系统融合起来，促使经济全球化、全球一体化、社会信息化等全球化景象出现，将地球变成了“网络球”，国家或地区被“质点化”，变成了“网络球”上的一个节点。

全球一体化的一个显著特点就是：全球息息相关，牵一发而动全身。地球某地发生的事件，影响会从该点向四周辐射，产生范围广阔的“蝴蝶效应”。例如，美国“9·11”恐怖袭击事件所造成的财产损失各方统计不一，联合国发表报告称此次袭击对美经济损失达 2000 亿美元，相当于当年生产总值的 2%。此次事件对全球经济所造成的损害甚至达到 1 万亿美元左右。2007 年年初美国爆发的“次贷危机”引发全球骨牌效应。2015 年 1 月，国家工商总局抛出一份对阿里巴巴集团行政指导的白皮书，指出其在主体准入、商品销售、交易行为管理等方面存在五大问题，希望阿里系主管“守住底线，克服傲慢情绪”。阿里巴巴的股价随之大跌。

经济全球化在促进全球资源合理化配置的同时，不断推动着人类社会的进步。而信息全球化是经济全球化的基础，它不仅使得信息数量增加、传播速度加快，范围扩大，更使得全球市场由封闭走向开放，由隔离走向融合，由排斥走向合作。例如，销量高居全球首位的零售帝国沃尔玛，在世界各地的分店超过 4000 家，并通过卫星网络实行动态管理，每周接待顾客高达 1 亿人次，其送货车平均每年为 9200 万户家庭送货服务 15 次。耐克公司在美国本土没有生产厂家，只有研究开发中心和管理中心，其产品生产厂家则分布在世界上许多国家。其品牌具有巨大的无形资产价值，受世界各地众多消费者所青睐。

全球一体化进程的加快，特别是中国加入 WTO（世界贸易组织），使得我国企业不得不在新的国际分工中谋求生存空间，并在新的国际商业规则下参与竞争。在这种竞争激烈程度逐渐加剧的环境中，企业必须提高自身信息化程度和应用水平，才能不断增强竞争力，才可能真正实现和国外企业对话与公平竞争。

1.1.3 信息处理能力的提升成为关注点

信息时代的一个显著标志就是信息的无限量递增，也就是信息爆炸。在信息过剩的时代，真正宝贵的是如何获取有用的信息。

在信息时代，信息资源极丰富，且极易获得。相对于很多主体的信息需求而言，现在的信息供给是无限的。各种现代信息技术极大地增加了信息的数量，提高了信息的可得性。数字化技术使所有形式的信息都可以高质量地长久地存储起来。光纤通信技术使海量的多媒体信息可以极为迅速地传递。超文本链接技术和检索技术可以使人们轻而易举地得到自己想要的大量信息。近 30 年来，人类生产的信息已经超过过去 5000 年信息量的总和。另据外国权威人士统计，每天每个消费者平均要受到 3000 次广告信息的影响。

在信息社会里，信息不再是稀缺的资源，数字化时代信息的传播方式多种多样，有用的信息铺天盖地，无用的信息也滚滚而来。信息泛滥、信息垃圾、信息骚扰正在模糊我们的眼球，分散我们的注意力，唯一的办法是从这些信息里抽取于你有用的部分。这就需要你首先知道你需要什么，正如布鲁诺·兰姆鲍奇尼说："信息，已成为企业生产功能和决策方面的主要的，但又非物质的因素，只有适当地加以利用，才能使企业有效地适应这种信息流，并取得积极的社会经济效果。"

事实证明，信息化发展是 21 世纪最重要的发展，信息技术竞争是 21 世纪最激烈的竞争。谁抢占了信息化发展的制高点，谁就掌握了发展的先机，赢得了发展的主动权。顺应时代发展潮流，融入世界发展格局，要求我们必须加快信息化建设，否则，与时代脱节，就会被历史淘汰。

谷歌 Person Finder 是在 2010 年海地地震后开发的一款产品。根据美国、加拿大和瑞士研究人员的统计，那场灾难夺走了数十万人的生命。灾难发生后，网上出现了数十个失踪人员数据库，濒临崩溃的家庭和朋友不得不在其中一一筛选，绝望地搜索着每个数据库。但不停地转换数据库搜索效率非常低下，它们之间的确需要更好的组织和协调。

谷歌软件工程师 Ka-Ping Yee 建立了一个个人项目，只用了 72 小时就开发了 Person Finder。这款工具可以从现有的所有失踪人员列表中提取信息，方便人们一次性搜索所有数据库。不到 24 小时，谷歌还获得了高清卫星照片，成为了第一个向公众发布灾后地图的组织。这家互联网巨头还搜集了航拍图像，分辨率可以精确到 15 厘米，这为各大组织展开灾难评估提供了重要帮助，同时也可以方便他们选定医疗点，并运送救援设施。

事实上，谷歌当初并不打算成为紧急救援领域的重要一员，之所以能有如此发展，完全是因为谷歌的使用量在灾难发生时突然飙升。海地地震以来，谷歌危机响应团队已经对超过

25 次灾难作出了响应。当日本 2011 年遭遇历史上最大规模的地震时，Person Finder 只用了 90 分钟就上线了。谷歌旗下慈善部门 Google.org 高级副总裁肖纳·布朗（Shona Brown）2011 年在美国国会作证时表示，这款工具只用了两天就汇总了 60 多万人名，吸引了 3600 万页面浏览量。倘若没有谷歌那么庞大的基础设施，如此之大的访问量通常会导致网站崩溃。

互联网在灾难响应中的作用越来越重要，这可不是小事，因为当电话断线、手机基站过载时，互联网在多数情况下仍然可以正常运行。在波士顿马拉松爆炸案发生时，凯利·曼宁（Kelly Manning）试图通过电话联系女儿，但连续拨打了半个小时都没有成功。随后，她使用了 Person Finder，很快就找到了女儿。“如果不是谷歌 Person Finder，我根本没法知道她是否安全。”她说。

未来，数字紧急响应将变得更快、更灵活，众包所占的比例也将更大。众包的概念是 2006 年由美国《连线》杂志的一名记者提出的，指的是一个公司或机构把过去由员工执行的工作任务，以自由自愿的形式外包给非特定的（而且通常是大型的）大众网络的做法。Twitter 和 Facebook 已经成为救灾过程中寻找实时信息的重要渠道。尽管它们不是红十字会，也没有庞大的物流系统，无法将水、食品和抗生素提供给灾民；但危机响应的基础是信息，而谷歌等在这方面尤其擅长，可以为人们提供最新、最快的信息和数据。

总之，由于信息时代变化加快，信息量递增，知识爆炸，复杂性增加，还有虚拟组织的出现，导致项目大量增加，更需要加强技术管理、知识管理、信息沟通管理，同时还需要一些创新的组织手段和管理手段。信息技术以强大的创新性和渗透性改变了传统产业的组成结构、增长模式、管理体制和全球格局。信息资源已成为重要的生产要素。信息化对经济发展的倍增作用进一步扩大了全球化对信息化的内在需求。

我们应当立足于信息社会，依靠信息科学与技术，开发使用信息系统，同时提供信息服务，这样才能有望在未来有所发展。

1.2 管理信息系统概述

在信息时代，管理信息系统成了一个非常重要的主题。广义的管理信息系统涉及信息、人与信息技术这三种重要的组织资源的协调和使用，其中人是最关键的因素，信息是原材料，信息技术是工具。管理信息系统的目的是帮助人们完成与信息处理和信息管理相关的一切任务，从而更好地把握有效的信息。

1.2.1 管理信息系统的概念及特点

1. 管理信息系统的概念

管理信息系统（Management Information System，MIS）涉及经济学、管理学、运筹学、统计学、计算机科学等很多学科，是各学科紧密相连综合交叉的一门新学科。作为一门新科学，它的理论和方法正在不断发展与完善。目前对 MIS 的解释和定义有许多，例如：

① MIS 是能够提供过去、现在和将来预期信息的一种有条理的方法，这些信息涉及内部

业务和外部情报。它按适当的时间间隔供给格式相同的信息，支持一个组织的计划、控制和操作功能，以便辅助决策过程。

② MIS 是一个利用计算机硬件和软件，手工作业，分析、计划、控制和决策模型，以及数据库的用户-机器系统。它能提供信息，支持企业或组织的运行、管理和决策。

③ MIS 是一个具有高度复杂性、多元性和综合性的人机系统，它全面使用现代计算机技术、网络通信技术、数据库技术及管理科学、运筹学、统计学、模型论和各种最优化技术，为经营管理和决策服务。

④ MIS 是一个由人、计算机等组成的能进行信息的收集、传递、储存、加工、维护和使用的系统。它能实测企业的各种运行情况，利用过去数据预测未来，从企业全局出发辅助企业进行决策；利用信息控制企业的行为；帮助企业实现其规划目标。

⑤ MIS 是一个以人为主导，利用计算机硬件、软件、网络通信设备以及其他办公设备，进行信息的收集、传输、加工、储存、更新和维护，以企业战略竞优，提高效益和效率为目的，支持企业高层决策、中层控制、基层运作的集成化的人机系统。

从管理信息系统的建立、功能等方面来分析，并结合以上各种定义，可以将管理信息系统定义为：管理信息系统是用系统思想建立起来的，以电子计算机为基本信息处理手段，以现代通信设备为基本传输工具，且能为管理决策提供信息服务的人机系统。

2．管理信息系统的特点

结合管理信息系统的定义，并根据其在行业中的具体应用情况，可以将管理信息系统的特点概括为以下几点。

（1）面向管理决策的综合系统

管理信息系统是一个为管理决策服务的综合性信息系统，它必须能够根据管理的需要，及时提供所需要的信息，帮助决策者做出决策。一个组织在建设管理信息系统时，可根据需要逐步应用个别领域的子系统，然后进行综合，最终达到应用管理信息系统进行综合管理的目标。管理信息系统综合的意义在于产生更高层次的管理信息，为管理决策服务。

（2）复杂的人机系统

管理信息系统的目的在于辅助决策，而决策只能由人来做，因而管理信息系统必然是一个人机结合的系统。在管理信息系统中，各级管理人员既是系统的使用者，又是系统的组成部分。在管理信息系统开发过程中，要根据这一特点，正确界定人和计算机在系统中的地位和作用，充分发挥人和计算机各自的长处，使系统整体性能达到最优。

（3）与现代管理方法和手段相结合的系统

只简单地采用计算机技术提高处理速度，而不采用先进的管理方法，管理信息系统的应用仅仅是用计算机系统仿真原手工管理系统，充其量只是减轻了管理人员的劳动，其作用的发挥十分有限。管理信息系统要发挥其在管理中的作用，就必须与先进的管理手段和方法结合起来，在开发管理信息系统时，融进现代化的管理思想和方法。

（4）多学科交叉的边缘科学

管理信息系统作为一门新的学科，产生较晚，其理论体系尚处于发展和完善的过程中。研究者从计算机科学与技术、应用数学、管理理论、决策理论、运筹学等相关学科中抽取相应的理论，构成管理信息系统的理论基础，使其成为一个有着鲜明特色的边缘科学。

1.2.2 管理信息系统的基本功能

管理信息系统的基本功能主要包括信息的输入、传输、存储、加工、维护、输出等。

（1）信息的输入

信息处理界有一口头禅："输入的是垃圾，输出的必然是垃圾。"这说明输入的极端重要性。将收集来的各种信息源，按一定的格式加以整理、录入并存储在一定的介质上（如卡片、磁带、软盘等）并经过一定的校验后，即可输入系统进行处理。

（2）信息的传输

信息的传输包括计算机系统内和系统外的传输，实质是数据通信。采集到的信息要传输到信息处理中心，处理完的信息要传输给使用者。随着管理信息系统规模的扩大，信息传输问题越来越复杂，信息传递的及时性和可靠性也越来越高。

（3）信息的存储

即将输入的信息存储在计算机存储器上。计算机存储器分为内存和外存：内存存取速度快，可随机存取存储器中任何地方的数据。外存的存取量大，但必须由存取外存的指令整批调入内存后，才能为运算器使用。

（4）信息的加工

信息加工的范围很大，包括从简单的查询、排序、归并到复杂的模式调试及预测。在加工中，要使用许多数学及运筹学的工具。许多大型的系统不但有数据库，还有方法库和模型库。

（5）信息的维护

信息维护，是信息资源管理的重要一环。狭义上讲，它包括经常更新存储器中的数据，使数据均保持合用状态；广义上讲，信息的维护还应包括系统建成后的全部数据管理工作。信息的维护主要是为了保证信息的准确、及时、安全和保密。

（6）信息的输出

信息的输出是管理信息系统的主要目的所在。信息系统输出就是为用户提供信息，是信息系统价值的体现。信息系统输出按照输出特点可以分为三类：内部输出、外部输出和反馈输出。

内部输出就是为组织内部的各种用户提供的输出。内部输出的信息基本上是企业的内部数据，包括业务数据、汇总和统计数据及决策数据等，尤其是一些诸如年报、月报等汇总报表、实时查询及出错与异常报告。外部输出主要为组织外部用户和组织机构提供信息，主要是组织的查询数据和汇总数据等。外部输出有时比内部输出有更高的要求，如对界面、功能和数据要求很高，系统要足够强大等。反馈输出的目的是输出，典型示例是填写的回执等。信息输出的主要方式有打印输出、显示输出、电子文档输出和多媒体输出等多种。

1.2.3 管理信息系统的基本要素

管理信息系统包括信息、人和信息技术这三个基本要素。下面逐一介绍。

1．信息

（1）信息的定义

信息这个词在现代社会已成为人所共知的流行词，人们每时每刻都在信息的海洋里工作和生活。信息理论的创始人香农说："信息是用以消除不确定性的东西。"另外，我们在日常生活中，也经常接触到"数据""知识"等字眼，而且数据、信息和知识这些概念在实际应用中也经常容易混淆。为了更清楚地认识作为信息系统原材料及产成品的"信息"，有必要搞清这三者之间的联系与区别。

数据一般是指那些未经加工的事实或对特定现象的描述，是事实性的数字、文本或多媒体等。信息是经过加工后的数据，它正确反映客观事物状态及客观事实，对接收者的行为能产生影响，对接收者决策具有价值。知识是主客体之间相互统一的产物。它来源于外部世界，所以知识是客观的；但是知识本身并不是客观现实，而是事物的特征与联系在人脑中的反映，是客观事物的一种主观表征，知识是在主客体相互作用的基础上，通过人脑的反映活动而产生的。

它们之间的主要区别与联系是：信息是关于客观事实的可通信的知识；数据是记录下来的可被鉴别的符号；知识是信息在大脑神经作用后留下的痕迹。这三者之间的转换过程如图1-1所示。

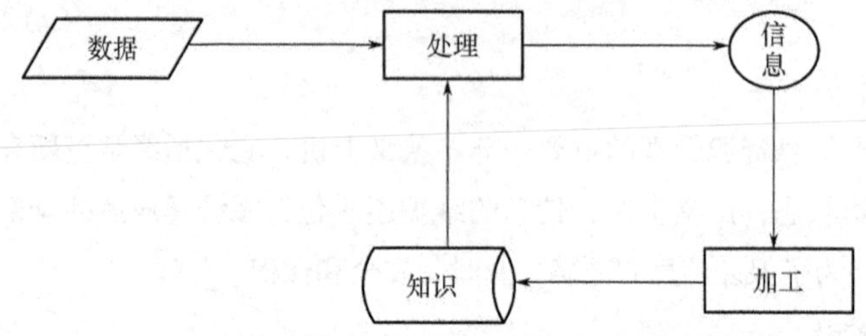

图1-1 数据、信息与知识的关系

（2）信息的维度

信息作为重要的资源，特别是在现代信息社会备受关注。我们要利用信息进行工作和做出决策，把信息作为一种产品进行生产，因此必须了解信息的维度，以便获取正确的信息。

① 时间维。信息的时间维是指信息的及时性与新颖性。也就是说在人们需要时可及时获得信息并能获得最新的信息。只有描述了适当时期的信息才是有用和相关的信息。例如，若你想今天进行股票交易，你就需要知道现在的股票价格，如果你第二天才知道股票价格，你就被市场淘汰了。

② 空间维。信息的空间维阐述了信息的便利性，即不管你在哪里，都能获得信息。如果你所在的企业拥有内部网，那么你只需具备网络浏览器软件以及通过防火墙密码，就可以在办公室以外的任何地方上网获取信息。

③ 形式维。信息的形式维包括两个方面：第一，信息以最适当的形式——声音、文本、

影像等被提供；第二，信息的准确性，即我们需要的是无差错的信息。

（3）信息的流动方向

信息在组织内部流动时有方向性。根据组织的结构，大多数人自上而下把组织分为三层：战略层、战术层、作业层。战略层，为组织提供整体的方向和指导；战术层，根据企业战略制定下一级的目标；作业层，管理和指挥日常的运作并实施企业的目标和战略。

组织中的信息面向 4 个方向，分为向上、向下、水平和向内，如图 1-2 所示。

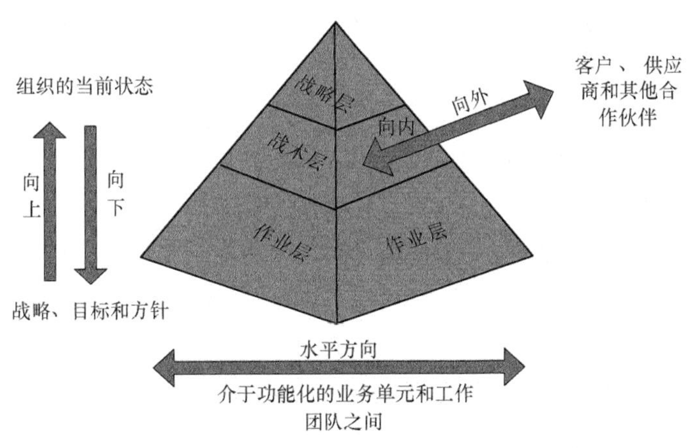

图 1-2 信息沿组织的流向

① 向上流动的信息：描述了基于日常事务的组织的当前状态。

② 向下流动的信息：包括源于最高层的战略、目标和方针，信息向较低层次流动。

③ 水平流动的信息：在职能业务单位和工作小组之间水平流动。

④ 向内/向外流动的信息：包括与顾客、供应商、经销商和其他商业伙伴交流的信息。

信息和其他事物一样具有产生和消亡的过程，这就是生命周期（Life Cycle）的含义。所谓信息的生命周期就是指信息从产生到应用直至失去使用价值为止的时间。从管理的角度出发，不同管理层次的信息生命周期有较大的不同。战略级的信息生命周期最长，而作业级的信息生命周期最短。因为战略级信息对组织决策有较长时间的意义，而作业级信息中有许多属于临时性或过渡性信息，会随着时间流逝而失去意义。当然，现在基于数据挖掘和数据仓库的研究日益重视历史数据的研究和利用，但是相对战略信息而言，它的生命周期还是短暂的。

2．人

任何组织中最为重要的资源都是人，他是管理信息系统的关键要素。决策制订的对错、执行的好坏以及管理各项活动都与人密不可分。而人作为信息系统的构建者和使用者，是管理信息系统中的短板，其作用更是非同一般。这部分的讨论，主要是针对知识工作者的，因为我们以后可能成为其中的一员。

所谓知识工作者，就是信息和信息技术的使用者。作为知识工作者最基本的要求：精通信息和技术，具备社会责任感和道德。

（1）精通信息和技术

在组织中，最具价值的不是技术，而是人才。现代社会的竞争已经变成了人才的竞争。

IT 是帮助人们进行加工处理信息的工具，而它也只能在人的支配下才能工作。例如，Excel 可以帮助人们快速生成高质量图表，但却无法告诉操作者应该建立条形图还是饼状图，也不能帮助决策者决定是采用区域销售还是人员销售，这些都需要人来完成。虽然如此，技术对我们还是相当重要的。它可以帮助人们提高工作效率、剖析问题等。同样，理解处理的信息也非常重要。

① 精通技术的知识工作者：能够懂得如何运用技术以及何时运用技术。"如何"包括懂得应该购买什么技术，如何开发利用应用软件的优点，以及把各个企业连接起来需要怎样的技术基础等。

② 精通信息的知识工作者： 能够确定需要哪些信息，知道如何获得和在哪儿能获得这些信息；一旦收到信息，能够了解信息的含义，并在此基础上采取适当的行动，以便帮助组织获取最大的优势。

（2）拥有社会责任感和道德

作为知识工作者，不仅要精通技术和信息，而且必须意识到自己的社会责任感和道德。社会责任感就是在一个特定的社会里，每个人在心里和感觉上对其他人的伦理关怀和义务。道德是一系列帮助指导人的行为、行动和选择的标准。例如，使用什么样的信息技术可能会不恰当、不负责或对他人和社会产生危害？怎样才是正当地使用互联网和公司信息资源？一个对信息技术负责人的终端用户需要做些什么？如何保护自己免于计算机犯罪及其他信息技术风险？以上这些都是信息系统社会责任感和道德层面上的问题。

在信息时代，作为一个富有社会责任感和道德的人，我们不仅要注意自己的行为，还需关注其他人的行为。例如，面对计算机犯罪时如何保护自己，对于网络恐怖分子、黑客等你的责任就是预防他们。在第 7 章，我们会继续讨论关于道德、伦理和法律这些议题。

3．信息技术

管理信息系统是信息技术应用的结果，没有信息技术的支持，管理信息系统就无从谈起。从管理信息系统实践上看，随着信息技术的迅速发展，实际运行的信息系统越来越多，对社会和经济的影响日益深入。信息技术的进步也是信息系统的推动力。一方面，过时的技术会带来很大的问题，从而驱动信息系统项目的开发。另一方面，新的技术带来新的机会。

信息技术是指以电子计算机和现代通信为主要技术手段实现信息的获取、加工、传递和利用等功能的技术总和。21 世纪是信息时代，以计算机系统、网络和通信技术、数据库等为代表的信息技术已渗透到企业经营价值链的每一个环节，影响了整个行业的价值系统，进而对企业的战略选择产生了重大影响。

下面讨论信息系统的核心信息技术：计算机系统、网络和通信技术及数据库技术。

（1）计算机系统

计算机系统由紧密相关的硬件系统和软件系统两部分组成。计算机硬件系统是计算机系统的物质基础，由中央处理器（CPU）、输入/输出设备（I/O 设备）和存储器组成。其中 CPU 相当于硬件系统的心脏；而主机是计算机的指挥系统；人们通过 I/O 设备与计算机进行沟通；存储器作为信息的载体，用来存放程序和数据。软件是相对于硬件而言的，它是指计算机系统中的程序及其文档，是计算机系统活的灵魂。软件系统着重解决如何管理和使用计算机的问题。计算机系统通过硬件和软件的有机结合才能实现特定的功能。

（2）网络和通信技术

计算机网络和通信技术的结合推动着社会信息化的技术革命。人们通过连接各个部门、地区、国家甚至世界的计算机网络来获取、存储、传输和处理信息。所谓计算机网络，就是利用通信设备和线路将地理位置不同、功能独立的多个计算机系统互联起来，以功能完善的网络软件（即网络通信协议、信息交换方式和网络操作系统等）实现网络中资源共享和信息传递的系统。计算机网络根据网络应用范围和方式的不同可以分为：局域网（LAN）、广域网（WAN）、综合业务数字网（ISDN）和因特网（Internet）。

通信是把信息从一个地方传送到另一个地方的过程。数据通信对管理信息系统起到重要的作用，利用数据通信可以将管理信息系统资源在长距离内有效分配。移动和无线技术等通信技术的发展必将极大地改变下一代信息系统。掌上电脑在信息工作者中很常见，这些设备都已具备无线功能。移动电话也越来越多的增加了因特网和电子邮件功能。另外，笔记本电脑也配备了无线功能，使得信息工作者携带计算机更容易，并保持同信息系统的连接。所有这些技术趋势将深远地影响新信息系统的分析和设计。

（3）数据库技术

数据库技术是信息技术中发展最快的领域之一，它是计算机信息系统与应用系统的核心技术和重要基础。数据库是数据管理的最新技术，是以一定的组织方式存储在一起的相关数据的集合。它能以最佳的方式、最少的数据冗余为多种应用服务。近十年来，数据库管理系统已从专用的应用程序包发展成为通用的系统软件。由于数据库具有数据结构化、最低冗余度、较高的程序与数据独立性、易于扩充等特点，较大的信息系统都是建立在数据库设计之上的。因此，不仅大型计算机及中小计算机，甚至微型机都配有数据库管理系统。目前其应用已从一般管理扩大到计算机辅助设计、人工智能以及科技计算等领域。

在信息化社会，信息技术对社会经济的影响渗透到社会的各个领域。如对文化与教育的影响，对生活方式及各种社会活动方式的影响，对经济生产的影响及对国际关系的影响等。对于企业而言，需要详细规划和管理所需的组织变革，充分利用新技术，以适应信息时代的飞速发展。

1.3 管理信息系统的视角

本小节从信息处理、管理层次与职能领域三个不同角度，对信息系统进行分析，使人们对管理信息系统有更加深刻的认识。

1.3.1 基于信息处理

从信息资源管理的方面来说，企业信息化的发展经历了数据管理、信息管理和知识管理三个阶段。采集和管理数据是信息资源管理的基础，加工数据产生信息并加以利用是信息资源管理的核心，挖掘、组织和利用知识是信息资源管理的高层次内容。

在早期不是基于信息技术的信息系统发展中，数据管理以手工管理为主要阶段，而现代信息系统的发展与信息技术密切相关，大致分为以下 3 个阶段。

1．数据管理阶段

20 世纪 50 年代计算机刚刚进入管理阶段时，首先作为计算工具被使用。在这个数据管理阶段，通常人们用它来进行财务、统计等方面的计算工作，部分代替人们的手工劳动。随着信息技术的发展，计算机的数据处理能力加强。在管理信息处理中，除了计算工作外，文本档案处理、各种报表生成业务也逐渐计算机化。

这一阶段比较有代表的信息系统有电子数据处理系统，其是数据处理的计算机化，通过计算机的高速运算和处理提高数据处理的效率。相关部门的管理业务是在计算机上按项目分别进行的，如财务部门、人事部门等，项目之间在计算机上没有联系，因此它是单项事务处理系统。

2．信息管理阶段

20 世纪 60 年代中期发展起来的管理信息系统，强调基于计算机信息处理的系统性、综合性，主要特点是以中心数据库和计算机网络为标志，采用分布式处理方式，把组织内部的各级管理结合起来，克服时间、空间上的限制，完成必要的信息管理工作，辅助决策者进行决策工作。由于管理信息系统突出了加工数据和产生辅助各级管理决策的信息，用以指导和控制企业的生产经营活动，因此完成管理信息系统开发的企业在信息化的发展历程中，已经进入了信息管理阶段。

随着企业信息化的全面深入发展，管理信息系统的概念也不断发展。从历史的角度看，广义的管理信息系统经历了 MIS、DSS（决策支持系统）等阶段，管理信息系统是一个叠加的、纵深推进的概念。

3．知识管理阶段

人工智能、数据挖掘等技术从数据或信息中提炼知识，给予计算机智能和提高人类智慧，然后再基于知识解决实际问题。专家系统、神经网络等的应用标志着企业进入信息化发展的最高阶段——知识管理阶段。

管理信息系统从开始的提高工作效率，如解决速度及存储量等问题，到提升获取信息的有效性，最终将实现管理模式上的变革。

1.3.2 基于管理层次

从管理的层次出发，信息系统可以分为 4 类，分别是战略规划层的经理信息系统、管理控制层的管理信息系统和决策支持系统、知识层的知识工作系统和办公自动化系统以及作业层的事务处理系统。表 1-1 给出了组织中各个层次中的特定类型的信息系统应用。本书的第二章将对各类信息系统进行详细介绍，这里只作简单说明。

1．作业层的事务处理系统

事务处理系统（Transaction Processing System，TPS），面向企业最底层的管理活动，对企业日常运作所产生的事务信息进行处理。TPS 是信息系统的最初形式，其特点是处理问题的高度结构化，但功能单一、设计范围小，如订票系统、会计成本核算系统、库存物资统计系统等。它所提供的信息是企业的实时信息，是对企业情况的直接反映。TPS 通常是信息自下而上依次到达知识层、管理控制层和战略规划层的生成器，它的开发是信息系统开发的基础。

表 1-1 各级管理者应用的信息系统

层　次	支持的系统
战略规划层	经理信息系统
管理控制层	管理信息系统、决策支持系统
知识层	知识工作系统、办公自动化系统
作业层	事务处理系统

2．知识层的知识工作系统和办公自动化系统

知识工作系统（Knowledge Work System，KWS）是辅助专业人员为企业开发新产品而使用的专业化信息系统，利用专业领域的知识对企业内部或外部的信息进行处理，如 CAD 工作站、投资分析系统等。办公自动化系统（OA）是辅助企业行政管理人员协调信息流的信息系统，通过先进技术的应用，将人们的部分办公业务物化于人以外的各种设备，具有面向非结构化的管理问题，工作的对象主要是事务处理类型的办公业务。

3．管理控制层的管理信息系统和决策支持系统

管理信息系统（Management Information System，MIS）是在 TPS 基础之上产生的，它的任务是针对企业各种事物的全面、集成的管理。MIS 通常利用数学建模分析数据、辅助决策，如资源消耗的投资决策模型、生产调度、制造业规划系统 MRPⅡ等。决策支持系统（Decision Support System，DSS）支持管理者对具体问题形成有效的决策，运用数据库、模型库、知识库等技术解决半结构化和非结构化的问题，如运输路线最短问题、合理优化的生产调度等。

4．战略规划层的经理信息系统

经理信息系统（Executive Information System，EIS）是专门为企业最高管理层决策者设计的，具有相当的计算能力和通信能力。EIS 可帮助高层领导解决一些不断变化的宏观、战略方面的非结构化问题，如是否引进一条新的生产线，是否在某地区开拓市场等；还可以为企业决策者提供企业内部的信息和竞争对手的信息，这些信息是经过低层次信息系统加工并综合起来的。

1.3.3 基于职能领域

管理信息系统应该支持整个组织的管理职能，如市场营销、生产管理、采购管理等，这些职能又通过管理的不同层次而加以区别。一个管理信息系统可以用管理/职能的十字交叉的矩阵图来表示，如图 1-3 所示。

1．市场营销系统

市场营销系统包含销售和推销以及售后服务的全部活动，事务处理主要是销售订单、广告推销等的处理。在运行控制方面，包括雇用和培训销售人员，销售或推销的日常调度，以及按区域、产品、顾客的销售量定期分析等。在管理控制方面，涉及总的成果与市场计划的比较，它要用到的信息涉及顾客、竞争者、竞争产品和销售力量要求等方面。在战略计划方面，包含新市场的开拓和新市场的战略，它要用到客户分析、竞争者分析、客户调查等信息，以及收入预测、产品预测、技术预测等信息。

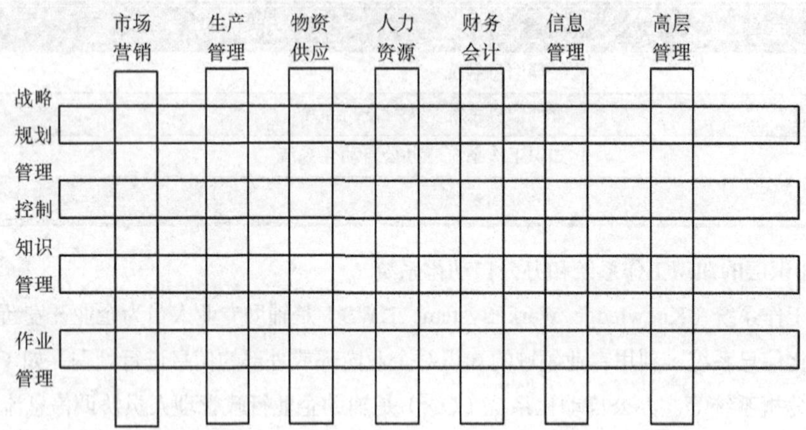

图 1-3　管理信息系统的功能结构

2．生产管理子系统

生产管理子系统包括产品的设计、生产设备计划、生产设备的调度和运行、生产人员的雇用与训练、质量控制和检查等。生产管理子系统中，典型的事务处理是生产指令、装配单、成品单、废品单和工时单等的处理。作业控制方面，要求将实际进度和计划比较，找出薄弱环节。管理控制方面包括进行总调度、单位成本和单位工时消耗的计划比较。战略计划方面要考虑加工方法和自动化的方法。

3．物资供应子系统

物资供应子系统包括采购、收货、库存管理和发放等管理活动。事务处理主要包括库存水平报告、库存缺货报告、库存积压报告等。管理控制方面包括计划库存与实际库存水平的比较，采购成本、库存缺货分析，库存周转率分析等。战略计划方面包括新的物资供应战略、对供应商的新政策及“自制与外购”的比较分析、新技术信息、分配方案等。

4．人力资源管理子系统

人力资源管理子系统包括人员的雇用、培训、考核、工资和解聘等。事务处理主要包括有关雇用需求、工作岗位责任、培训计划、职员基本情况、工资变化、工作时长和终止聘用的文件及说明。作业控制要完成聘用、培训、终止聘用、工资调整和发放津贴等。管理控制主要包括进行实际情况与计划的比较，产生各种报告和分析结果，说明雇工职员数量、招聘费用、技术构成、培训费用、支付工资和工资率的分配和计划要求符合的情况。战略计划包括雇用战略和方案评价，职工培训方式，就业制度，地区工资率的变化及聘用、留用人员的分析等。

5．财务会计子系统

财务和会计既有区别，又密切相关。财务的职责是在尽可能低的成本下，保证企业的资金运转。会计的主要工作则是进行财务数据分类、汇总，编制财务报表，制订预算和成本数据的分类和分析。与财务、会计有关的事务处理包括处理赊账申请、销售单据、支票、收款凭证、付款凭证、日记账、分类账等。财会的作业控制需要完成每日差错报告和例外报告，处理延迟记录及未处理的业务报告等。财会的管理控制包括预算和成本数据的比较分析。财会的战略计划关心的是，财务的长远计划，减少税收影响的长期税务会计政策以及成本会计和预算系统的计划等。

6. 信息管理子系统

该系统的作用是保证其他功能有必要的信息资源和信息服务。事务处理有工作请求，收集数据，校正或变更数据和程序的请求，软硬件情况的报告，以及规划和设计建议等。作业控制包括日常任务调度，统计差错率和设备故障信息等。管理控制包括计划和实际的比较，如设备费用、程序员情况、项目的进度和计划的比较等。战略计划包括整个信息系统计划，硬件和软件的总体结构，功能组织是分散还是集中的分析等。

7. 高层管理子系统

高层管理子系统为组织高层领导服务。该系统的事务处理活动主要是信息查询、决策咨询、处理文件、向组织其他部门发送指令等。作业控制内容包括会议安排计划、控制文件、联系记录等。管理控制要求各功能子系统执行计划的当前综合报告情况。战略计划要求获取广泛的综合的外部信息和内部信息。这里可能包括特别数据检索和分析，以及决策支持系统，它所需要的外部信息可能包括竞争者信息、区域经济指数、顾客喜好、提供的服务质量等。

1.4 信息技术与竞争优势

当今社会，随着各个行业竞争的加剧，企业必须开发革新产品和业务流程才能得以生存和发展，而信息技术是帮助它们实现这些目标的有力工具。企业为了获得竞争优势采用了大量信息技术应用系统，如客户关系管理系统、供应链管理系统等，这些将在第三章中进行详细介绍。本节主要讨论信息技术对竞争优势的影响，并分析如何利用信息技术来获取竞争优势。

1.4.1 信息技术对竞争优势的影响

现代信息技术对企业发展具有重要的战略意义，企业的竞争优势与企业信息化程度密切相关。信息技术影响到企业的组织结构、竞争范围，推动企业进行创新等。作为一个现代企业必须清楚地理解信息技术对企业发展的意义以及如何应用信息技术以获得显著而持久的竞争优势。

1. 促进组织结构优化，快速响应市场需求

在信息技术环境下，传统的组织结构受到严峻的挑战，其由于组织层次繁多和过于强调层级等级体制，信息传递速度缓慢和传递过程中出现信息失真等弊端，已经不能适应市场环境的变化和促进企业的发展。

新的信息时代迫切需要新的组织结构：一方面，信息技术使企业实现了扁平化和网络化的组织结构，表现出组织结构的柔性特征，提高了组织的运行效率。另一方面，通过减少垂直层，扩大水平层，纵向沟通联系渠道缩短，信息技术使企业资源能够被共同分享，组织成员上下之间的联系和沟通更加密切，克服了传统金字塔型组织结构部门之间各自为政、缺乏协调性的弊端，提高了企业组织成员行为的透明度。

IT 的应用使市场信息在组织之间的反馈更加迅速，加快了企业对外界的反应速度，尤其对于参与国际市场的企业，信息技术的应用可以大大加快管理信息、生产信息的传递与交换，从而更好地适应日益激烈的市场竞争环境。

2．有助于扩大企业竞争范围

信息技术使企业竞争由有形转向无形，竞争环境由区域化转向全球化，使得市场交易的时间和空间得到无限的拓展，从而跨越了地理范围。信息技术的开发利用改变了企业的竞争方式，扩大了竞争范围，形成了覆盖全球市场的营销网络。

3．有助于推动企业进行创新

创新是企业发展的动力，《摩尔定律》一书中有一个重要理念："你永远不能休息，否则你将永远休息。"在激烈的市场竞争环境下，企业必须成为创新的主体。信息技术是企业创新的有力武器和保持竞争优势的源泉，对提升企业竞争力具有深远的意义。

信息技术的应用能提高企业获取新技术和新思维的能力，进而不断提高其竞争优势。一方面，在产品创新领域，信息技术扮演了至关重要的角色。例如，汽车产业不定期地推出新的车型、技术升级和对传统产品的改造等正是基于 IT 技术的支持。另一方面，信息技术环境下，企业要快速发展和获得竞争优势，还要不断创新企业管理理念和强化企业管理领域的意识，使企业在激烈的市场竞争中能够立于不败之地。面对酒店业激烈的竞争，美国丽思卡尔顿（Ritz-Carlton）集团建立了一个庞大的"客人习惯"数据库，酒店员工从客人在前台的留言以及客人的生活习惯、就餐嗜好等很多方面收集每一位客人的习惯并输入数据库中，当客人再次下榻集团所属的任意一家酒店时，有关客人习惯的数据将立即通过网络传递到这家酒店的前台，从而使酒店能为客人提供定制的、符合个人习惯的高质量服务。此举使酒店的回头客大大增加，获得了明显的竞争优势。

信息技术不但可以改变企业的价值链，降低产品成本，提高企业的产品差异化程度，而且还可以改变企业与其竞争者之间的竞争力量对比，从而为企业创造竞争优势带来新的可能性。企业应抓住这一机遇，制订适合企业自身的信息技术发展战略，改造企业的业务流程，使其与信息技术的应用相匹配，从而为企业创造竞争优势。

信息技术的迅猛发展，在为企业带来发展契机的同时，又使企业面临严峻的挑战。谁在这场信息革命中领先一步，谁便能在未来的国际竞争中占据优势。因此，必须加快企业信息化建设的步伐，推动企业全面的管理变革，提高企业的整体素质和竞争力，如此才能赢得竞争优势。

需要注意的是，新技术、新科技带来的新系统的应用，对一个单一的企业而言其效果不是永恒的，或者说只是暂时优势。信息技术不是某一个人的专利，竞争对手也会迅速跟上，使得原先的优势很快消失，从而迫使企业为了不被行业淘汰甚至成为行业领跑者，继续开创新的系统，寻找新策略。当然这也从一个侧面体现了信息技术对行业发展的贡献。

1.4.2 利用信息技术获取竞争优势

信息系统和技术对组织的竞争优势起着重要的作用。建立和保持竞争优势是很复杂的，但一个公司的生存和繁荣却有赖于此。本节从信息技术对企业外部环境、产品定位和内部因素三个方面的影响与应用进行分析，以帮助企业有效地决定在哪里使用信息技术以及如何使用信息技术来支持企业的商业活动。

1．外部环境分析

无论大公司还是小公司，其管理者都承担着制订战略计划与保证达到目标的任务。这样就必须充分认清自己所处的外部环境，以便适应环境的变化。波特的五力模型即五种竞争力模型，被广泛用于帮助企业管理者考虑企业战略规划和 IT 影响的有力工具。五种竞争的作用力分别为:买方的议价能力，卖方的议价能力，现存竞争对手之间的竞争，新的竞争对手入侵以及替代品或服务的威胁。如图 1-4 所示。

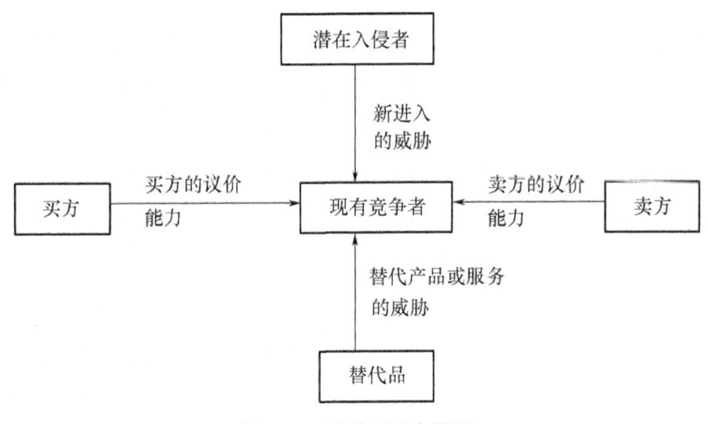

图 1-4　波特的五力模型

（1）买方能力

当顾客选择的渠道很多时，买方能力较强，反之较弱。作为一个产品和服务的提供者，当然希望能减弱买方能力。而通过 IT 的应用可以很好地做到这一点。例如，在酒店行业，有些酒店为了提高客户忠诚度，减弱买方能力，追踪大量客户的活动，开发忠诚客户服务方案，给予客户一定的回馈（如免费机票、舱位升级等），这样客户会更乐意与这些酒店合作。

（2）卖方能力

当购买者的购买渠道较少，或购买者在获取信息、购买时需付出较高的成本时，则供应商的议价能力较强。反之较弱。削弱卖方力量的最好办法是寻找可替代的供应源。互联网的应用起到了一定的作用。B2B 市场聚集了大量供应商和买家的网络服务，这为企业寻找合适的供应商提供了方便，再加上企业采用各种质量控制系统来检测供应商的货物，可以有效削弱卖方的能力。

（3）现有竞争者的威胁

当市场竞争激烈时，现有竞争者的威胁也增强。面对同行业的竞争者，企业可以充分利用现代信息科技，实现企业内部信息共享，降低产品成本，提高效率；客户也得到了较低价格的商品，实现了双方的共赢。

（4）新进入者的威胁

任何一个有发展潜力的行业总是充斥着大量的新进入者，新进入者的增多显然对已有企业不利。成功的公司大多利用信息技术来构建行业的进入壁垒，提高进入成本。行业壁垒是阻止或限制进入某一行业的障碍，是保护市场、排除竞争的有效手段和重要方法。行业壁垒越坚固，市场障碍越多，企业越难以加入，市场垄断程度越高，竞争相对缓和；行业壁垒越薄弱，市场障碍越少，企业越易于加入，市场垄断程度越低，竞争相对激烈。行业壁垒总是经历从建立，到被摧毁，再到有新的行业壁垒建立这一循环过程。

（5）替代产品或服务的威胁

替代产品往往以较低的价格或更好的服务给现有的企业带来威胁。企业可以采取接下来讲的三种基本竞争战略来降低自己产品的成本或提高使用价值来阻止顾客使用替代品，也可以将信息技术应用到产品的销售和服务中。如某些金融产品的在线服务、信用卡的消费积分等。当客户已经认可了这一销售服务模式后，若贸然使用替代品，会增加其转换成本（消费者放弃原有的产品或服务，转而使用另一种产品或服务所付出的成本），从而消除替代产品的威胁。

五种竞争力能够决定产业的获利能力，它们会影响产品的价格、成本与必要的投资，也决定了产业结构。企业如果想拥有长期的获利能力，就必须先了解所处的外部环境，并塑造对企业有利的产业结构。

2．产品定位分析

企业欲有效地对产品进行定位，以获得生存和发展，通常采取的战略是：成为低成本的制造商；提供差异化的服务；改变竞争范围，或扩大为全球市场或收窄市场聚焦于一个小范围内。这也正是波特提出的获得竞争优势的基本战略类型：总成本领先战略、差异化战略以及通过扩大或收缩这两项战略，而形成的第三个竞争优势战略——专一化战略。

（1）总成本领先战略

总成本领先战略要求企业必须建立起高效、规模化的生产设施，在经验的基础上全力以赴地降低成本，严格控制生产成本、管理费用及研发、服务、推销、广告等方面的成本费用。为了达到这些目标，企业需要在管理方面对成本给予高度的重视，使总成本低于竞争对手。

赢得总成本最低的有利地位通常要求具备较高的相对市场份额或其他优势，诸如与原材料供应方的良好联系等，或许也可能要求产品的设计要便于制造生产，易于保持一个较宽的相关产品线以分散固定成本，以及为建立起批量而对所有主要顾客群进行服务。

海尔利用 SAP 公司的现代物流管理系统体现了现代企业对信息技术的把握。它构建的“一流三网”，即订单信息流、全球供应链资源网、全球用户资源网和计算机信息网对降低企业运行成本，构建企业在信息化时代的竞争优势起到了很大作用。

(2) 差异化战略

差异化战略是使公司提供的产品或服务差异化，树立起一些全产业范围中具有独特性的东西。实行差异化战略可以有许多方式，如设计名牌形象，保持技术、产品性能、顾客服务、商业网络及其他方面的独特性等。最理想的状况是公司在几个方面都具有差异化的特点。但这一战略与提高市场份额的目标不可兼顾，在建立公司的差异化战略的活动中总是伴随着很高的成本代价，有时即便全产业范围的顾客都了解公司的独特优点，也并不是所有顾客都愿意或有能力支付公司要求的高价格。

例如，美国联邦快递公司为每一位客户提供查询软件，客户通过网络即可查询自己邮寄的包裹正在何处，这也使公司获得了明显的差别化优势。不断从信息技术的应用中获取竞争优势，使联邦快递公司由 20 世纪 80 年代的一家小企业发展成为全美国甚至全球最大的快递公司。

(3) 专一化战略

专一化战略主攻某个特殊的顾客群、某产品线的一个细分区段或某一地区市场。低成本与差异化战略都是要在全产业范围内实现其目标，专一化战略的前提思想是：公司业务的专一化，能够以较高的效率、更好的效果为某一狭窄的战略对象服务，从而超过在较广阔范围内竞争的对手。公司或者通过满足特殊对象的需要而实现了差异化，或者在为这一对象服务时实现了低成本，或者二者兼得。这样的公司可以使其盈利的潜力超过产业的平均水平。

表 1-2 提供了具体的范例，概括了不同的企业怎样利用信息技术实现每一种基本的战略，从而获取竞争优势。

表 1-2　利用信息技术获取竞争优势实例

战略	企业	信息技术的战略应用	企业收益
总成本领先	DELL 计算机 Priceline.com eBay.com	在线面向订单生产 在线销售商竞价 在线拍卖	最低成本的生产商 基于买方的定价 基于拍卖的定价
差异化	Avent Marshall 公司 摩恩公司 统一运输公司	客户/供应商电子商务 在线客户设计 客户在线装运跟踪	市场份额的提高 市场份额的提高 市场份额的提高
专一化	联邦快递 亚马逊公司	在线包裹跟踪及航程管理 在线完整服务客户系统	市场领军者 市场领军者

无论采用哪种策略，信息系统都可提供强有力的支持。例如，利用信息系统在企业内部的有效作用，在供应、设计、生产和销售等方面提高生产率，降低产品成本；或者利用电子商务平台，降低销售渠道成本；或者利用客户关系管理系统提供差异化的客户服务，提高客户忠诚度，等等。实际上三种策略经常被企业同时采用。

3．内部因素分析

在对企业内部因素进行分析时，最常用的技术就是价值链分析。价值链模型（Value Chain Model）凸显了企业中可应用竞争战略的特殊活动和信息系统具有战略影响的地方，它能识别应用信息系统中能最有效提高竞争位置的关键点。

价值链把整个组织活动看成一系列过程，每个过程都能为向顾客提供的产品或服务中增加一定的价值。图 1-5 描述了价值链的构成。

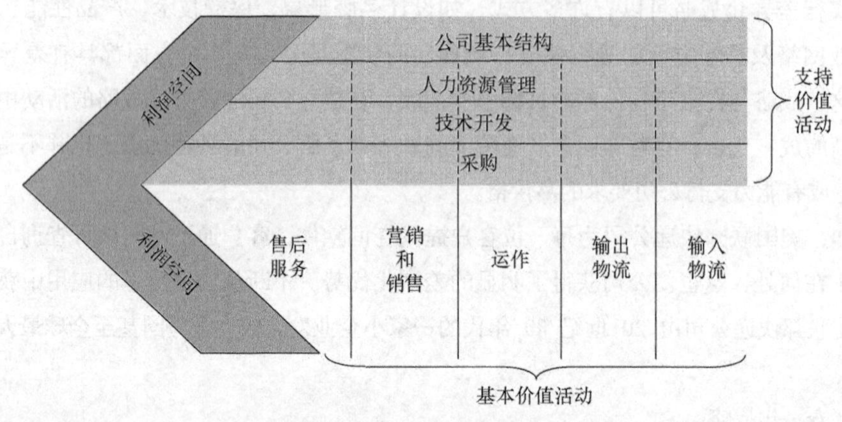

图 1-5　价值链

它由基本价值活动和支持价值活动组成，它们都对边际收益做出贡献。利润空间是公司客户所感知的企业产品或服务的价值减去成本后的值。不断增加利润空间就是价值链的目标。其中基本价值活动包括：输入物流，它从供应商处获得原材料和供给；运作，它把原材料转化成制成品；输出物流，它向客户运送商品；营销和销售，确认客户需求并接受订单；售后服务，维护售后产品以及维护与客户的良好关系。这些基本价值活动管理着整个通过公司的物理资源流。

支持价值活动包括公司基本结构——总体上影响公司所有基本价值活动的组织环境。另外，人力资源管理、技术开发和采购可以单独或结合在一起影响基本价值活动。其实，不管是基本价值活动还是支持价值活动，每种价值活动都包含三个要素：采购输入、人力资源和技术。同时，每种活动都要利用信息，从而产生信息。例如，信息服务部门的信息专家把所购买的商业数据库、所拥有的计算设备和所开发的客户项目结合起来，为公司管理层提供决策支持。

所有的价值活动都产生一个单独的价值。然而，所有过程结合起来产生的总价值大于其单独产生价值的总和，我们把增加的价值叫作价值增值。反之，叫作价值减值。增值越大，客户对组织价值的贡献就越多，这就意味着一种竞争优势和超额利润。

信息技术对企业的价值链的各个环节产生了重大影响。应用物料需求计划（MRP）、制造资源规划（MRPⅡ）和企业资源规划（ERP）借助于计算机来完成主生产计划、物料需求计划、能力平衡计划、采购库存和控制、生产成本核算、供应链计划控制等，使原来需要大量人力、大量时间也难以做到的计划优化和调整成为可能，从管理角度提高了企业对市场的应变能力。应用计算机辅助设计（CAD）、计算机辅助工艺规划（CAPP）、计算机辅助工程（CAE）和计算机辅助制造（CAM）等计算机辅助技术可以大大提高工程师的产品设计和开发能力。

信息系统的应用对企业的战略作用是全方位的，上面三种模型从不同的层面来分析企业在环境变化中所面临的挑战，同时也揭示出企业应对挑战时可以充分应用信息系统的机会。

本章小结

信息时代有其自己的时代特征：①信息产业的蓬勃发展成为当今世界经济增长的主要推动力；②全球一体化进程加快；③信息处理能力的提升成为关注点。信息时代的到来，改变了传统工业经济时代的运行规律，势必影响企业组织的生产、经营和管理等各个环节，企业只有及时做出相应的组织变革，才能适应环境的变化，在市场中获得生存与发展。

管理信息系统有三个基本要素——人、信息和信息技术。其中人是最关键的因素。信息是原材料，信息技术是工具。这里的人，主要是指与管理信息系统有关的知识工作者，他们需要精通技术、信息，最重要的是必须具有社会责任感和道德。信息可以分为 3 种不同的维度。管理信息系统是信息技术应用的结果，信息系统的核心信息技术是计算机系统、网络和通信技术及数据库技术。

管理信息系统按管理层次分为战略规划层、管理控制层、知识层与作业层，按职能领域又可分为市场营销、财务会计、生产管理和人力资源等。另外还可以从信息处理的角度进行考虑，管理信息系统最终将会导致管理模式的变革。

信息系统和技术对组织的竞争优势起着重要的作用。建立和保持竞争优势是很复杂的，但企业的生存和繁荣却有赖于此。应从信息技术对企业外部环境、产品定位和内部因素三个方面的影响与应用进行分析，有效地决定在哪里使用信息技术以及如何使用信息技术来支持企业的商业活动。

本章思考题

1. 简要概括信息时代的特点。
2. 试述数据和信息的区别与联系，并举例说明。
3. 阐述信息有哪些维度?
4. 你认为一个合格的知识工作者应具备哪些素质?
5. 管理信息系统的基本功能有哪些?
6. 迈克尔·波特认为企业有哪些竞争作用力? 请作简要阐述。
7. 竞争优势的基本战略类型有哪些?
8. 简述信息技术对竞争优势会产生什么影响?

中英文对照

Management Information System（MIS）管理信息系统

Transaction Processing System（TPS）事务处理系统

Knowledge Work System（KWS）知识工作系统

Decision Support System（DSS）决策支持系统

Executive Information System（EIS）经理信息系统

Material Requirements Planning（MRP）物料需求计划

Manufacturing Resources Planning（MRP Ⅱ）制造资源计划

Customer Relationship Management（CRM）客户关系管理

Computer Aided Design（CAD）计算机辅助设计

Core Competency 核心竞争力

Value Chain Model 价值链模型

第2章 管理信息系统的基础应用

本章学习目的

本章基于不同的视角，介绍了支撑不同职能域的管理信息系统类型，希望学生能较为全面理解管理信息系统在企业中的基础应用。

本章主要从信息系统发展的三条主线出发，介绍了企业中常见的管理信息系统相关的基础应用：

（1）从最初的为底层工作人员提供的事务处理系统，到为中层管理人员服务的管理信息系统，再到为高层管理人员提供的决策支持系统；

（2）从解决结构化问题的信息系统，到针对半结构化问题的决策支持系统，再到辅助非结构化问题决策的信息系统；

（3）从部门级的信息系统，到企业内部集成的信息系统，再到实现外部集成的信息系统。

要求学生通过本章的学习掌握以下问题。

（1）在组织中位于不同层次的人员的信息需求。

（2）事务处理系统、管理信息系统、企业资源规划系统的关系。

（3）企业中常见的事务处理系统、管理信息系统类型，以及企业资源规划系统的常见功能。

（4）系统集成的必要性和集成方式。

本章引导案例

联想集团的信息化历程

联想集团成立于 1984 年，是一家以研究、开发、生产和销售自有品牌的计算机系统及其相关产品为主，在信息产业领域内多元化发展的大型企业。从 1996 年起，联想计算机销售量一直位居中国国内市场首位；2013 年，联想计算机销售量升居世界第一，成为全球最大的 PC 生产厂商。

联想集团虽然是一个以提供计算机及其设备为主要业务的企业，但同样面临着如何信息化的问题。联想集团自 1998 年开始实施企业资源计划（ERP），其信息化历程可以分为四个阶段：

1. 自主开发 MIS 阶段

从 1992 年开始，联想就开发了自己的 MIS 系统，当时的 MIS 主要是以财务为核心、根据企业的运营需求而定制的一个管理系统。随着公司的发展，老的业务系统必须根据需求不断添加新的模块，联想便开始在此基础上自行开发了库存管理系统，1993 年和利玛合作开发了 MRP-Ⅱ。

2. 上马 SAP/ERP 系统

1997 年，联想集团的营业规模已经达到 100 多亿元，业务模式也在不断增加。企业大了之后，一个最基本的需求是各级管理者要实时了解企业的运营情况，因此对于 MIS 系统的需求越来越高。同年，联想集团将香港的三家公司和北京的三家公司进行整合后，发现在不同管理模式下成长起来的这几家公司的 MIS 系统很难整合到一起，几个系统相互隔离，系统管理效果差。如要获得一个完整的信息需要从不同的数据库和不同的系统中抽取，结果是销售量、库存量不清，生产与财务报表滞后，要等到 20 多天后才能了解本月的业务运营情况。这时，集团领导越来越迫切地意识到：再不对企业物流、资金流、信息流进行重建，无异于"闭着眼睛"管理公司。为此，他们决定建立一个高度集成的、保证信息互通的管理平台。

在这一时期，国内已经悄然掀起了 ERP 的热潮，但对于 ERP 实施的难度和费用国内看法不一，争论很大。而国际上许多跨国公司已经实施了 ERP，对实现全球范围内的多工厂、多地点的跨国经营运作管理极为有效。这一点正在为越来越多的公司所认同，他们认为通过实施 ERP、优化供应链管理可以实现库存减少、成本降低、供货时间缩短、对客户和市场需求反应快速灵活，进而大大增强了企业的获利能力。

在最初的系统选型过程中，他们考虑到公司正面临着强大的业务经营方面的压力，无法投入大量人力进行大规模的开发，因而决定购买成熟的 ERP 产品。但当时国内的 ERP 软件产品普遍规模较小，功能完备性较差。为了保证系统的先进性和稳定可靠，他们决定购买国际上先进的管理软件。并且经过十几年的发展，公司已经有了一定的实力来投入 ERP 项目。

经过调研论证，联想公司认为，SAP 公司的产品功能成熟，特别是在财务管理和库存管理方面是国内产品所无法比拟的，为了给公司的进一步发展开辟更加广阔的管理空间，联想公司决定采用 SAP 公司的管理软件——R/3 系统作为企业管理的基本平台。1998 年 11 月 24 日，联想集团与德国 SAP 公司、德勤公司联合召开新闻发布会，正式宣布：联想与 SAP 及其咨询合作伙伴德勤公司签订联想集团 ERP 项目实施协议。

当时的联想集团高级副总裁、联想神州数码有限公司总裁郭为这样说："选择 ERP，特别是选择 SAP 的 R/3 系统，对联想也是一个痛苦的选择过程。如果只是简单地解决一个信息支撑系统的问题，我们没有必要选择 ERP。因为实施 ERP 不仅是一个技术问题，同时还是一个管理问题，并且实施 ERP 不能保证 100%的成功，也就是说企业现行的管理方法与现代管理思想是否能嫁接得很好，这与企业的内在管理素质有关。在发展过程中，联想已经总结出管理的三要素，建立了自己的企业文化，但这些都是在本土特色上发展起来的管理思想，能否与 ERP 有机结合，建立一套科学的管理方法，这非常具有挑战性。但最终我们还是选择了挑战。因为联想有一个宏伟的发展目标——进入世界 500 强。要实现这样一个目标，在管理方面如果仅仅跟自己的历史相比，或者说与国内企业相比已经很好了是不够的，必须与国际企业去比，参与国际竞争。"

3. 联想 ERP 项目重组

从 1998 年 11 月开始，联想投入上千万元实施 ERP，项目进行到 1999 年 3 月却没有什么成效。面对重重困难，1999 年 4 月，联想毅然重组 ERP 项目组，改为以业务部门为主、技术部门为辅的团队，公司掌管财务和人力的助理总裁王晓岩临危受命出任项目总监，直接对柳传志负责。

1999 年 5 月联想成立了 ERP 项目业务流程重组小组，由当时任联想集团常务副总裁的李勤担任组长，各个业务部门主要负责人负全责，带动了一大批部门骨干员工加入 ERP 项目的推进工作中。业务部门梳理现有的业务流程，在技术项目组的全面支持下把业务流程系统化、集成化，然后把优化之后的流程在 ERP 系统中实现，实现流程电子化。

联想集团的领导决心尽管非常大，但对实施过程中的难点也并不是从一开始就非常清楚的，在实施过程中经常需要领导亲自去拍板，真正体现出 ERP 是一把手工程。很多重大决策涉及企业运作程序的调整，需要一把手想清楚。这对很多企业来说是一个难点。并且牵涉到业务流程的时候，实际业务流程与 ERP 业务流程还是有一些矛盾，创造性地解决这些矛盾非常重要。有些时候只能先按照 ERP 流程去做，再逐步优化，也就是所谓的“先僵化后优化”。

2000 年 1 月 5 日，联想 ERP 正式上线，与原系统并行运行。2000 年 2 月 14 日，新系统独立运行。据统计，ERP 系统正常运营后，联想为客户的平均交货时间从 11 天缩短到 5.7 天，应收账周转天数从 23 天降到 15 天，订单人均日处理量从 13 件增加到 314 件，平均打款时间由 11.7 天缩减到 10.4 天，订单周期由 75 小时缩减到 58 小时，结账天数由 20 天降到 1 天，加班人次从 70 人削减为 7 人，财务报表从 30 天缩至 12 天。此后公司利润大幅度增长，相当一部分原因来自这个项目。

4. 联想 ERP 走向外部集成

如今国际厂商已经开始更加注重客户导向，他们强调要满足客户个性化的需求，这就要求企业的业务模式能够适应小批量、多批次的订货需求，这对于联想传统的流水线生产模式、按库存生产的模式、以产品为中心的营销模式都是非常大的挑战。如果没有与外部集成的一整套信息系统，包括客户关系管理系统、电子商务系统、企业资源计划系统、车间管理系统、供应商协同系统，企业就无法获得客户的满意，也就将失去商业机会。面对在中国市场崛起的 DELL 等国际公司的竞争，联想深刻感受到外部竞争的压力，意识到供应链协同与管理是联想与跨国公司的差距，也是联想要进入世界 500 强的一道门槛。2001 年 8 月联想上马 SCM i2 系统，2002 年 8 月联想时任副总裁宣布 SCM 实施成功。2003 年，鉴于并购 IBM 项目，上马知识管理系统，以期更好实现与不断重组及变革的业务的融合。

（案例改编自：http://wenku.baidu.com/）

讨论：结合案例背景，讨论联想集团为什么要实施 ERP?

2.1 事务处理系统

1961 年，美国最大咨询公司之一麦肯锡公司的 Ronald Daniel 提出了关键成功因素（Critical Success Factors，CSF）这个术语。他认为有一些关键活动决定了任何形式组织的成败，这些活动就是关键成功因素。这些因素根据组织形式的不同而不同。例如，在汽车行业

CSF 是车型设计、有效的经销网络和严格的制造成本控制，在保险行业 CSF 则是代理商管理人员的成长、对文书人员的有效控制和新险种的推出。公司的管理层应当关注于如何识别这些因素，并考查在这些因素上的执行状况。

在新的商业时代中，越来越多的公司认识掌握到信息资源是获得竞争优势的有效手段，好的信息系统成为公司新的 CSF，在本章中我们将介绍组织中不同类型的信息系统。

计算机信息系统在企业中的应用实践表明，它们经历了一个从简单到复杂、从底层管理到高层管理的进化过程。从企业事务处理系统（Transaction Processing System，TPS）、企业管理信息系统（Management Information System，MIS）、企业决策支持系统（Decision Support System，DSS）到企业竞争情报系统（Competitive Intelligence System，CIS），信息系统在企业中发生作用的层面由业务运行层向运行控制层、战术决策层，最终向战略管理层逐步提升。

2.1.1 事务处理系统的定义及特征

1. 什么是事务处理系统

事务处理系统是供组织业务人员使用的系统，是 MIS 最底层和最基本的系统，其主要任务是充分运用现代信息技术手段收集、处理业务活动过程中产生的原始数据，提高业务活动的效率。

我们在日常生活中经常会接触到这类系统，如食堂的饭卡管理系统、图书馆的图书借阅系统、超市的 POS 机系统、宾馆的客人入住登记系统，都属于这个范畴。

2. 事务处理系统的特征

事务处理系统通常用于支持具有大量的、规律性的、重复性的特点的信息收集，从功能角度来看，处理的对象是原始数据，主要任务是收集，同时也执行一些简单的信息处理与表示。

使用事务处理系统帮助处理事务的优势在于：

① 降低成本，减少人员和工作量。现代企业中如果离开 TPS 几乎无法工作，由于需要处理大量数据，手工操作无法快速完成。例如，一个银行营业厅在白天使用 TPS 花费几分钟处理的业务，如果用手工处理，至少需要 4 小时才能处理完。

② 提高事务处理速度，加速资金流动，提高经济效益。

③ 改善客户服务水平，减少操作错误。

④ 为企业中其他的信息系统提供原始数据，对于没有建立良好的 TPS 的企业来说，要建立具有辅助决策功能的战术或战略信息系统几乎是不可能的。

目前 TPS 呈现出跨越组织和部门的趋势，不同组织的 TPS 连接起来，如企业间的供应链系统、企业与银行间的清算系统，可帮助这些组织结成动态联盟，因此 TPS 在企业中是非常重要的信息系统。

2.1.2 事务处理系统的功能与结构

1. 事务处理系统的功能

在企业中常见的事务处理系统包括销售/市场系统、制造/生产系统、财务/会计系统、人事/

组织系统等。这些系统的主要功能如表 2-1 所示。

表 2-1 企业中的事务处理系统

销售/市场系统	制造/生产系统	财务/会计系统	人事/组织系统
销售管理	采购	预算	档案
市场研究	运输/接收	总账	业绩
新产品定价	运行控制	支票	报酬
订货	调度	成本会计	培训
报价	工程计划	应收/应付	工资
	采购订单控制		职业经历

事务处理系统的主要功能可以归结为 5 个方面。

① 及时收集、保存、传递、处理业务数据。

② 为标准的业务流程提供数据处理手段。

③ 建立维持庞大的业务数据库。

④ 信息检索，包括例行的报告与查询服务。

⑤ 监控功能，用于维持系统正常运作。

2. 事务处理系统的结构

多数 TPS 由 5 部分构成，如图 2-1 所示。

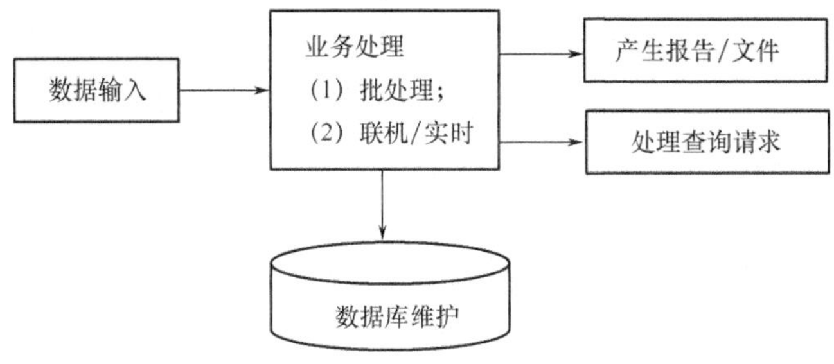

图 2-1 事务处理系统的结构

业务处理的方式分为批处理和实时处理，前者是定期/周期性地收集源文件，然后成批处理，例如企业的工资处理，由有关部门每月收集相关数据，在固定的某天集中处理；后者是针对某些要求系统时时刻刻都能反映组织活动/状态的业务，收到请求就立刻执行，如火车售票系统。

批处理的优点是处理大量数据时，可以提高资源利用率；实时处理的优点是可以快速响应客户要求。具体采用哪种方式应考虑以下因素后决定：一要在成本、安全问题上进行平衡；二要考虑业务实际需求和特点。

2.1.3 企业中的事务处理系统

1. 不同职能的 TPS 功能

目前在企业的各个职能领域中都会用到 TPS，它们的常见功能如下。

（1）市场信息系统

市场信息系统的功能如图 2-2 所示。

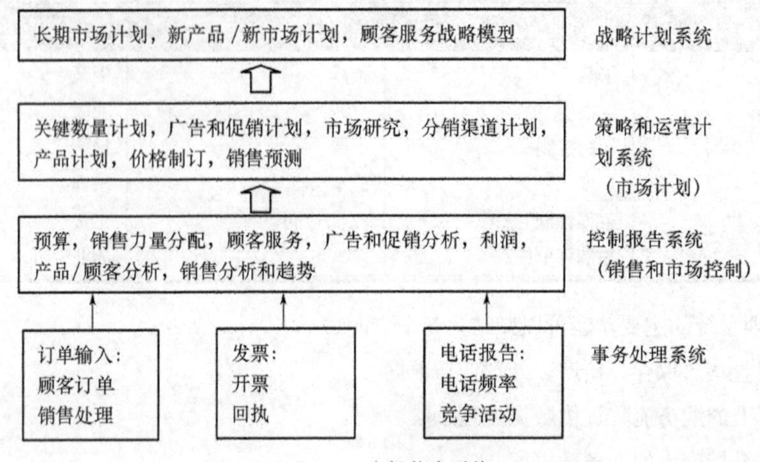

图 2-2 市场信息系统

市场信息系统和组织中的其他系统一样，也分为战略层、策略层、控制层、作业层四个层次，作为最基础的 TPS 为以上各层提供信息支撑。市场信息系统的主要功能包括广告和促销管理、产品管理、定价、销售预测、销售自动化以及销售业务管理等。

广告管理的功能已为越来越多的企业所认识，对广告的投资也越来越多。企业利用信息系统辅助广告促销系统主要包括：①选择好的媒体和促销方法；②分配广告投放的财务资源；③评价和控制各种广告和促销手段的结果。由于广告问题的非结构化因素较多，所以这里的 TPS 支持促销活动更加有力。

产品管理的功能主要有预测、新产品研发、定价等。短期预测包括一周、一个月、最多一年的预测，当然也可能有短至一天的预测。长期预测最短为一年，也有两三年、五年，甚至十年、十几年的预测。短期预测算法一般使用移动平均、指数平滑法模型；中长期预测主要使用拟合模型、回归模型或系统动力学模型等。新产品研发需要 TPS 系统能够提供搜集资料、分析资料、撰写可行性报告等的功能支持。在进行产品的最后决策时，往往也要用到评价模型，需要 TPS 内嵌一些评价模型。

定价系统要协助管理者，尤其是决策者确定定价策略。定价策略有两种，一种是以成本为基础的定价策略，这种策略是以成本为基础加上一个要求的附加值，可以是一个固定值或一个固定的百分比。另一种是以需求为基础的定价系统，这就要正确地估算需求：需求旺盛，价格可适当提高；需求薄弱，价格就要降低。这需要很好了解客户、市场、竞争者和国家经济状况。但 TPS 中的定价模型一般比较少，不一定能满足企业多样化的需求。

销售管理系统是最基层的信息收集和处理系统，其主要数据来自客户的销售点系统（Point of sales，POS），支持整个销售过程的电子传输系统被称为电子数据交换系统（Electronic Data Interchange，EDI）。EDI 不仅支持销售各环节的信息传输，还将各个流通环节捆绑在一起，通过整合来提高竞争优势。目前，条形码、集装箱、EDI、电子商务已成为国际贸易的关键技术。

（2）财务信息系统

财务信息系统的总体功能如图 2-3 所示。

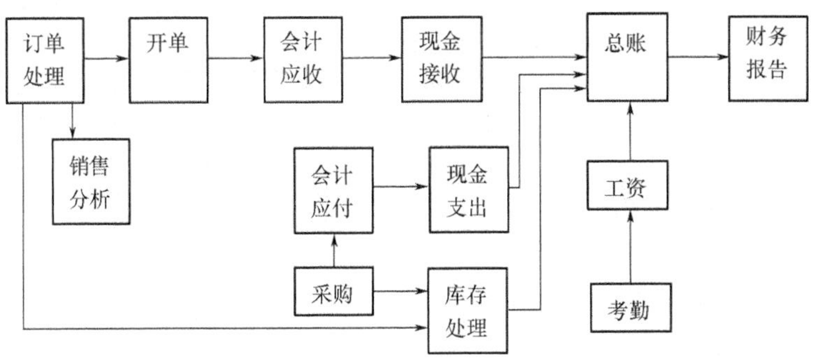

图 2-3　财务信息系统

在财务信息系统中的 TPS 以数据输入为核心业务，如图 2-4 所示。

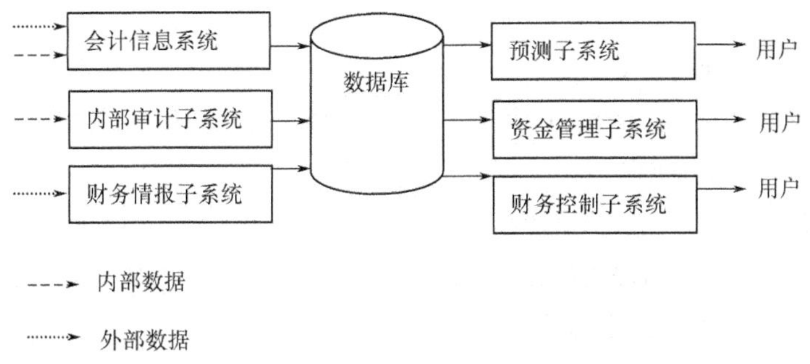

图 2-4　财务信息系统的输入子系统

（3）生产信息系统

生产信息系统在制造业中较为广泛，生产中的典型问题包括生产所需原材料不能准时供应或者供应不足，零部件生产不配套，资金积压严重等。生产信息系统的总体结构如图 2-5 所示。

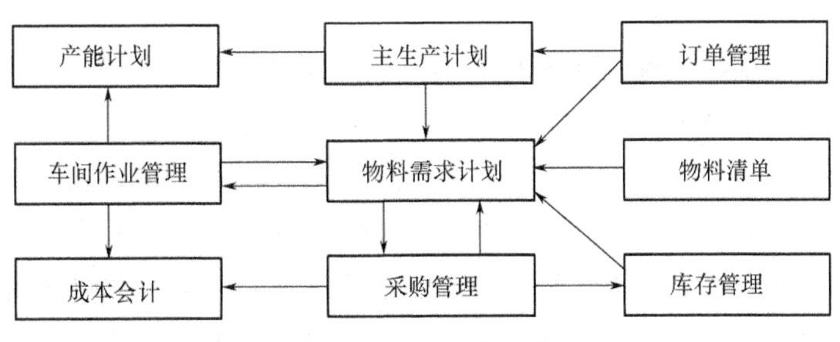

图 2-5　生产信息系统

这其实就是后面将要讲到的 MRP Ⅱ 系统的功能，读者可以思考一下，哪些功能属于 TPS 的范畴？

（4）人事信息系统

人事信息系统的功能如图 2-6 所示。

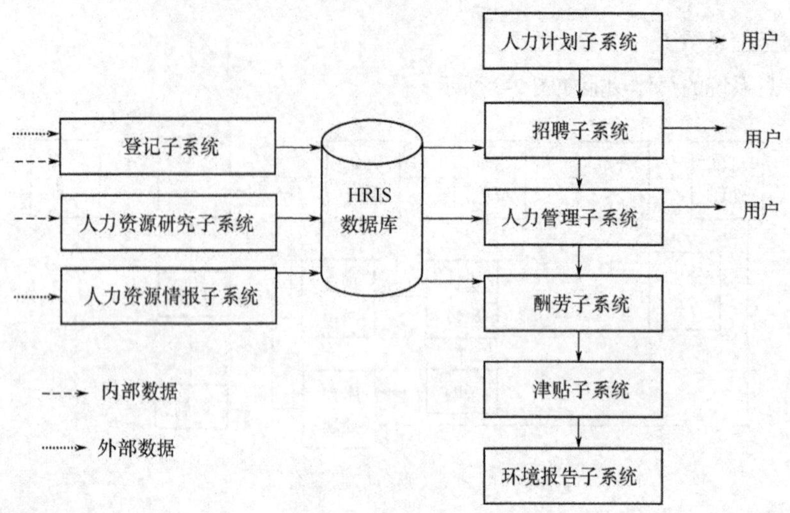

图 2-6　人事信息系统

2．客户集成系统

客户集成系统（Customer Integration System，CIS）是事务处理系统的一个扩展，指的是让组织的客户使用技术手段自己进行事务处理，如在线银行、ATM 机都是这类系统的典型代表。CIS 包括一个在前台向客户提供一对一特色服务的门户和多个位于后台的业务系统，将信息技术的应用扩展到客户端，从而让客户可以在任何地点自己处理自己的事务，改变了组织与客户之间的关系。这种做法的优势在于，企业可以降低提供这类服务的成本，同时也可以让用户按照自己喜欢的方式来处理事务。

2.2　管理信息系统

2.2.1　管理信息系统的起源及目标

1．管理信息系统的起源

20 世纪 60 年代起，企业开始开发利用管理信息系统，主要用于生成各种管理报告和图表。在大多数情况下，这些早期的报告是定期生成的——每天、每周、每月或每年，它们可以极大地帮助管理人员完成其职责。随着其他管理人员逐渐认识到这些报告的价值，管理信息系统开始在管理层中广泛应用，如最初只是给财务管理人员使用的工资汇总报告，也可以供生产经理用来控制和监督人工成本。所以管理信息系统的主要目标就是要帮助管理者了解日常的业务以便进行有效且高效的控制、组织、计划，最终实现组织目标。

2．管理信息系统的目标

管理信息系统主要为组织中的中层管理人员服务，对于组织的基本运作状况进行汇报。事务处理系统是它的主要数据来源，报告内容以企业内部事件/信息为主，而不是外部事件/信息。

管理信息系统通过定期为管理人员提供固定格式的报表来完成这项工作，读者如果曾经接触过某个组织的管理信息系统，可以回忆一下，在那个系统中是否有一些报表，这些报表对某个部门的管理人员来说有什么样的作用。

管理信息系统可以帮助管理人员解决一些常见问题，也就是在预期范围之内的一些比较固定的问题，但这类系统不是非常灵活，分析功能也比较弱，多数情况下只是进行简单的汇总或对比，而不会用到复杂的数学模型或统计工具。

2.2.2 管理信息系统的输入与输出

1．管理信息系统的输入

管理信息系统用到的输入数据来自内外两方面。内部的主要数据来源是 TPS，外部数据源则包括客户、供应商、竞争对手、股东等。TPS 的主要任务就是在不断运行的业务活动中收集和存储相关数据。随着业务活动的开展，各个 TPS 应用不断对组织的数据库进行更新，这些实时更新的数据库正是管理信息系统的主要内部数据源。

管理信息系统处理这些数据，按照预先设定的格式产生报表，提供给管理者使用。例如，销售部门的经理可以要求管理信息系统每周为他提供一份报表，显示过去一周内不同地区、不同销售代表、不同产品系列的销售状况，并且和上周数据、去年同期的数据进行对比。这份报表的价值对他来说比一个简单的上周销售总额数据要大得多。

2．管理信息系统的输出

管理信息系统主要的输出就是提供给管理者的各式报表，可以分为进度报表、需求（定制）报表、异常报表、常规报表四类。

（1）进度报表

进度报表是周期性生成的，如生产部门经理可以利用每周的工资汇总表，对生产成本加以控制，用于控制产品制造的每日生产计划表也属于这一类。

在进度报表中有一种报表，对前一天的关键活动进行汇总，供当天工作日开始时使用，称为关键指标报表。这类报表可用于描述库存、生产、销售等方面的数据，与关键成功要素密切相关，因而受到管理者的关注。

（2）需求（定制）报表

需求报表的目的是按照管理者的要求提供相应的信息，也就是说，根据用户的要求而产生。例如，一个管理者想知道某特定产品的库存状况，就可以要求提供这样一份需求报表。

（3）异常报表

当组织中出现异常情况，需要管理者注意时，由系统自动生成的就是异常报表。管理者可以设定参数以便明确怎样的状态属于异常情况，如库存低于 50 就让系统输出报表。和关键指标报表类似，这类报表监管的也是组织中的重要对象。设定参数或触发点时应当周密考虑，设定过低会导致异常报表数量太多，设定过高会导致真正的异常情况没有引起注意。

组织中时常会用到这项功能，如纽约的 Republic National 银行运用异常报表对超过 1500 万美元的法律事务账单进行管理，某些企业对于差旅费、传真费等设定项目超过总额 10%的一些账单进行控制。

（4）常规报表

常规报表就某个主题为管理者提供详尽数据，如 CoreState 金融集团下属的银行集团拥有120 亿美元资产，200 名员工的首要目标就是运用 SAS 软件监控银行贷款中的坏账情况，如果发现短期内坏账剧增，工作人员就对全部电子数据进行追查，以便探明此次坏账问题是否由某个特定类型的贷款、部门或者客户群所引发。运用制图功能创建的彩色图表可以清晰地展现借贷业务状况，而高层管理人员则可据此判断 CoreState 是否切实遵循了诚实借贷法案。

需要注意的是以上四类报表可能会有重叠，如对于某种产品的销售状况，已经设定在关键指标报表中，管理者后来又要索取异常报表。为了保证输出效果最佳，设计与开发管理信息系统的报表时应当遵循以下准则，如表 2-2 所示。

表 2-2 管理信息系统输出的准则

要　求	解　释
按用户要求制定报表	要求用户参与
只提供用户所需报表	一旦建立，即使没人使用，报表也会不断产生
注意报表内容与格式	突出显示重要信息，容易查找，表达清晰易懂
使用异常报告进行管理	事先考虑好可能出现哪些异常情况
谨慎设定参数	参数水平不能太低，也不能太高
确保报告的时效	过期或延迟的报告几乎没有价值

2.2.3 管理信息系统的功能

管理信息系统和事务处理系统的功能具有明显的区别，与之后出现的决策支持系统、专家系统的目标也有很大差异。从管理计划和活动层次的角度观察，会发现这些信息系统为不同层次的组织用户提供服务。

1．组织的金字塔结构

我们可以将一个传统的组织看成一个四层的金字塔，其从上到下的层次分别是：

战略管理层——为组织提供整体的方向和指导。

战术管理层——根据企业战略制订下一级的目标和战略。

运作管理层——管理和指挥日常运作并实现企业目标和战略。

执行操作层——执行日常业务处理，诸如产品开发生产、客户服务等。

2．不同层次的信息需求

不同层次的用户对信息的需求各有不同的特征，高层用户通常需要比较概括的、反映组织内外总体情况的综合信息；低层用户通常需要比较具体的、与某项事务直接相关的局部信息。因而事务处理系统的用户主要是位于组织底层的工作人员，管理信息系统的用户主要是位于组织中层的管理人员，他们有时还会用到决策支持系统，高层管理人员常用的是如经理信息系统类型的系统。

不同层次的信息系统相互之间会有信息交换和关联关系，如上层向下下达目标和政策、下层向上报告计划执行情况。

3．管理信息系统在组织中的位置

管理信息系统的结构可以从组织职能的角度来划分，也就是与组织内部的采购、销售、库存、财务、人力资源等部门一一对应，这些部门都有各自专用的管理信息系统。按照职能或层次对管理信息系统进行划分是最常见的两种方式，随着信息系统的发展出现了更多的观察信息系统的维度，如流程、技术、智能程度等。

流程维度是根据流程的先后顺序来衡量系统，一般分为上游、中游、下游，对企业来说上游一般是供应链，中游是企业本身，下游是客户，对应的系统就分别是供应链管理系统、企业资源计划系统、客户关系管理系统。

技术维度是按照技术特点来衡量系统，如单机系统、主机终端系统、网络系统等。

还可以按照系统的智能程度划分，智能较低的处理知识的能力就较低，智能较高的处理知识的能力就较高。前者包括按照固定规则进行业务处理的系统，添加智能处理能力后就产生了决策支持系统、专家系统等，这些系统在后续章节中会有讨论。

4．管理信息系统的功能

从管理信息系统服务的职能领域来看，常见的有市场、生产、财会、人力资源等部门的管理信息系统。

（1）市场信息系统

市场信息系统主要处理 4 个方面的信息：产品（product）、促销（promotion）、渠道（place）、价格（price），即所谓 4P。这是市场营销的主要职能。

围绕产品的功能有预测、订货、新产品研发等，促销管理包括选择合适的媒体和促销方法并作出评价，渠道是指产品由厂家到客户的路径，定价系统要协助决策者确定定价策略。

（2）生产信息系统

这里指的是广义的生产，对于生产性企业指的是制造，对于服务业指的是服务运营。麦当劳把大生产的管理技术用于餐饮服务获得巨大成功，也说明了生产和服务的相似性。生产管理中最困难、最复杂的就是制造业管理，其涉及众多类型的企业资源，如物料、人力、资金、设备、时间等，必须统一调配。

（3）财会信息系统

会计的主要功能是维护公司的账务记录，而财务主要管理资金的运作。会计系统最成熟和固定的部分是记账，财务系统则保证资金收入大于消耗并且保持稳定。

（4）人力资源信息系统

该系统涉及人员聘用的整个生命周期，如招聘雇用、岗位设置、业绩评价、培养发展等职能。

2.3 信息系统集成

企业信息化建设的关键是实现企业信息的集成和共享，达成流程之间的协调，使企业流程总体达到最优。企业信息系统主要由决策支持系统（DSS）、管理信息系统（MIS）、事务处理系统（TPS）三个层次组成。DSS 以组件、工作流、BI（商业智能）、DW（数据仓库）等技术来支撑和辅助进行各种复杂的决策活动；MIS 为管理人员和决策层提供日常经营管理所需的信息查询和各类报表；TPS 处理订单、存货、加工、交易、支付等基本业务活动及行政事务。MIS 高度依赖 TPS，它必须通过 TPS 提取数据和相关信息，生成各种报表或报告。但往往事务处理系统相互独立，因此难以实现数据的转换和共享，各系统间提供的数据都要靠人工干预，这种数据的可靠性显然是值得怀疑的。更严重的问题是信息价值的差异性导致信息提供者和信息使用者的价值严重错位，即由于利害关系等导致有意的过滤信息。由此可见，只有建好运作层使用的 TPS，MIS 才有坚实的基础。由于 DSS 同样也需要从 TPS 提取数据，因此，DSS 同样也离不开不断健全、完善的 TPS。要消灭企业内部的“信息孤岛”，信息系统集成应运而生。

2.3.1 信息系统集成基础

1．信息孤岛

（1）信息孤岛问题的产生

随着近年来企业信息化工作的深入发展，很多企业都已经开发和引进了许多计算机应用系统，拥有了自己的信息系统，如管理信息系统、财务管理系统、采购系统、库存管理系统等。

一方面，由于企业在建立这些系统时通常以实现某个特定的应用、满足局部的需求为目的，很少从整个企业的角度去进行总体规划，缺乏总体的网络构思和设计，因此这些系统虽然能够实现企业某一职能部门内部的信息集成管理，但不同职能部门之间的信息却很难集成和共享，大大限制了信息系统在企业生产与管理领域中的作用。这些系统大多是分散、独立的，多数以基本的事务处理为主，信息查询和用户交互的功能少；多数是各自执行一定职能的小规模管理信息系统，覆盖企业所有或大多数职能的系统较少；信息组织缺乏规范化，信息编码不统一，源数据重复采集，很少有数据的共享和同步更新。

另一方面，随着企业内部网络系统和网络环境的建设，由于企业信息化全局性的规划、企业和企业之间的并购重组等原因，使得企业内部可能同时独立运行着多个信息系统，分别担负着企业内部某一个部门的业务处理任务，但彼此之间无法通信。例如，上海贝尔阿尔卡特股份有限公司在实施集成式 ERP 系统之前，存在管理系统不统一、信息沟通不畅的严重现象，公司内部竟然有 9 个不同的管理信息系统，生产部、财务部、计划部等都有自己相对独立的系统。由于以上原因，我们把这类系统称为“信息孤岛”。

（2）信息孤岛问题的解决

信息孤岛（information isolated island），又叫自动化孤岛、资源孤岛，是指在数据信息单元单独存放、不能自动实现信息共享与交换，需要靠人工与外界进行联系的一种现象。由于这些信息孤岛相互独立和各自封闭，使得大量的信息资源不能发挥应有的作用，效率低下，严重阻碍了人们对信息的获取，并已成为制约企业信息化建设和资源共享的重要瓶颈。而且从长远来看，随着企业的发展，信息孤岛问题可能会再次产生。

为了在这些孤岛之间架起桥梁，就需要对企业的信息孤岛进行集成，即建立在异构、分布式计算机环境中能使企业内各个事业部的各种不同类型的应用实现信息集成、功能集成和过程集成的软件系统。通过网络技术、接口和分布式数据库技术实现并行信息管理系统的无缝集成和企业供、产、销、人、财、物的全面管理，充分发挥分布式系统的局部资质和决策信息的全面集成，达到全局最优的应用效果。通过集成系统，可以使各个信息孤岛中分布的、异构的数据仿佛以统一的形式存放在一个数据库中，实现信息资源共享，提高决策效率，有利于企业的集中管理，增强企业的市场竞争能力。

2．业务集成的发展

（1）业务集成理念的提出

全球领先的企业管理与信息技术咨询机构——安盛咨询倡导的“业务集成”（Business Integration）理念就是指在企业明确的发展战略和经营策略的指导下，实现人员组织、业务流程和信息技术的有机组合，有效地增强企业的核心能力，使企业能在经营业绩和各项业务表现方面获得显著和持续的进步。

（2）提供业务集成功能的技术

信息技术的推动使企业置身于日新月异的市场、竞争和经营环境之中，只有通过成功的业务集成，把持续变革作为企业长期发展目标的有机组成部分，企业才能获得面向未来的持久动力。有很多的科学管理方法和信息技术应用，都是基于业务集成理念的，如业务流程重整（Business Process Reengineering，BPR）、综合计分表（Balanced Scorecard）、企业资源计划等，其中最典型的业务管理软件就是ERP。

① 企业资源计划的起源。企业资源计划（ERP）源于20世纪60年代初，美国生产与库存控制协会（American Production and Inventory Control Society，APICS）提出的物料需求计划。MRP系统将物料需求计划、生产能力需求计划、车间作业计划和采购作业计划整合在一起形成一个封闭的系统。MRP以物料为中心的组织生产模式体现了为顾客服务、按需定产的宗旨，计划统一且可行，并且借助于计算机实现了对生产的闭环控制。到20世纪80年代，MRP经过发展和扩充逐步形成了制造资源计划MRPⅡ的生产方式。MRPⅡ从整体最优的角度出发，通过运用科学方法把企业的生产、财务、销售、工程技术、采购等各个子系统有机结合起来，组成了一个全面生产管理的集成优化系统管理系统。MRPⅡ的所有数据均来源于企业的中央数据库，各子系统在统一数据环境下工作，实现了各方面的数据共享，同时也保证了数据的一致性。从MRP到MRPⅡ实现了物料计划到集成计划方案的转变，形成了一个比较完整的生产经营管理计划体系，是实现制造企业整体效益的有效管理模式。

② 企业资源计划的功能。ERP概念最早是由Gartner公司20世纪90年代提出的，是对MRPⅡ的超越，是比MRPⅡ规模更大的企业信息集成。ERP在纵向上整合了企业的决策支持系统、管理信息系统和操作信息系统，缩短了企业决策层与操作层的距离，促进了企业组织的扁平化变革；在横向上整合了企业的生产控制、物流管理、财务管理和人力资源管理等功能模块，带动了企业业务流程的重组。ERP是从企业全局角度来制订经营与生产计划的集成式的企业管理软件系统，它更加面向全球市场，功能更为强大，所管理的企业资源更多，管理覆盖面也更宽，所采用的计算机技术也更加先进。ERP的发展将信息集成扩展到企业整理资源的利用和管理方面，实现了更大范围的资源优化配置、更大规模的信息集成，降低产品

成本，提高企业竞争力。

③ 企业资源计划系统的拓展。传统的ERP系统注重的主要是企业内部的管理改革，难以考虑到整个市场"价值链"变动给企业带来的影响和冲击，特别是随着Internet应用的革命性变化，无法满足企业围绕客户进行商业运作的需求。供应链管理（SCM）和客户关系管理（CRM）拓展了传统ERP系统的概念，SCM定位于企业外部资源特别是原材料和零部件等资源与企业生产制造过程的集成管理，CRM则定位于产品的整个营销过程的管理。它们均提供了一种能够反映企业与企业之间、企业与客户间复杂联系的管理系统，不仅能够记录、追踪客户的信息资料、企业与客户间的业务行为，而且能够分析这些信息，为企业提供各种决策依据。供应链管理和客户关系管理体现了集成化的管理思想和方法，是信息系统集成向企业的上下游扩展的结果。在这种集成化环境下，企业组织之间可以有效地实现信息交换和信息共享，大大提高了企业信息处理和分析的能力。

ERP、SCM、CRM共同构成了信息时代企业运作和管理的基础平台，而电子商务就是基于这个基础平台的商务活动，即利用计算机技术、网络技术和远程通信技术，实现整个商务（买卖）过程中的电子化、数字化和网络化。而相对于传统政务和电子商务而言的电子政务，是指政府机构应用现代信息和通信技术将管理和服务通过网络技术进行集成，在互联网上实现政府组织结构和工作流程的优化重组，超越时间、空间与部门分隔的限制，全方位地向社会提供优质、规范、透明、符合国际水准的管理和服务。电子商务和电子政务是信息技术利用的两个主要方面，前者主要针对企业的业务而言，而电子政务处理的则是与政权有关的公开事务。两者的发展，为信息化社会提供了有效的信息系统集成解决方案，使信息系统集成在功能需求和研发上都具备了一些与以往不同的新特点。

3．集成的概念

（1）信息系统集成的概念

所谓信息系统集成，是指在异构、分布式计算机环境中能使企业内各个部门的各种不同类型的应用实现信息资源共享、信息流畅、流程之间协调、企业流程总体最优的软硬件系统。根据企业的具体业务需求，信息系统集成将硬件平台、网络设备、操作系统、工具软件以及按客户需求开发的应用软件，集成为功能和信息相互关联的IT系统，使资源达到充分共享，实现集中、高效、便利的管理。

信息系统集成包括计算机软件、硬件、操作系统技术、数据库技术、网络通信技术等的集成，以及不同厂家产品选型、搭配的集成，其本质是以整体性能最优为目标的综合统筹设计，即所有部件和成分合在一起后不但能工作，而且全系统是低成本、高效率、性能匀称、可扩充和可维护的。实现这一目标的关键在于解决系统之间的互联和互操作性问题，它是一个多厂商、多协议和面向各种应用的体系结构。

（2）信息系统集成的层次

信息系统集成分为三个层次：信息集成、过程集成和企业集成。三者的实现相辅相成。

信息集成不是简单地从技术上实现各部门之间的信息共享，而是要从系统运行的角度，保证系统中每个部分在运行的每个阶段，都能将正确的信息，在正确的时间、正确的地点，以正确的方式传送给需要该信息的人。

过程集成则是在完成信息集成的基础上，进行流程之间的协调，消除流程中各种冗余和非增值的子流程（活动），以及由人为因素和资源问题等造成的影响流程效率的一切障碍，使企业流程总体达到最优。

企业集成则主要指的是沿着产品供应链方向上同类或互补企业之间为追逐共同的市场机遇而形成虚拟企业（动态联盟）之间的集成，也可以理解为在虚拟企业之间实现的信息集成和过程集成。

2.3.2 信息系统集成的目标

如今信息系统集成活动覆盖企业信息化的方方面面，其最终目的是为企业决策提供服务，而具体目标主要有：实现管理信息的有效应用，优化业务流程，建立适应性的系统和过程，一体化的安全性和可靠性，增进与客户的联系，提供加强型供应链，对电子商务的支持等。这些目标不仅是信息系统集成过程中所要遵循的原则，也是提供企业集成方案的业务基础。

1．管理信息的有效应用

在市场经济条件下，信息已经成为一种极其重要的商品，信息管理是企业整个管理工作的重要组成部分，也是实现企业信息化的关键。在全球经济信息化和我国已加入 WTO 的今天，加强企业信息管理对企业发展具有非常重要的作用。有效的信息管理需要以下 5 个要素。

① 数据一致性。管理信息需要对来自企业不同部门、不同系统、不同时间的数据进行处理，同时对它们进行比较，所以要求这些数据在编码、衡量单位、参考角度等方面必须保持一致，以便于分析和比较。

② 数据可访问性。对于管理者而言，来自不同地方的数据必须是可访问的，即在任何时刻任何地点，当管理者要访问这些数据时，它们必须是可见的。虽然可以预先将数据汇编在定义的报告中，但是，由于很多问题管理者是不可能事先预料到的，因而管理者需要信息也是随机的，为了有效地管理企业，就要求在系统开发时做好数据来源的协调。

③ 过程一致性。过程一致性一方面要求企业基本的运行数据可以通过一致的基于浏览器的接口加以访问。信息系统可以将不同来源的数据导入数据库中，然后进行计算，并将这些数据以更简单、通俗易懂的形式表现出来，如以图形显示。另一方面，要求企业通过自身的协调，使每一天、每个部门的过程衡量保持一致。

④ 异常报告。系统应当能够识别意外事件，提供异常报告，提高意外事件的可见度，以便提出解决方案，采取行动，防止意外事件的再次发生。

⑤ 历史数据分析。根据对历史数据的分析，可以发现、认识、理解问题和机遇。例如，观察业务过程的变化趋势可以在早期就发现紧迫问题；市场的趋势可能蕴涵业务机遇。能够提供对历史数据的访问功能非常重要，更重要的是能够在预测预警时提供历史数据的支撑，但是这些数据必须在整个企业一直保持一致。

信息系统集成可以在保持数据一致性和可访问性、过程一致性等要求的基础上，对来自多个系统的信息进行整合，实现管理信息的有效应用，便于查找和检索，使管理者能够及时准确地了解企业业务的运行情况，从中发现问题和机遇，进行有效的决策。

2．优化业务流程

如何改变企业原有的管理模式，实现管理、业务运作与信息技术的融合，是所有企业信息化的关键问题，应用信息技术改造传统业务流程和塑造新的业务流程又是解决这一问题的关键。而作为企业信息化关键的信息系统集成，在对企业业务活动及相关历程进行关键性的重新设计和根本性变革（即业务流程重组）的基础上，一方面能够消除企业流程中的手工操作，防止数据的重复记录，实现企业具体操作层面上的业务流程优化，另一方面，可以简化企业内部各部门间的信息流动，优化重组这些信息流，通过建立数据仓库，实现信息共享，为决策者提供集成信息。这些信息可以用来分析市场趋势，评价交易效益或者评估企业内部机构的合作。

通过建立统一数据库、远程通信网络以及标准化的集成系统，可以优化企业业务流程，降低企业成本，使企业在保持灵活服务的同时，获得规模效益。例如，某企业的总公司与其供应商使用一个共同的集成系统，企业内各部门依然可以自己订货，但必须使用集成系统。这样，总部就根据系统提供的信息，掌握全公司的需求状况，并派出采购部与供应商谈判，签订总合同。在执行合同时，各部门又根据数据库，向供应商发出各自的订单。

3．适应性的系统和过程

由于技术变革和业务行为的全球化、市场的快速变化、激烈的竞争、重组等原因，当今企业的环境时刻都在变化，企业的系统和过程必须能够支持这些变化。为了实现系统和过程的可适应性，它们必须被结构化以便于实现如下目标：①每个业务功能的职能和控制已经被定义和制订；②每个业务功能只能被定义一次，并以一致的方式执行；③业务功能之间的耦合和相关性达到最小化。

这里说的业务功能包含了系统和人员。如果业务功能的职能和控制不一致，那么定义和实现起来就会有困难。如果相同的业务功能在不同的地方或组织以不同的方式加以定义，那么当其需要改变时，重新定义会很困难，结果可能是难以预料的。而业务功能之间的耦合将会增加复杂度和变化所影响的范围，这些影响不仅很难被理解，而且会在将来的很长一段时间内存在。

一方面，系统和过程的可适应性是降低成本和时延、提高质量的关键；另一方面，也需要企业的系统和过程能够适应业务执行方式的不断变化。成本和时延的降低以及质量的提高都需要不断改进过程，如果系统和过程难以改变，或者由于这些变化会带来新的问题而存在很大的风险，那么这些改进就不可能实现。

4．一体化的安全性和可靠性

随着信息技术的发展和网络环境的变化，作为企业信息化基础的电子数据交换技术，为集成系统带来了新的安全问题。由于网上信息和用户的分布广泛性，用户及其权限的多样性，可能出现未经授权的用户非法访问系统甚至破坏系统、授权用户访问权限以外的数据等情况。系统安全性成为影响系统发展的重要因素，也是信息系统集成必须解决的一个问题。安全性应该是集成信息系统的一个完整部分，它必须包括防火墙、用户验证、授权、数据完整性、数据保密性、不可否认性等要素。

信息系统集成不仅要解决系统的安全性问题，还要考虑系统的可靠性问题。企业信息化进程的发展，加大了企业对计算机系统的依赖，人们越来越依靠自动化的处理、简化的业务功能、系统行为的协调和对信息的访问，而一旦系统瘫痪，所造成的损失将是灾难性的。这就要求企业所依赖的系统必须比原来更加可靠。企业可以通过减小系统可能失效的风险、尽早检测到故障、限制失效影响范围等技术，从可靠的系统需要技术和过程解决方案两方面来提高系统的可靠性，例如每隔一段时间对系统数据进行备份，建立系统更新日志。

5．增进与客户的联系

从客户关系管理系统的角度讲，信息系统集成可以促进企业和客户间的相互了解，使企业能够更全面地了解其客户，使客户可以更方便快捷地进行交易。对每一位客户而言，通过信息集成，可以把企业当成一个整体，而不是多个部门或部分，这样，不仅能够满足客户希望企业能够识别自己、重视自己的长期支持的愿望，而且也避免了向企业的多个部门重复提供信息的情况。对企业而言，信息集成可以使其充分利用所掌握的客户信息，对海量、分散的客户数据进行分析，挖掘潜在客户，发现客户的潜在需求。例如，根据客户以前购买的产品信息，能够促进其他产品的销售或前项交易的附加服务。

要增进与客户的联系，就需要集成应用；要全方位了解客户关系，则要求集成系统包含每个客户的全面信息，例如客户在企业的购买记录、客户与企业的联系方式等。客户可能通过网络与企业联系，也有可能通过电话联系企业，甚至是亲自访问，无论哪种方式，所有这些信息都应该被整合归纳，记录在集成系统中，即使这些信息分散于相互独立、垂直的不同部门的“烟囱式”的应用中也应如此。

6．提供加强型供应链

随着世界经济的飞速发展，企业与供应链上的其他合作伙伴乃至其他外部企业的联系愈加紧密。通过信息集成，可以使供应链上各企业间能更好地实现信息交换和共享，更有效地协调各种活动，加强企业间联系，使整个供应链成为一个有机的整体。在这种集成化供应链管理环境下，企业组织之间不仅可以实现内部独立的信息处理系统间的信息交换，还能通过集成系统达到信息的交换与共享，使内部和外部信息环境成为一个整体。

在供应链管理环境下实现系统集成，关键是实现企业内外部异构的信息处理系统之间的信息集成，这就需要设计系统之间信息交换的数据接口。以往各企业的信息系统之间往往由于系统结构、网络通信协议、文件标准等环节的不统一呈现分离的局面，而通过 Internet 的“标准化”技术，建立供应链中的跨组织的信息系统等方法，可以使内外部信息环境集成为一个统一的平台整体。企业将以更方便、更低成本的方式来集成各类信息系统，更容易实现数据库的无缝连接。

7．对电子商务的支持

随着 Internet 的飞速发展，由 IBM 公司首先提出的电子商务的概念已经被人们广为接受。电子商务作为一种以 Internet 为交易场所的商品交易方式，在很多行业中得到了广泛的应用。对电子商务的支持是企业信息系统集成中必须考虑的问题，电子商务作为企业信息系统集成中的重要方面，成为延伸到客户和业务伙伴中的最基本的企业集成内容。

电子商务主要通过交易伙伴之间的数据交换实现信息集成，而且与企业内部的数据交换不同，电子商务是在 Internet 上进行的，是在独立的法人实体之间进行的，它们的目标和定位与企业内部相互通信的部门不一样，不仅需要与客户和业务伙伴的系统及应用要求相兼容，还需要提供及时可靠的安全机制，这就对信息系统集成提出更高的要求。为了使集成的信息系统能更有效地支持电子商务，企业必须在集成前，从技术上和组织上进行调整，理顺企业内部过程，以便进行不间断的电子商务交换，和新客户、业务伙伴建立新的联系，更快地对客户和合作伙伴做出反应，同时为产品的订购提供当前的状态信息。

2.3.3 集成模型和集成方法

随着企业信息化的发展，信息集成越来越复杂，为此人们提出了一些不同的集成模型来解决这个问题。例如业务集成模型，该模型由建立在驱动企业实现其商业价值的四个方面（策略、人、业务流程以及技术）组成。本书则主要从信息集成软件的特定方法和结构的角度出发，介绍三种集成模型：表示集成模型、数据集成模型、功能集成模型。

1．表示集成模型

（1）什么是表示集成模型

表示集成模型是最简单的方式之一，即通过遗留软件的现有表示来集成新的软件。在这种模型中，一般使用软件用户界面来实现对多种软件的集成。典型情况下，表示集成的结果是形成一个新的、统一的显示界面，集成后的界面看起来像是一个单一的应用程序，但实际上却可能调用多个遗留应用程序（以前的系统的应用程序）。表示集成模型通过显示的界面指导用户进行互动操作，并且在用户操作和相应软件之间进行通信，然后再把不同的软件部件产生的结果综合起来。

通常，用表示集成模型来创建一个新的用户界面，或者与其他软件进行集成。例如，要在现有的基于终端的应用软件上配置基于 PC 的用户界面，以便为终端用户提供更易使用的软件时，或者想提供给用户一个看上去单一，但实际上由多个软件组件组成的应用软件时，都可以使用表示集成模型。另外，如果一个软件只有在显示界面集成中才有意义、才可行，那么集成时也应该使用表示集成模型。

（2）表示集成模型的局限性

表示集成模型虽然易于实现，并且可以相对较快地完成，但是，这种方法具有一定的局限性。因为它只发生在用户界面层上，所以只有在仅仅使用用户界面或是遗留软件的显示界面层就可完成集成的情况下才有用，而且要求对于旧的显示界面定义的数据和操作有效。另外，由于在现有应用软件上额外增加了一层软件，表示集成可能会成为系统性能的瓶颈。表示集成模型是三种模型中局限性最大的，集成只发生在显示界面层而不是应用软件或数据的互联中。

2．数据集成模型

（1）什么是数据集成模型

数据集成模型是指通过直接访问软件所创建、维护并储存的相应信息来实现软件集成，这样做通常是为了在应用软件之间实现数据的重用和同步。其基本思想是对各种软件组件的数据存取进行集成，使用户在存取数据时可以绕过响应的应用软件，而直接获取该软件所创建并存储的相应信息。数据集成模型跳过了显示界面与业务逻辑模块，通过直接进入应用软件的数据结构或数据库来创建新的集成。这样的集成可能只需要简单访问软件所使用的数据库管理系统，也可能需要与应用程序所管理的文件或用户数据库进行更加复杂的集成。

数据集成模型可适用于以下情况：根据多信息源综合数据进行分析和决策；向多个应用软件提供某公司信息源的只读访问权限；从一个数据源提取信息并转换为合适的格式，以此来更新另一数据源的信息。在这些情况中，集成通过应用软件之间的数据传输来实现，而不管数据是批量传输的，还是软件需要一项特定的数据记录。

（2）数据集成模型的局限性

数据集成模型比表示集成模型更加灵活，能提供更广泛的数据访问，也允许用户访问完整的一套信息或是其中的一部分。当数据库使用接口很容易访问，或是在使用中间件向新的应用程序提供多种数据源集成时，数据集成模型可以加快集成速度，简化访问过程。数据集成模型还允许在其他软件间复用数据，一旦集成完成，该集成软件即可复用。但是，因为每种集成都与一种数据模型相联系，对数据模型的变化非常敏感，一旦模型发生改变，那么集成就会被破坏。由于系统通常是不断演变的，因此这样的改变将会导致为了维护集成而付出大量工作。

3．功能集成模型

（1）什么是功能集成模型

信息系统集成费用很大一部分集中在业务逻辑模块的创建与维护上。业务逻辑是为了实现软件所需的功能而编写的代码，它不仅包含了正确理解和构建数据所需要的规则，也包括了流程与工作流。这样，当企业面临问题时，作为解决方案的表示集成和数据集成难以应用，只能通过在业务逻辑层上完成的功能模型来解决。功能集成模型是在代码级上实现信息系统集成，这可能是在对象或过程级别上实现的。用功能集成模型来实现系统集成的目的在于从其他新的或现有的软件中调用现有功能，这种集成可以通过软件接口来实现。

功能集成比表示集成和数据集成更灵活，它可以应用于三种不同的方法。这三种方法各有不同的特性，并且可用来解决不同类型的集成问题。这些方法有：

① 数据一致性集成。虽然数据一致性集成看起来好像是数据集成的问题，但实际上是功能集成问题。数据一致性集成是在程序代码上进行集成，其目的是访问与更新数据，将从一个或者多个信息源来的信息在整个集成应用软件中一起更新，这样的集成有助于实现数据与操作间的通信。

② 多步处理集成。多步处理集成也称直通处理（Straight Through Processing），是指一种操作可以在不需要重新输入信息或人工参与的条件下，按照正确的优先权顺序，在相应的软件中妥善处理。这种集成不仅处理软件之间的通信请求，而且负责软件之间的管理与协调。多步处理集成方便了通信请求，并有助于管理流程与工序。

③ 即插即用组件集成。即插即用组件集成也称为组件集成（Component Integration），是指应用软件的集成。在这里一个定义好的接口使得一个组件易于与其他组件连接且不需要定义，便于请求通信，并且处理所有接口定义和管理。组件集成将一种软件视为组件来创建，并使用易于理解的接口，很容易与其他组件连接形成新的应用软件。

（2）功能集成模型的能力

功能集成模型不仅能解决表示集成和数据集成可解决的问题，还能解决更多的难题。在所有的模型中，功能集成模型提供了最强的集成能力，解决问题的方法也最灵活。如果使用得当，这种方法创建的组件比另外两种有更高的可重用性。但由于需要在业务逻辑层进行集成，而且实现功能集成工具的难度也要高于其他两种工具，这就增加了实现的复杂度。另外，在某些软件中，由于可能没有源代码或 API（应用程序编程接口，Application Programming Interface）可使用，业务逻辑是难以访问的。

2.4 企业资源规划

随着市场全球化和大型企业的多元化经营，以及及时生产（Just in Time，JIT）、全面质量管理（Total Quality Management，TQM）、优化生产技术（Optimized Production Technology，OPT）、分销资源计划（Distribution Resource Planning，DRP）、供应链管理 SCM 等先进管理思想的诞生，主要侧重于对企业内部的人、财、物等内部资源管理的 MRP Ⅱ系统已经不能满足一些大型企业的管理需求。为了迅速响应需求并组织供应以满足全球市场竞争的要求，这些企业迫切需要扩大管理系统的功能，把“前端办公室”（市场与客户）和“后端办公室”（供应商与外包商）的信息都纳入信息化管理系统中来，扩大信息集成的范围，以面对经济全球化的挑战。在这一背景下，由关注物料的 MRP 发展而来的 MRP Ⅱ在逐步吸取和融合其他先进思想来完善和发展自身理论之后，20 世纪 90 年代进一步发展为面向怎样有效管理和利用整个供应链整体资源的新一代信息化管理系统——企业资源计划（ERP）。

2.4.1 ERP 的概念

1．Gartner 公司的界定

最初 Gartner 公司是通过一系列的功能来对 ERP 进行界定的。

① 超越 MRP Ⅱ范围的集成功能——包括质量管理，试验管理，流程作业管理，配方管理，产品数据管理，维护管理，管制报告和仓库管理。

② 支持混合方式的制造环境——包括既可支持离散又可支持流程的制造环境；按照面向对象的业务模型组合业务过程的能力和国际范围内的应用。

③ 支持能动的监控能力，提高业务绩效——包括在整个企业内采用控制和工程方法，模拟功能，决策支持和用于生产及分析的图形能力。

④ 支持开放的客户机/服务器计算环境——包括客户机/服务器体系结构，图形用户界面（Graphical User Interface，GUI），计算机辅助设计工程（Computer Aided Design Engineering，CADE），面向对象设计技术（Object Oriented Design，OOD），使用结构化查询语言（Structurel Query Language，SQL）对关系数据库查询，内部集成的工程系统、商业系统、数据采集系统和面向外部集成的电子数据交换（Electronic Data Interchange，EDI）。

上述四个方面分别是从软件功能范围、软件应用环境、软件功能增强和软件支持技术方面对 ERP 的评价。但仅从功能上衡量并不足以把握 ERP 的实质，还需把握其功能特点。

2．其他方式的定义

我们可以从管理思想、软件产品、管理系统三个层次理解 ERP。

① ERP 是一整套企业管理系统体系标准，其实质是在 MRPⅡ基础上进一步发展而成的面向供应链的管理思想。

② ERP 是综合应用了客户机/服务器体系、关系数据库结构、面向对象技术、图形用户界面、第四代语言（4GL）、网络通信等信息产业成果，以管理企业整体资源的管理思想为灵魂的软件产品。

③ ERP 是整合企业管理理念、业务流程、基础数据、人力物力、计算机硬件和软件于一体的企业资源管理系统。

企业所有资源简要地说包括三大流：物流、资金流、信息流。ERP 就是对这三种资源进行全面集成的管理信息系统。简而言之，ERP 是建立在信息技术基础上，利用现代企业的先进管理思想，全面集成了企业所有资源信息，为企业提供决策、计划、控制与经营业绩评估的全方位和系统化的管理平台。它不仅仅是信息系统，而且是一种管理理论、管理思想的运用。它利用企业所有资源，包括内部资源与外部市场资源，为企业制造产品或提供服务创造最优的解决方案，最终达成企业的经营目标。

2.4.2 ERP 的发展历程

ERP 是一个庞大的管理信息系统，要讲清楚 ERP 原理，必须了解 ERP 发展的三个主要阶段：20 世纪 60 年代到 70 年代的物料需求计划（MRP）—80 年代的制造资源计划（MRPⅡ）—90 年代的企业资源计划（ERP）。

1．MRP 阶段

在 MRP 阶段，企业的信息管理系统对产品构成进行管理，借助计算机的运算能力及系统对客户订单、在库物料、产品构成的管理能力，实现依据客户订单，按照产品结构清单展开并计算物料需求计划，实现减少库存，优化库存的管理目标。

（1）开环 MRP 阶段

起源于 20 世纪 60 年代的开环 MRP 是基于物料需求的关联性来决定需求的采购的。IBM 公司的约瑟夫·奥利佛博士按需求的来源不同，将企业内部的物料分为独立需求和相关需求两种类型。独立需求是指需求量和需求时间由企业外部的需求来决定，例如，客户订购的产品、科研试制需要的样品、售后维修需要的备品备件等；相关需求是指根据物料之间的结构组成关系由独立需求的物料所产生的需求，例如，半成品、零部件、原材料等的需求。

MRP 的基本任务有两个方面：

① 从最终产品的生产计划（独立需求）导出相关物料（原材料、零部件等）的需求量和需求时间（相关需求）。

② 根据物料的需求时间和生产（订货）周期来确定其开始生产（订货）的时间。

MRP 的基本内容是编制零件的生产计划和采购计划。然而，要正确编制零件计划，首先必须落实最终产品（在 MRP 中称为成品）的出产进度计划，即主生产计划（Master

Production Schedule，MPS），这是 MRP 展开的依据。其次需要知道产品的零件结构，即物料清单（Bill of Material，BOM），把主生产计划展开成零件计划；同时需要知道库存数量才能准确计算出零件的采购数量。

基本 MRP 的依据有三个方面。

① 主生产计划：确定每一具体的最终产品在每一具体时间段内生产数量的计划。

② 物料清单：用规范的数据格式来描述产品结构的文件。

③ 库存信息：保存企业所有产品、零部件、在制品、原材料等存在状态的数据库。

它们之间的逻辑流程关系如图 2-7 所示。

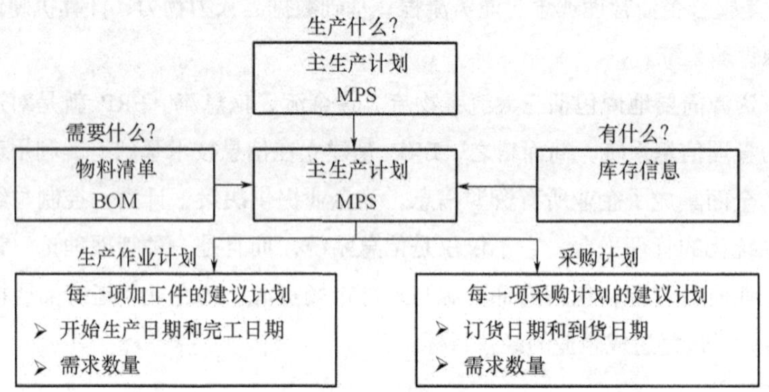

图 2-7 MRP 的逻辑流程

（2）闭环 MRP 阶段

20 世纪 60 年代的开环 MRP 能根据有关数据计算出相关物料需求的准确时间与数量，其缺陷是没有考虑到生产企业现有生产能力和采购的有关条件的约束。因此，计算出来的物料需求的数量和日期有可能因设备和工时的不足而无法实现，或者因原料的不足而无法实现。同时，它也缺乏根据计划实施情况的反馈信息对计划进行调整的功能。

为解决以上问题，MRP 系统在 70 年代发展为闭环 MRP 系统。闭环 MRP 系统除了物料需求计划外，还将生产能力需求计划、车间作业计划和采购作业计划纳入其中，形成一个封闭的系统。

MRP 系统的正常运行，需要有一个切实可行的主生产计划。它除了要反映市场需求和合同订单外，还必须满足企业的生产能力约束条件。因此，除了要编制资源需求计划外，还要制订能力需求计划（Capacity Requirements Planning，CRP），同各个工作中心的能力进行平衡。只有在能力与资源均满足负荷需求或采取了措施做到时，才能开始执行计划。在能力需求计划中，生产通知单是按照它们对设备产生的负荷进行评估的，采购通知单的制作过程与之类似，检查它们对分包商和经销商所产生的工作量。执行 MRP 时要用生产通知单来控制加工的优先级，用采购通知单来控制采购的优先级。这样，基本 MRP 系统进一步发展，把能力需求计划和执行及控制计划的功能也包括进来，形成一个环形回路，称为闭环 MRP，如图 2-8 所示。

至此，闭环 MRP 成为一个完整的生产计划与控制系统。

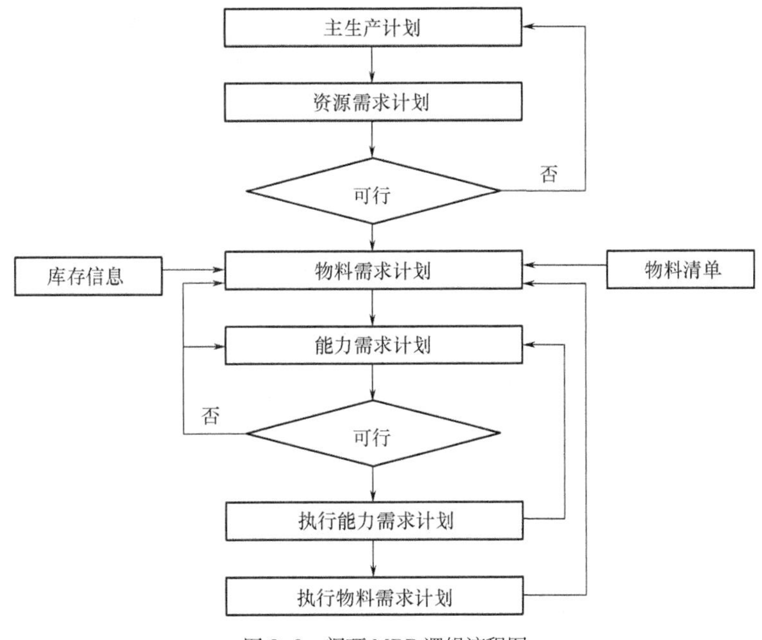

图 2-8　闭环 MRP 逻辑流程图

2．MRPⅡ阶段

闭环 MRP 系统的出现，使生产活动方面的各种子系统得到了统一。但是生产管理只是一个方面，而企业管理是人财物和信息等资源、产供销等活动组成的综合系统，其中还有动态的彼此紧密相关的物流、资金流和信息流。于是，在 20 世纪 80 年代，人们把销售、采购、生产、财务、工程技术、信息等各个子系统进行集成，并称该集成系统为制造资源计划（Manufacturing Resource Planning）系统，英文缩写还是 MRP，为了区别物料需求计划（MRP）而记为 MRPⅡ。

（1）MRPⅡ的逻辑流程

MRPⅡ系统围绕着"在正确的时间制造和销售正确的产品"这样一个中心，增加了对企业生产中心、加工工时、生产能力等方面的管理，以实现计算机进行生产排程的功能，同时也将财务的功能囊括进来，在企业中形成以计算机为核心的闭环管理系统。这种管理系统已能动态监察到产、供、销的全部生产过程。具体流程如图 2-9 所示。

（2）MRPⅡ的特点

MRPⅡ的每一项特点都包括管理模式的变革和人员素质或行为变革两方面，这些特点是相辅相成的。

① 计划的一贯性与可行性。MRPⅡ是一种计划主导型管理模式，计划层次从宏观到微观、从战略到技术、由粗到细逐层优化，但始终保证与企业经营战略目标一致。它把通常的三级计划管理统一起来，计划编制工作集中在厂级职能部门，车间班组只能执行计划、调度和反馈信息。计划下达前反复验证和平衡生产能力，并根据反馈信息及时调整，处理好供需矛盾，保证计划的一贯性、有效性和可执行性。

② 管理的系统性。MRPⅡ是一项系统工程，它把企业所有与生产经营直接相关部门的工作联结成一个整体，各部门都从系统整体出发做好本职工作，每个员工都知道自己的工作质

量同其他职能的关系。这只有在“一个计划”下才能成为系统，条块分割、各行其是的局面应被团队精神所取代。

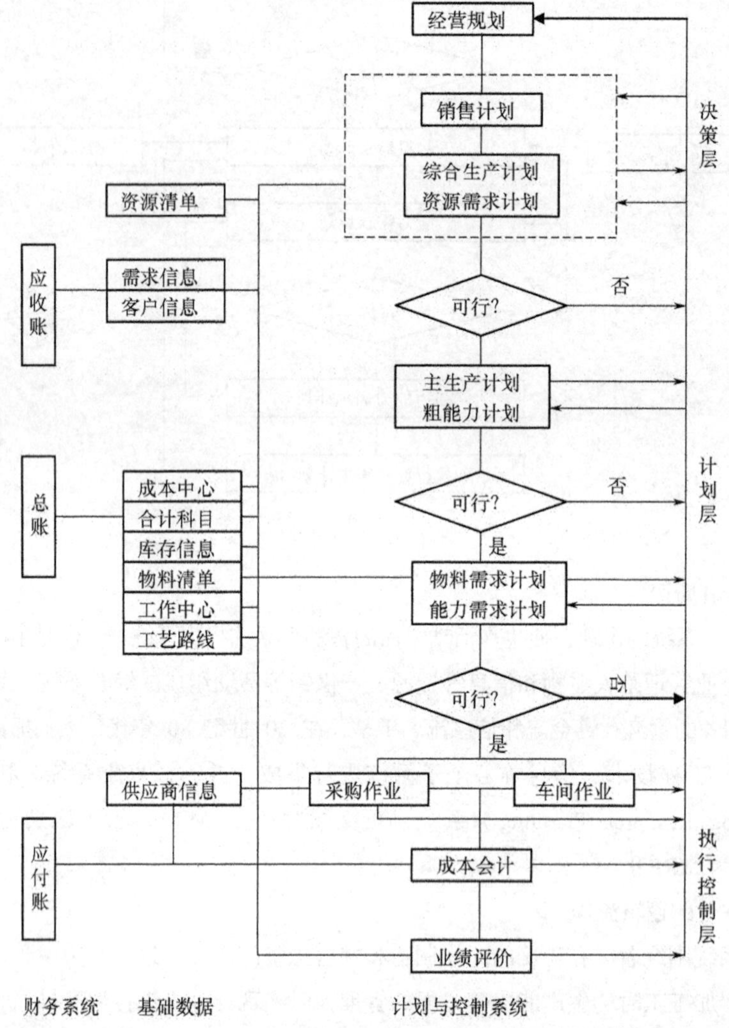

图2-9 MRPⅡ逻辑流程图

③ 数据共享性。MRPⅡ是一种制造企业管理信息系统，企业各部门都依据同一数据信息进行管理，任何一种数据变动都能及时地反映给所有部门，做到数据共享。在统一的数据库支持下，按照规范化的处理程序进行管理和决策，改变了过去那种信息不通、情况不明、盲目决策、相互矛盾的现象。

④ 动态应变性。MRPⅡ是一个闭环系统，它要求跟踪、控制和反馈瞬息万变的实际情况，管理人员可随时根据企业内外环境条件的变化迅速做出响应，及时决策调整，保证生产正常进行。它可以及时掌握各种动态信息，保持较短的生产周期，因而有较强的应变能力。

⑤ 模拟预见性。MRPⅡ具有模拟功能。它可以解决“如果怎样……将会怎样”的问题，可以预见在相当长的计划期内可能发生的问题，事先采取措施消除隐患，而不是等问题已经发生了再花几倍的精力去处理。这将使管理人员从忙碌的事务堆里解脱出来，致力于实质性

的分析研究，提供多个可行方案供领导决策。

⑥ 物流、资金流的统一。MRP Ⅱ包含了成本会计和财务功能，可以由生产活动直接产生财务数据，把实物形态的物料流动直接转换为价值形态的资金流动，保证生产和财务数据一致。财务部门及时得到资金信息用于控制成本，通过资金流动状况反映物料和经营情况，随时分析企业的经济效益，参与决策，指导和控制经营和生产活动。

以上几个方面的特点表明，MRP Ⅱ是一个比较完整的生产经营管理计划体系，是实现制造业企业整体效益的有效管理模式。

（3）MRP Ⅱ的缺陷

① MRP Ⅱ是以面向企业内部业务为主的管理系统，不能适应市场竞争全球化、管理整个供需链的需求。

② 多数 MRP Ⅱ软件主要是按管理功能开发设计的，不能适应业务流程变化的需求灵活调整。

③ MRP Ⅱ的一些假定（批量、提前期）不灵活。

④ 运算效率低（MRP/CRP），不能满足实时应答的要求。

3．ERP 阶段

80 年代末至 90 年代初，随着 MRP Ⅱ系统的普遍应用，以及市场竞争的日趋激烈，制造业也发生了翻天覆地的变化：制造业的环境急剧变化——全球化、供需链制造；需要重新定义同供应商、分销商的关系以快速响应；生存属于迅速产出最优质量、最低成本、最快交付产品的企业；制造业需要更大的灵活性、多样化；实时、能动地实现监控、管理和优化；重组设计和业务解决方案，实现业务流程同步。一些企业开始感觉到传统的 MRP Ⅱ软件所包含的功能已不能满足上述变化的要求，ERP 理论应运而生。

ERP 对传统的 MRP Ⅱ系统来讲是一次大的飞跃，它着眼于供应链上各个环节的信息管理，能满足同时具有多种生产类型企业的需要，扩大了软件的应用范围：除财务、分销和生产管理以外，还集成了企业的其他管理功能，如人力资源、质量管理、决策支持等多种功能，并支持国际互联网（Internet）、企业内部网（Intranet） 和外部网（Extranet）、电子商务（E- Business）等。

ERP 采用最新的信息技术，如图形用户界面技术（GUI）、面向对象的关系数据库技术（ORDBMS）、第四代语言和开发工具（4GL/CASE）、第二代客户机/服务器技术（C/S）、Java、Web Server、Internet/Intranet 技术等。

2.4.3 ERP 的系统结构

2003 年 6 月 4 日，信息产业部发布编码为 SJ/T1 1293—2003 的中华人民共和国电子行业标准《企业信息化技术规范　第 1 部分：企业资源规划系统（ERP）规范》，该标准于 2003 年 10 月 1 日起正式实施。该标准规定了对 ERP 系统的比较详细的功能技术要求，给出了 20 个模块的功能描述、评比标准、重要程度。这 20 个功能模块分别是环境与用户界面、系统整合、系统管理、基本信息、库存管理、采购管理、营销管理、BOM 管理、车间任务管理、工艺管理、MRP 管理、成本管理、人力资源管理、质量管理、经营决策、总账管理、自动分录、应收管理、应付管理、固定资产管理。

除此标准以外，我国还有很多权威机构对 ERP 系统的功能提出了自己的看法，如国家制造业信息化科技工程办公室提出了制造业信息化建设的具体要求，认为 ERP 系统应该具有 5 个功能域、23 个功能模块，如表 2-3 所示。

表 2-3　五功能域观点的功能框架

生产管理	采购管理	销售管理	库存管理	财务管理
基础数据	采购计划管理	销售计划管理	入库管理	总账管理
MPS	供应商信息管理	销售合同管理	出库管理	应收账管理
MRP	采购订单管理	销售客户管理	盘点与结转	应付账管理
生产订单管理			库存分析	成本核算
生产作业管理			库存查询	固定资产管理
生产工序管理				财务报表

CIMS（Computer Integrated Manufacturing System，计算机集成制造系统）领域的研究成果认为，ERP 系统应该包括 18 个功能模块，如图 2-10 所示。

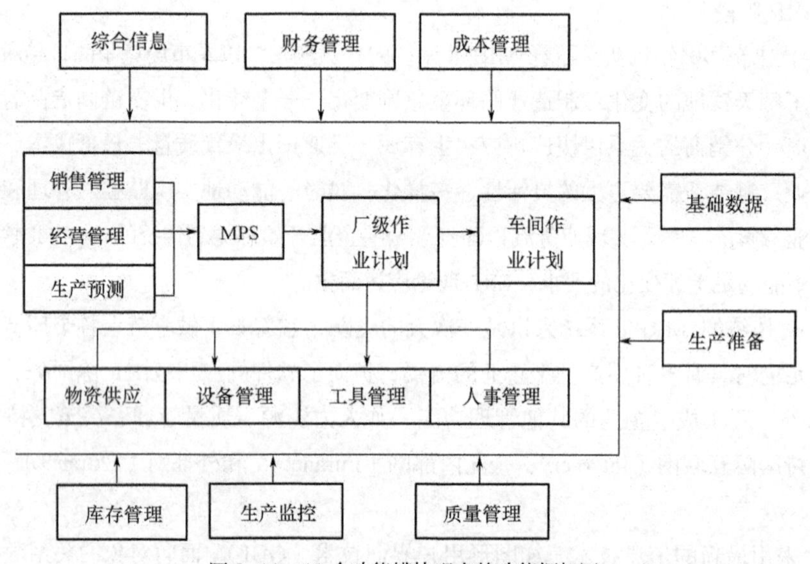

图 2-10　18 个功能模块观点的功能框架图

"十五"期间"863"计划中 ERP 领域的研究结论是其应该至少具备 13 个功能模块，包括生产计划与控制、成本计划与控制、财务管理、采购供应管理、销售管理、客户关系管理、库存管理、质量管理、人力资源管理、设备管理、基础数据管理、供应链管理、系统配置与重构。

2.4.4 ERP 的运行环境

随着信息技术的迅速发展，除了 ERP 以外，近年来企业信息化领域新的技术和产品不断涌现，如 CAD（计算机辅助设计）、CAM（计算机辅助制造）、CAT（计算机辅助测试）等，这些单元技术及系统集成起来通常称为 CIMS，ERP 与这些技术的关系可以用图 2-11 来表示。

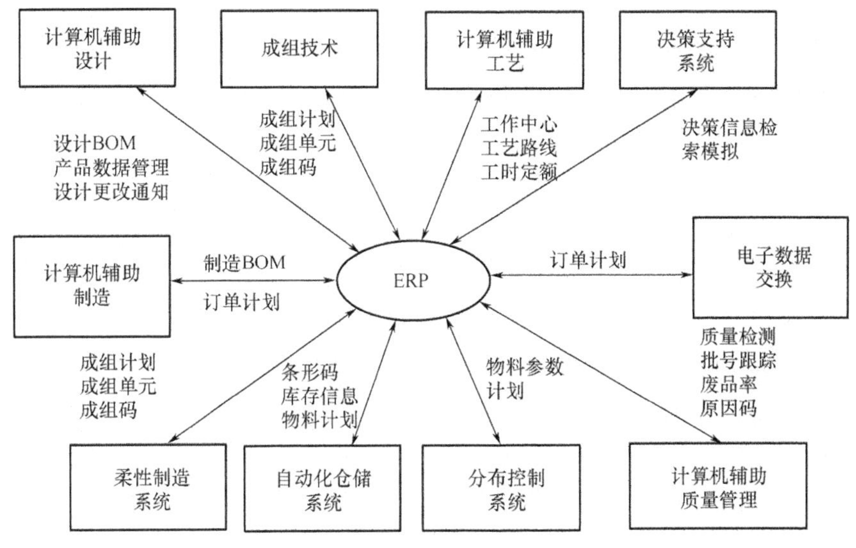

图 2-11 ERP 与其他企业信息化技术的关系

在各种单元技术中，ERP 与 CAD、CAPP（计算机辅助工艺）、CAM 的信息交换最为密切。包含了运行 ERP 系统的最基本数据，如描述产品结构的物料清单 BOM 要通过 PDM（产品数据管理）系统从 CAD 系统转换过来，设计更改信息要从 CAD 及时输入 ERP 系统，有关工作中心、工艺路线、工时定额等信息来自 CAPP 或 GT（成组技术），ERP 生成的生产计划又要提供给 CAM 或 FMS（柔性制造系统）。在新产品较多、设计修改频繁的情况下，为了迅速响应不断发生的变化，这种信息和数据交换最为重要。

ERP 在企业中主要是起生产的计划与控制作用，根据诺兰模型，它需要与其他技术集成到一起，才能全面增强企业的竞争力，而不是变成新的信息孤岛。

2.4.5 ERP 未来发展趋势

正如上面所讲到的，由于 ERP 代表了当代先进的企业管理模式与技术，并能够提高企业整体管理效率和市场竞争力，近年来其在国内外得到了广泛推广和应用。随着企业间竞争的逐步加强，管理需求的增多，信息技术、先进制造技术的不断发展，企业对于 ERP 的需求日益增加，进一步促进了 ERP 技术向新一代 ERP 发展。

推动 ERP 发展的有多种因素：全球化市场的发展与多企业合作经营生产方式的出现使得 ERP 将支持异地企业运营、异种语言操作和异种货币交易；企业过程重组及协作方式的变化使得 ERP 支持基于全球范围的可重构过程的供应链及供应网络结构；制造商需要应对新生产与经营方式的灵活性与敏捷性使得 ERP 也可以越来越灵活地适应多种生产制造方式的管理模式；越来越多的流程工业企业应用也从另一个方面促进了 ERP 的发展。计算机新技术的不断出现将会为 ERP 提供越来越灵活与强功能的软硬件平台，多层分布式结构、面向对象技术、中间件技术与 Internet 的发展会使 ERP 的功能与性能迅速提高。ERP 市场的巨大需求大大刺激了 ERP 软件业的快速发展。

1．未来ERP技术的发展方向和趋势

① ERP与客户关系管理CRM的进一步整合。ERP将更加面向市场和顾客，通过基于知识的市场预测、订单处理与生产调度，基于约束调度功能等进一步提高企业在全球化市场环境下的优化能力，并进一步与客户关系管理CRM结合，实现市场、销售、服务的一体化，使CRM的前台客户服务与ERP后台处理过程集成，提供客户个性化服务，使企业具有更好的顾客满意度。

② ERP与产品数据管理PDM的整合。产品数据管理PDM将企业中的产品设计和制造全过程的各种信息、产品不同设计阶段的数据和文档组织在统一的环境中。近年来ERP软件商纷纷在ERP系统中纳入了产品数据管理PDM功能或实现与PDM系统的集成，增加了对设计数据、过程、文档的应用和管理，减少了ERP庞大的数据管理和数据准备工作量，并进一步加强了企业管理系统与CAD、CAM系统的集成，提高了企业的系统集成度和整体效率。

③ ERP与电子商务、供应链管理SCM、协同商务的进一步整合。ERP将面向协同商务（Collaborative Commerce），支持企业与贸易共同体的业务伙伴、客户之间的协作，支持数字化的业务交互过程；ERP供应链管理功能将进一步加强，并通过电子商务进行企业供需协作，如汽车行业要求ERP的销售和采购模块支持用电子商务或EDI实现客户或供应商之间的电子订货和销售开单过程；ERP将支持企业面向全球化市场环境，建立供应商、制造商与分销商间基于价值链共享的新伙伴关系，并使企业在协同商务中做到过程优化、计划准确、管理协调。

④ ERP与工作流管理系统的进一步整合。全面的工作流规则保证与时间相关的业务信息能够自动地在正确时间传送到指定的地点。ERP的工作流管理功能将进一步增强，通过工作流实现企业的人员、财务、制造与分销间的集成，并能支持企业经营过程的重组，也使ERP的功能可以扩展到办公自动化和业务流程控制方面。

⑤ ERP系统的动态可重构性。为了适应企业的过程重组和业务变化，人们越来越多地强调ERP软件系统的动态可重构性。为此，ERP系统动态建模工具、系统快速配置工具、系统界面封装技术、软件构件技术等均被采用。ERP系统也引入了新的模块化软件、业务应用程序接口、逐个更新模块增强系统等概念，ERP的功能组件被分割成更细的构件以便进行系统动态重构。

2．新一代ERP的特点

目前，关于未来ERP的说法甚多，如e-ERP、后ERP、iERP、ERPⅡ等。Gartner公司给ERPⅡ下的定义为：ERPⅡ是通过支持和优化公司内部和公司之间的协作运作和财务过程，以创造客户和股东价值的一种商务战略和一套面向具体行业领域的应用系统。这些说法都是人们站在不同角度对ERP发展方向和趋势进行的描述。

根据ERP管理思想与管理软件系统的发展过程与趋势，新一代ERP应当具备以下主要特点。

（1）管理思想先进性与适应性

新一代ERP应当在继承当前ERP管理思想的基础上，不断吸纳最新的先进管理思想或模式，如敏捷制造与敏捷虚拟企业组织管理模式、供应链环境下的精良生产管理模式、基于电子商务的企业协同管理模式、跨企业的协同项目管理模式等，并将其管理思想与 ERP 业务处理模型结合。此外，新一代 ERP 应具有针对不同国情的管理模式适应性，如针对像我国这样的未完成工业化的发展中国家，应当采用针对性较强的改进型 ERP 管理模式，如基于主动动态成本控制的 ERP 模式、基于时间-成本双主线的新型 ERP 模式、基于资金流模型的 ERP 模式等。

（2）电子商务环境下的企业间协同性

在网络化信息时代，制造业的竞争焦点已从单一企业间的竞争转化为跨企业的生产体系间的竞争。企业正在把基于内部功能最优化的垂直一体化组织转变为更灵活的以核心能力为基础的实体组织，并努力使企业在供应链和价值网络中找到最佳定位。具有这种定位的企业不仅相关于自身所从事的 B2B 和 B2C 电子商务，还参于价值链上的协同商务过程。新一代 ERP 应当支持这种扩展型企业在电子商务环境下的企业间协同经营与运作。

（3）面向企业商务过程的功能可扩展性

新一代 ERP 将越来越面向企业的商务过程和产品全生命周期的相关过程与资源的管理，其业务领域与功能不断扩充。新一代 ERP 除了具有传统的制造、财务、分销等功能外，还将不断吸纳新的功能，如产品数据管理（PDM）、客户关系管理（CRM）、供应链管理（SCM）、电子商务、制造执行系统（MES）、决策支持系统（DSS）、数据仓库与联机分析处理（OLAP）、办公自动化（OA）等，从而构成了功能强大的集成化企业管理与决策信息系统。因此，新一代 ERP 应当具有很好的功能可扩展性。

随着 ERP 在企业中的应用，企业内部各部门的流程更加合理、规范，衔接更加平滑，生产效率更高，库存占用资金更少。更重要的是企业各层领导都可以迅速、准确、及时地得到所需的报表，能够对市场做出最及时的反应。

2.4.6 ERP 厂商

主要的 ERP 软件供应商有 SAP、Oracle/PeopleSoft、INFO（SSA Global/BAAN）、Microsoft。它们合起来控制了全球市场的 70%以上。因为历史原因，每个 ERP 供应商都在某一特殊模块领域有自己的专长，例如，SAP 在物流领域，Oracle/PeopleSoft 在财务领域，SSA Global 在制造领域，Microsoft 在零售管理领域。同时还有许多已建立的中小规模的 ERP 软件供应商也在竞争这个非常盈利的 ERP 市场。在我国，随着本土 ERP 软件供应商的努力，ERP 市场格局有了新的变化。下面就介绍一下国外和国内的主要 ERP 产品以及目前的市场占有情况。

1．国外主要 ERP 产品的功能对比

国外的 ERP 产品很多，目前在我国应用的 ERP 产品及其 ERP 供应商主要有以下几种。

（1）SAP

全球最大的 ERP 供应商是 SAP（Systems，Applications and Products in Data Processing）公司，成立于 1972 年，总部设在德国南部的曼海姆。SAP 的主打产品 R/3 是用于分布式客户机/服务器（C/S）环境的标准 ERP 软件，主要功能模块包括销售和分销、物料管理、生产计划、质量管理、工厂维修、人力资源、项目系统、资产管理、控制、财务会计。R/3 适用的服务器平台是 Novell、Netware、NT Server、Unix，适用的数据库平台是 Informix、MS SQL Server、Oracle，支持的生产经营类型是按订单生产、批量生产、合同生产、离散型制造、复杂设计生产、按库存生产、流程型生产，其用户主要分布在航空航天、汽车、化工、消费品、电气设备、电子、食品饮料等行业。

R/3 的功能涵盖了企业管理业务的各个方面，这些功能模块服务于各个不同的企业管理领域。在每个管理领域，R/3 又提供进一步细分的单一功能子模块，如财务会计模块包括总账、应收账、应付账、财务控制、金融投资、报表合并、基金管理等子模块。SAP 所提供的是一个有效的标准而又全面的 ERP 软件，同时软件模块化结构保证了数据单独处理的特殊方案需求。

目前，排名世界 500 强的企业，有 85%以上使用的是 SAP 的软件产品。因 R/3 的功能比较丰富，各模块之间的关联性非常强，所以它不仅价格偏高，而且实施难度也高于其他同类软件。它的缺点也在于系统的复杂性及系统的实施工作难度。

（2）Oracle/PeopleSoft/JDE

Oracle 公司成立于 1977 年，总部设在美国。当时公司的创始人 Larry Ellison 看到一个机遇，即在他描述一种关系数据库原型时发现没有公司提供有关方面的技术，由此，他创建一家数据库公司，该数据库产品是最普及的 ERP 数据库。到 20 世纪 80 年代后期，公司开发出了自己的 ERP 应用软件。自从收购了 PeopleSoft（PeopleSoft 之前收购了 ERP 排名第三的 JDE）公司后，Oracle 一跃成为 ERP 市场亚军。Oracle 主打管理软件产品 Oracle Applications R11i 是目前全面集成的电子商务套件之一，能够使企业经营的各个方面全面电子商务化。Oracle 企业管理软件的主要功能模块包括：销售订单管理系统、工程数据管理、物料清单管理、主生产计划、物料需求计划、能力需求管理、车间生产管理、库存管理、采购管理、成本管理、财务管理、人力资源管理、预警系统。Oracle 适用的服务器平台是 DEC Open VMS、NT、Unix 等，数据库平台是 Oracle，支持的生产经营类型是按订单生产、批量生产、流程式生产、合同生产、离散型制造、复杂设计生产、混合型生产、按订单设计、按库存生产，其用户主要分布在航空航天、汽车、化工、消费品、电气设备、电子、食品饮料行业。

Oracle 凭借世界领先的数据库供应商这一优势地位，建立起构架在自身数据之上的企业管理软件，其核心优势就在于它的集成性和完整性。用户完全可以从 Oracle 公司获得任何所需要的企业管理应用功能，这些功能集成在一个技术体系中；而如果用户想从其他软件供应商处获得 Oracle 所提供的完整功能，很可能需要从多家供应商分别购买不同的产品，这些系统分属于不同供应商的技术体系，由不同的顾问予以实施，影响了各个系统之间的协同性。对于集成性要求较高的企业，Oracle 无疑是理想的选择。但企业如果对开放性要求较高，Oracle 显然无法胜任。

（3）INFO（SSA Global/BAAN）

SSA 成立于 1981 年，其总部设在美国芝加哥。SSA 主要向用户提供的商业计划与控制系统（Business Planningand Controi System，BPCS）套件包括财务、分销、制造三大部分，能满足企业在这三个管理领域的大部分需要。BPCS 适用的服务器平台是 OS/400、Unix，适用的数据库平台是 Informix、Oracle，支持的生产类型是按订单生产、按库存生产、批量生产、连续型生产、混合型生产、离散型生产，用户主要分布在汽车、化工、消费品、电气设备、电子、食品饮料、机器制造、金属加工、制药等行业。

SSA 的 BPCS 系统的设计具有巧妙的功能和极大的使用弹性，各模块均包含许多用户自定义参数设计功能，可将系统加以裁剪组合，以符合用户的特殊需求。

2003 年 SSA 公司收购了 Baan 公司，使之成为其全资子公司。SSA 为用户设计了快速实施系统的方案，以减少实施的时间成本和风险成本。由于 BPCS 强大的自定义功能，使实施 BPCS 的用户无需放弃原来的工作模板，而是根据用户的实际工作情况来裁剪组合系统，以便短时间内上线运用。“我们的软件是为快速实施所设计”“我们保持着极短的时间—效益期”成为 SSA 打动用户的独特卖点。2006 年 Infor 公司收购了 SSA，使其转变为 ERP 供应商。

以上占有国际高端市场的 ERP 供应商的特征如表 2-4 所示。

表 2-4　国际市场高端 ERP 供应商

供应商/网址	ERP 特性/特征	目标市场
SAP www.sap.com	客户关系管理 财务管理 人力资源管理 供应链管理	大型企业
Oracle/PeopleSoft/JDE www.oracle.com	财务管理 人力资源管理 供应链管理	大型企业
INFO（SSA Global/BAAN） www.infor.com	客户关系管理 财务管理 人力资源管理 供应链管理	大型企业

2．国内主要 ERP 产品的功能对比

最近几年，我国的 ERP 供应商如雨后春笋，呈现出良好的发展势头，但我国的 ERP 系统软件产品大都是从财务管理软件开始的，以下是目前主要的 ERP 产品。

（1）用友 UF ERP

用友公司创立于 1988 年，以财务软件系统开发为主，总部设在北京中关村科技园区，是目前中国最大的财务及企业管理软件开发供应商，亦是目前中国最大的独立软件厂商。

用友 UF ERP 产品包括五大子系统：供应链系统、人力资源系统、决策支持系统、生产制造系统、财务系统。UF ERP 适应大型、集团型企业分布式、体系化的管理模式，并能满足企业的跨国、跨地区应用。其特点如下。

① 实现集团财务体系化管理，解决远程监控问题；建立集团投资中心，加强资金管理；树立成本中心、利润中心概念，强调预算管理与费用控制，全面提供从核算到管理到决策三个层次的内容。

② 以客户关系管理（CRM）为核心内容，通过供应商看板管理（KANBAN）加强与供应商的联系，降低采购与库存成本，通过分销资源计划（DRP）优化、畅通销售渠道，最大

限度地减少产品积压，实现整个供应链的增值。

③ 突破传统静态人事档案管理的局限，强调员工能力优化与绩效考核管理，提倡学习型组织，完善知识管理。

④ 利用数据仓库技术和在线分析工具（OLAP）为企业决策人提供强有力的分析依据。

⑤ 浏览器/服务器（B/S）体系结构，全面支持 Internet/Intranet/Extranet。

⑥ 应用 Java 技术，实现与电子商务和办公自动化系统的整合应用。

⑦ 分布式处理技术，减少系统部署和维护费用，降低系统整体拥有成本（TCO）。

⑧ 适用多种操作系统平台（Windows NT、UNIX、Netware 等）。

⑨ 提供全面的行业应用模型。

⑩ 客户端采用浏览器操作界面，操作便捷，易学易用。

（2）金蝶 K/3 ERP

金蝶 K/3 集财务管理、供应链管理、生产制造管理、人力资源管理、客户关系管理、企业绩效、移动商务、集成引擎及行业插件等业务管理组件为一体，以成本管理为目标，计划与流程控制为主线，通过对目标责任的明确落实、有效的执行过程管理和激励，帮助企业建立人、财、物、产、供、销科学完整的管理体系。金蝶 K/3 产品家族包括金蝶 K/3 成长版、金蝶 K/3 标准版、金蝶 K/3 精益版。主要功能如下：

① 财务管理系统帮助企业财务管理从会计核算型向经营决策型转变，在满足财务核算的基础上，实现集团层面的财务集中、全面预算、资金管理和财务报告。

② 供应链管理系统协助企业全面管理整个供应链网络，提供采购管理、销售管理、库存管理、存货核算、进口管理、出口管理、质量管理等业务管理功能。

③ 生产制造管理系统帮助企业实现制造全面管理，对企业的产品数据、生产计划、能力计划、车间生产作业、委外加工等业务进行集成管理。

④ 销售与分销管理系统帮助企业建立基于销售网络的信息化系统，提供分销管理、门店管理、前台管理等业务管理功能。

⑤ 人力资源管理系统帮助企业实现战略人力资源管理。提供职员管理、考勤管理、薪酬福利管理等基础人事业务管理功能，以及组织规划、能力素质管理、薪酬设计、绩效管理、招聘选拔与培训发展、员工自助等专业人力资源业务管理功能。

⑥ 协同办公系统帮助企业创建电子化的工作环境和知识门户，提供公共信息、行政事务、个人信息和协同办公等事务处理功能。

⑦ 客户关系管理系统帮助企业对客户进行全生命周期管理，提供商机管理、服务管理等业务管理功能。

⑧ 企业绩效系统帮助企业决策层及时了解企业运营情况，通过统一管理门户，提供目标管理、销售与运营计划等决策参考功能。

（3）开思 ERP

国内的独立开发商风头正健的是开思。其产品传统是以 IBM 的平台为核心，设计也很有特色，且总是能够在市场爆发出需求的时候及时地推出响应的产品。

开思 ERP 涉及企业人、财、物、产、供、销、预测、决策等多方面的管理工作，包括采购、库存、销售、生产、财务、成本会计、人事管理和经营决策等 28 个子模块。每个模块都具有强大的功能和特点，彼此又是相互关联的。开思 ERP 不仅适用于采用单件生产、多品种小批量、大批量流水生产以及它们的混合制造模式的电子、轻工、机械、食品、服装、医药等各类制造企业，而且也适用于批发、零售、服务等商业企业。

以下是部分主要模块：采购管理、库存管理、销售管理、账务管理、应收账、应付账、财务报表、固定资产、工资核算、生产数据、主生产计划、物料需求计划、能力需求计划、连续式生产、车间作业管理、质量管理、成本核算、设备管理、工作流、电子商务。其特点如下。

① 先进的系统设计模式，在产品设计上融合了传统的 MRP、JIT、TQC 等方法。

② 允许企业自由选取、分步骤实现，全面管理现代化。

③ 高度集成化和模块化相结合，各模块数据相互关联，运转流畅，各子系统使用的是共享的一套数据。

④ 充分考虑企业未来发展，为系统未来的扩展留有充分的设计和数据接口。

⑤ 支持多工厂集团式管理模式，总公司与分公司、总厂与分厂等形式的多单位集团化管理模式。

⑥ 全面支持多币种处理。

⑦ 严格的安全控制管理，可以对每个程序、每个数据文件进行操作权限定义，实现多级安全控制。

⑧ 丰富灵活的查询和报表功能，用户可以从多角度方便地查询所需了解的信息，同时为企业提供更加丰富的分析决策功能。

⑨ 灵活、简便、实用性强的操作界面。

（4）利玛 CAPMS 8

北京利玛软件信息技术有限公司（以下简称利玛）是由机械部北京机械工业自动化所投资组建的中外合资公司，成立于 1994 年。前身为机械部北京机械工业自动化所 MIS 研究室，是机械部研究开发计算机辅助生产管理信息系统的归口单位，至今已有 20 年开发 MRP /ERP 商品化软件的经验，是目前中国最早的管理软件开发商和销售商。

利玛 CAPMS 8 系统，是基于敏捷供应链管理思想的企业资源规划系统，它是在 MRP Ⅱ系统基础上发展起来的。它除了对企业内部制造资源进行全面规划和优化控制外，还通过计算机网络把企业生产经营过程的合作伙伴，如供应商、分销商、客户等的资源和能力集成起来，充分调动企业所有可利用的资源，把企业之间的竞争转化为供应链之间的竞争。

北京利玛作为本土 ERP 厂商的代表，可以为金融、制造、电力、IT 等领域的企业提供完善的企业解决方案。

利玛 CAPMS 系统软件具有一系列强大的功能，包括八大系统，各系统下又有诸多模块：物料管理系统、生产管理系统、财务管理系统、制造资源管理系统、质量管理系统、供需链管理系统、决策支持管理系统、CIMS 集成管理系统。其特点如下。

① 在标准 MRP Ⅱ、企业供应和销售管理、生产计划和控制系统基础上增加诸如质量、工具、人力资源、供应链管理、条形码数据采集等功能。

② 具有直观的图形用户界面，丰富的联机帮助。

③ 有充分的可扩展性和可移植性，以满足不同行业、不同规模企业的需求。

④ 灵活性：CAPMS 系统由一系列管理模块组成，既可以单独使用，也可以集成在一起作为一个整体来使用，以满足不同规模企业的需求。

⑤ 集成性：CAPMS 系统设有许多接口，可与其他应用软件进行集成，为用户的系统提供了一个可扩展的空间。

⑥ 开放性：CAPMS 系统是一开放性管理软件，具有先进的客户/服务器和浏览器/服务器的混合体系结构。独立于硬件平台，可在流行的微机、小型机、中型机上运行，有效地保障了用户的利益。

⑦ 长远性：20 余年的研发与应用、300 余例的实施案例充分证明了该系列产品是先进、成熟、稳定、可靠的，CAPMS 代表了一种长远稳定的投资。

本章小结

事务处理系统是管理信息系统，以收集原始数据为主要任务，是所有其他系统的基础。事务处理系统由五部分构成：数据输入、业务处理、文件和数据库处理、产生文件报告、查询处理。管理信息系统的目标是为管理者提供反映组织日常运作状况的信息，帮助有效决策。管理信息系统的主要用户群是企业的中层管理人员。

随着 JIT、SCM、TQM 等现代管理思想的快速发展，企业信息系统集成的要求越来越强烈，以发展面向有效管理和利用整个供应链整体资源的新一代信息化管理系统——企业资源计划（ERP）应运而生。ERP 是建立在信息技术基础上，利用现代企业的先进管理思想，全面集成了企业所有资源信息，为企业提供决策、计划、控制与经营业绩评估的全方位和系统化的管理平台。它不仅仅是信息系统，而且是一种管理理论、管理思想的运用。它利用企业所有资源，包括内部资源与外部市场资源，为企业制造产品或提供服务创造最优的解决方案，最终达成企业的经营目标。ERP 的发展历经了由 20 世纪 60 年代到 70 年代的物料需求计划（MRP）至 80 年代的制造资源计划（MRPⅡ），及在此基础上发展起来的 90 年代的企业资源计划（ERP）的过程。

从功能结构来看，ERP 至少具备 13 个功能模块，包括生产计划与控制、成本计划与控制、财务管理、采购供应管理、销售管理、客户关系管理、库存管理、质量管理、人力资源管理、设备管理、基础数据管理、供应链管理、系统配置与重构。ERP 在企业中主要是起生产的计划与控制作用，根据诺兰模型，它需要与其他技术集成到一起，才能全面增强企业的竞争力，而不是变成新的信息孤岛。目前 ERP 产品提供商以 SAP、Oracle 等厂商占据了较大份额的高端市场，现在的市场竞争集中在中小企业。我国的一些新兴 ERP 厂商也正在蓬勃发展之中。

本章思考题

1. 事务处理系统也能给组织带来竞争优势，请举例说明。

2. 有人说信息系统发展到商业智能阶段，事务处理系统就不再重要了，是这样吗？
3. 本章涉及的几种信息系统的关系是怎么样的？
4. 不同组织层次的信息需求有什么差别？
5. 什么是信息孤岛，信息孤岛问题如何解决？
6. 信息系统集成的目标是什么？
7. 请对三种集成模型进行比较。
8. 简述 ERP 的发展历程及每个阶段的主要内容。
9. 简述未来 ERP 的主要发展趋势。
10. 请举出一些 ERP 产品提供商的名称，并简述这些厂商 ERP 产品的主要特色。

中英文对照

Critical Success Factor（CSF）关键成功因素

Competitive Intelligence System（CIS）企业竞争情报系统

Customer Integration System（CIS）客户集成系统

information isolated island 信息孤岛

Just in Time（JIT）及时生产

Point of sales（POS）销售点终端

Total Quality Management（TQM）全面质量管理

Supply Chain Management（SCM）供应链管理

Business Process Re-engineering（BPR）业务流程重整

Enterprise Resource Planning（ERP）企业资源计划

Customer Relationship Management（CRM）客户关系管理

Business Integration 业务集成

Balanced Scorecard 综合计分表

Bill of Material（BOM）物料清单

Capacity Requirements Planning（CRP）能力需求计划

Collaborative Commerce 协同商务

第3章 管理信息系统的扩展应用

本章学习目的

随着计算机应用的深入发展，为了增强企业的竞争优势，企业信息系统应用方面延伸出多种类型的现代应用系统。例如，企业门户、供应链管理系统、客户关系管理系统、电子商务等。本章重点介绍这些典型的现代应用系统。

① 企业门户系统作为一种整合框架把企业中相对独立的系统的不同功能有效地组织起来，为用户提供更加完善的解决方案。越来越多的企业在考虑或建设不同程度的企业门户来进一步提升企业的核心竞争力。

② 随着市场竞争的加剧，企业的竞争动力从“产品制造推动”转向“用户需求拉动”，由最终用户的需求决定整个链条上的企业活动趋向，供应链管理的发展随之从企业内部活动管理扩展到相关上下游企业之间的内部活动和相互联系活动的管理。

③ CRM 系统主要应用于企业销售、市场、服务等与客户密切接触的前端部门，通过接口与 ERP、SCM 等系统协同运作，共同为企业开源节流、提高企业市场竞争力和综合实力服务。

④ 电子商务的飞速发展，其特殊的经营模式，必然会改变我们传统的管理模式和管理理念。在由工业社会的产业经济向网络经济转变的过程中，电子商务是一种非常重要的、关键的手段和措施。它是网络经济与传统经济的桥梁，是企业由传统经济跨入网络经济的必由之路。

要求学生通过本章的学习掌握以下问题：

（1）掌握企业门户（EI）、供应链管理系统（SCM）、客户关系管理系统（CRM）和电子商务系统的基本概念。

（2）了解企业门户系统。

（3）了解供应链管理概念和发展历程。

（4）充分认识客户关系管理的内涵和管理内容。

（5）了解电子商务的典型形式和技术架构。

本章引导案例

UPS公司利用信息技术在全球竞争

美国联合包裹服务公司（UPS）是世界上最大的从事陆地和航空包裹运输的公司。1907年，公司在某地下室一个很小的办公室里创立，当时是由吉姆·凯西和克劳德·赖安这两个来自西雅图的十几岁的青年，靠两辆自行车和一部电话起家的。他们当时的承诺是：最好的服务，最低的收费。UPS 公司坚持这一理念成功运营了 100 多年，如今已经成为世界上最大的陆地和航空包裹运输公司。

如今，UPS 公司每天在美国及其他 200 多个国家和地区运送千万件包裹和文件。尽管面临来自联邦快递和 DHL 公司的竞争，但公司在先进信息技术方面投入巨资，在小型包裹运输服务方面一直保持领先地位。在过去的几十年里，UPS 已经投资了几十亿美元用于改进技术和系统，以此提高对顾客的服务质量，同时保持低廉的成本和运作的自动化。

利用叫作传递信息获取设备（DIAD）的手持计算机，UPS 公司的司机可以自动地获得顾客的签名以及收取、发送考勤卡中的信息。司机随后将 DIDA 插入 UPS 卡车的接收器中，这是一个连接手机网络的信息传输设备。包裹跟踪信息被传输到 UPS 的计算机网络，在位于新泽西州 Mahwah 和佐治亚州 Alpharetta 的 UPS 的系统主机上储存和处理。

通过自动包裹跟踪系统，UPS 公司能在整个运送系统中监控包裹。在从发送者到接收者整个路程中的各个地点，条码设备都会扫描包裹标签上的运送信息，随后将这些信息传送到中央计算机。客户服务代表从连接到中央计算机的桌面计算机上，可以查到任何包裹的信息，从而快速应对顾客的咨询。UPS 的顾客也可以通过自己的计算机，或者手机等无线设备从公司的网站上获得这些信息。

任何需要运输包裹的人都可以访问 UPS 的网站，追踪运送包裹的信息，检查运送路程，计算运送费用，决定运送的时间，安排接送计划。业务人员在任何地方都能够使用网站来安排 UPS 的运送，并可以将运送费用交付到公司的账户上或者信用卡上。UPS 网站上收集的信息先传输到 UPS 的中央计算机上，处理完毕后再返回给顾客。UPS 还向客户提供一些可以把 UPS 的功能予以嵌入的工具，如允许思科公司把跟踪包裹计算费用的功能嵌入到自己的网站上，这样公司员工不必登录 UPS 的网站就能追踪包裹的信息。

信息技术帮助公司不断改造自己并持续发展。UPS 实施了一套定制开发的软件，该软件运用运筹学原理和地图技术来使包裹的运送路程最优化。因为 UPS 每天要运送数千万件小型包裹，信息技术应用的结果是每年减少了 1 亿千米的运送里程。

UPS 公司现在将其几十年的专业化全球运输网络管理经验运用到其他公司的物流和供应链管理中。公司成立了 UPS 供应链方案部门，该部门为其他要建立自己的系统和基础设施的公司提供了一套标准化的服务。这些服务除了物流服务外，还包括供应链设计和管理、提货方支付运费、客户代理、邮件服务、多模式联运以及金融服务。

Birkenstock 公司是从这些服务中获益的众多公司之一。这家公司的德国生产厂把鞋子码放在板箱内，箱子外面贴上美国目的地的条码。UPS 公司与鹿特丹的船商签约，把这些装有鞋子的箱子经过大西洋运到新泽西港，而不是经过巴拿马运河运到 Birkenstock 的加利福尼亚仓库。UPS 的卡车将每一个到来的货物飞快地运输到 UPS 的一个分销中心，并在数小时之内运往 3000 家不同的零售商店。通过这种服务的外包，Birkenstock 公司将其鞋子的上柜时间缩短了一半。UPS 则通过条码扫描来跟踪每一单货运，直到商店签收。

（案例来源：百度文库 http://wenku.baidu.com）

讨论：

1. 什么是 UPS 包裹跟踪系统的输入、处理和输出？采用的是什么技术？
2. 这些技术是如何与 UPS 的企业战略相联系的？这些技术解决了什么问题？
3. 如果这些技术不用将带来什么后果？

3.1 企业门户

随着企业信息化的高速发展，信息技术的应用为企业带来了巨大的收益，大量的企业应用了办公自动化（OA）、企业资源计划（ERP）、供应链管理（SCM）、客户关系管理（CRM）、电子商务（EC）等系统。这些系统的应用在一定程度上降低了企业的经营成本，提高了企业的运营效率，但各种信息技术的广泛应用也给企业带来了新的挑战，展现在企业面前的是信息过载、系统过于复杂、互相冲突的数据，人们很难获得自己想要的信息，各种信息技术无法发挥最佳的效率。如何把这些相对独立系统的不同功能有效地组织起来，整合企业的异构系统？如何帮助人们通过统一的入口获取跨部门数据？如何避免信息孤岛并减少重复投资？这些已经成为企业亟待解决的问题。正是在这样的背景下，企业门户（Enterprise Portal）作为一种整合框架诞生并得到了快速的发展，为用户提供更加完善的解决方案。越来越多的企业正在考虑或建设不同程度的企业门户来进一步提升企业的核心竞争力。

3.1.1 企业门户的概念和特点

业界认为企业门户就是一个连接企业内部和外部的网站，是指在 Internet 的环境下，把各种应用系统、数据资源和互联网资源统一集成到企业门户之下，根据每个用户使用特点和角色的不同，形成个性化的应用界面，并通过对事件和消息的处理传输把用户有机地联系在一起。它不仅仅局限于建立一个企业网站，提供一些企业、产品、服务信息，更重要的是要求企业能实现多业务系统的集成，能对客户的各种要求做出快速响应，并且能对整个供应链进行统一管理。

同面向公众的信息门户相比，企业门户肩负着企业最重要的使命——为企业客户的投资增值创建最高效率的业务模式，它的功能和特性都围绕着企业间竞争所需的高效率而生成，其最突出的特性就是对信息交流的实时双向性的要求。企业门户的特点表现在如下四个方面。

1. 企业门户已经超出了传统的管理信息系统概念，也非普通意义的网站，它是企业管理信息系统与电子商务两大应用的结合。企业对知识信息、对增长和扩散速度的需求是产生企业门户概念的主要动力。企业门户技术的应用必将推动信息技术革命进入一个全新的阶段。

2. 企业门户的特点在于唯一性、集成性、个性化和整体性。企业门户正是拥有这些新特点，才有了生命力。其中，唯一性是企业的要求，也是门户的意义所在；集成性是现实条件的制约，体现了企业经营的延续性；个性化则是客户的偏好，也是企业门户的生命力；而整体性则是企业对信息的高层次要求。

3. 门户只是门户，企业只能利用为工具，服务于企业的基本目标。任何舍本逐末、脱离实际需要的盲目发展都是不可取的。当然，这里的目标指的是企业的中长期目标，从短期来看，实施企业门户的效果不一定立竿见影，很有可能与企业短期盈利的目标相背离。

4. 企业门户的概念仍然有待扩展，有待完善。与其他 IT 行业的新概念相仿，在这个新兴领域，没有现成的“词典”，对概念的理解都是动态的。

3.1.2 企业门户的发展阶段

按门户的内容和其应用领域，可以将企业门户划分为以下四个阶段：

1．企业网站阶段

随着互联网的兴起，企业纷纷建立自己的 Internet/Intranet 网站，供因特网用户或企业员工浏览。这些网站往往功能简单，注重信息的单向传送，忽视用户与企业间、用户相互之间的信息互动。这些网站面向特定的使用人群，为企业服务，因此可以被看作企业门户发展的雏形。

2．企业信息门户阶段

企业信息门户（Enterprise Information Portal，EIP）阶段是企业门户走向成熟的阶段。从技术上说，企业信息门户已不再是简单的 Web 网站，它采用门户组件技术实现对内容的集成；从功能上说，企业信息门户为企业员工、客户和企业合作伙伴提供了一个访问信息的单一渠道，并且还具有个性化服务的特点。

EIP 为同一价值链上的相关人员提供公开信息的浏览以及个性化的内部信息的访问。信息门户既是一个展示企业形象的窗口，又是企业获取外部访问者信息的接口，既能够动态地发布存储在企业内部和外部的各种信息，又能够支持网上的简单商务应用及社区，访问者可以相互讨论和交换信息，对企业内分布存储的各种格式、各种来源的内容（文档、数据）进行统一检索、分类浏览，并根据权限进行访问控制。

3．企业应用门户阶段

企业应用门户（Enterprise Application Portal，EAP）是企业信息门户的进一步发展，它在完成内容集成的同时，实现对企业业务流程的集成，是面向应用的企业门户。企业应用门户以企业的商业流程为中心，把流程中不同功能的应用模块，如办公系统、生产系统、销售系统、售后服务系统等通过门户技术集成在一起，为用户提供统一登录所有应用的入口。这种集成不是一般意义上的界面集成，而是要实现权限的集中分配管理和应用、过程、数据的集成、协作支持、网上交易，从而建立起统一的协同工作平台，提供基于 Web 的工作场所。因此，企业应用门户能够被看作企业多个管理信息系统的集成界面，企业员工和合作伙伴可以通过应用门户实现移动办公，进行网上交易。

4．企业知识门户阶段

企业知识门户（Enterprise Knowlege Portal，EKP）是企业门户在知识经济背景下的必然发展阶段。企业知识门户使员工可以通过单一的入口找到需要的知识和适当的人，并为员工之间的交流提供平台。企业知识门户的建立有助于企业范围内的知识共享，促进企业知识的转换，从而提高员工的工作效率。

具体而言，EKP 是同一价值链上的相关人员，主要是企业员工日常工作的“知识库”。访问者通过它获取最新的信息与知识、技术规范、标准、工作手册、合同范本等。知识门户不仅是静态的页面，重要的是在相关人员之间建立了动态的关联，成员之间通过权限分配可以实时取得联系，寻找到能够提供帮助的专家、团队或者资源，企业知识门户还具有信息搜集、整理、提炼、内容聚合、目录服务的功能，可以对已有的知识进行分类，建立子知识库并随时更新内容。它的建立实现了更广泛的知识共享，提高了生产经营效率。

图 3-1 所示为一家大型日用品生产企业的企业门户系统功能结构图。

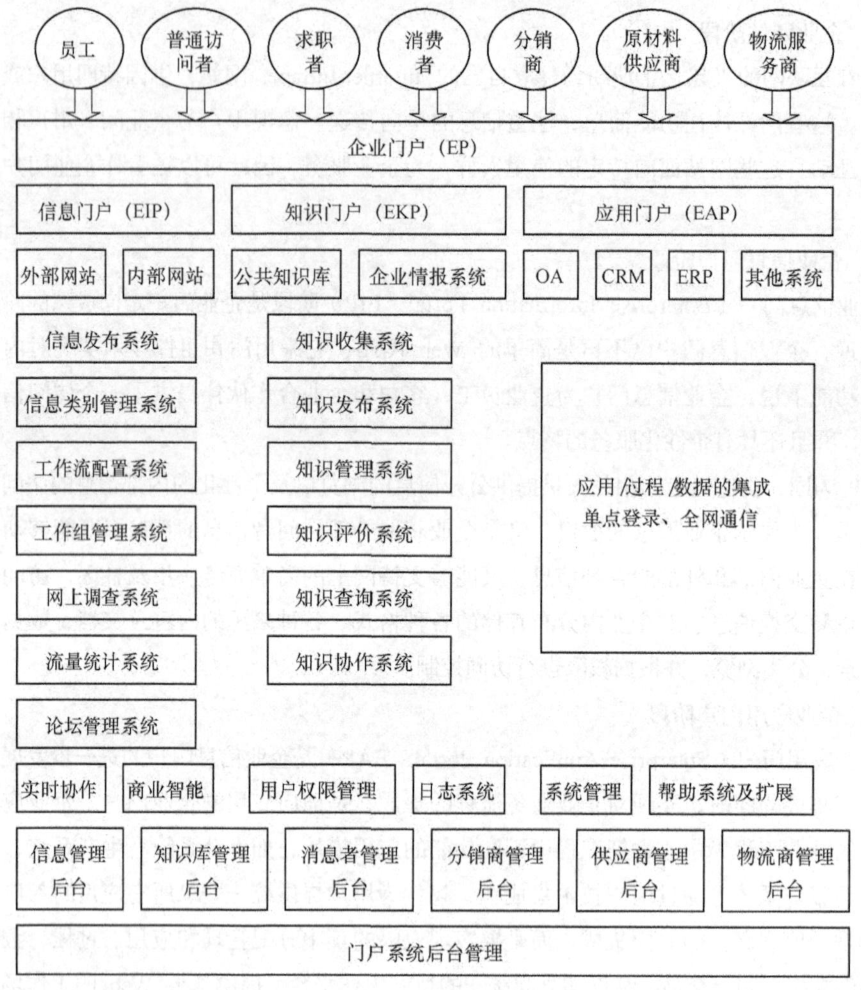

图 3-1　门户系统功能结构图

3.1.3　企业门户建设的主要问题

虽然企业门户的概念可以被预言家们肆意地描绘，然而要真正实现企业门户，所面临的问题却不是轻易能够跨越的。企业门户不能只是简单地把现有的非结构化、非个性化的信息、文件、数据和信息孤岛式的单元应用叠加到一个 Web 界面上，而要通过企业门户软件的封装处理，实现信息、应用和业务流程的集成，信息处理的智能化和事务执行的自动化，实时地以自助的方式和个性化的手段，为具有权限的相关人员提供服务。

如何来建设企业门户，恐怕很难有一蹴而就的好办法，因为企业门户也是一项系统工程。以下是企业门户建设中会遇到、必须解决的几个关键问题：

1. SSO 单点登录

门户系统只有唯一入口，用户登录时采用单点登录（Single Sign On，SSO）。传统登录方式下，系统管理员需要给每台机器上的系统，甚至是每台机器上的每个应用准备一套用户管理系统和用户授权策略，终端用户需要使用其中的任何应用的时候都需要做一次身份认证。

SSO 的机制是“单点登录、全网漫游”，用户访问系统作一次身份认证，随后就可以对所有被授权的网络资源进行无缝访问，而不需要多次输入认证信息。SSO 登录方式，减少了在不同系统中登录耗费的时间，避免了处理和保存多套系统用户的认证信息，减少了系统管理员管理用户权限的时间，提高了管理的便利性，可以通过直接禁止和删除用户来取消该用户对所有系统资源的访问权限，大大增加了系统的安全性。

2．业务流程

企业的业务流程（flow），根据延续时间及复杂性，可分为三类：流程到流程，流程到人，人到人。流程到流程的延续时间短且不复杂，主要用于从一个应用到另一个应用的数据转换，称为业务过程流（Process Flow）。流程到人是以交易为中心，部分需要人工干预，部分可以自动完成。人到人的流程需要人密切合作，协同工作，后二者称为工作流（Work Flow）。

例如，生产部门经常要向客户报告订单的生产进度，要向高层领导报告生产的绩效、成本等事项，这些报告需要数据仓库里的多份不同的信息、数据以及关系型数据库保存的其他背景材料。企业门户系统不仅要管理这些报告的信息访问，还要管理与此相关的流程，如信息收集、信息的使用等。

3．可伸缩性、扩展性

对于企业门户，不同的企业有不同的应用需求，可能是侧重于信息门户、知识门户或者应用门户，也可能根据业务的发展需求会发生变化。企业门户的套件或解决方案应该具有良好的伸缩性，能够满足企业的不同需求。

换个角度说，企业门户产品套件应该是基于组件化开发，具有良好的开放性，企业在某种程度上可以采用“热插拔”式应用，可以根据企业的需求进行定制，能够方便地集成和运行各种应用系统。其 API 接口应该能处理业务对象和修改业务逻辑，可以配置用户界面，并易于降低开发和维护成本。硬件系统根据客户业务需要进行合理配置，随时扩展硬件，保护硬件投资。

4．个性化的配置

企业门户的重要特性之一在于其个性化，针对不同的对象，定义不同的业务流程，提供不同的服务模式和服务内容。个性化应该包括以下内容：基于界面的个性化，不同的人员有不同的主界面，可定义个性化页面风格、样式、内容及使用方式，而且还可以定义自己的风格模板；基于工作的个性化，不同人员有不同的工作任务、工作资源、工作流程；基于规则的个性化，系统能够动态地制定角色权限和商务规则，以实现界面、内容、业务流程的个性化。

5．与应用系统的集成

企业应用集成（Enterprise Application Integration，EAI）是企业门户的灵魂。实现对 EAI 的良好整合可以说是企业门户成功的关键。从 OA、CRM、SCM 到 ERP，从 FoxBASE、

FoxPro、Access 到 SQL Server 乃至 Oracle，企业内部原有的林林总总的应用和非结构化的数据，是企业门户必然要面对的。当然，企业内部各自为政的单元系统的应用所形成的信息孤岛，大多是历史遗留问题，是在企业信息化伊始就注定会存在的，因为信息化的整体规划总是滞后于信息化的单元应用。指望通过企业门户系统能够一劳永逸地解决这些问题，多少有些强人所难，但随着 Web 技术的日益发展和 B/S 模式的深入应用，这些问题终将获得解决。

6．商务智能

企业门户应该具有多维分类统计功能，通过观察跟踪如访问频率最高的页面和浏览量最多的内容、访问者的个人信息等，进行数据分析，得出访问者的偏好和客户的需求比率，同时，通过协作过滤机制，推介给具有同样兴趣的客户或处于同一产品链上的其他用户。另外，企业门户还应该通过对各类信息、数据和业务应用的综合统计、查询、分析，为企业决策提供快速的智能支持。

7．知识转化

知识转化是指在门户发展的最高阶段，知识管理被应用到企业门户之中。知识管理的对象主要是隐性知识与显性知识，两种类型的知识形成了四种类型的转化过程：即隐性知识向隐性知识的转化、隐性知识向显性知识的转化、显性知识向显性知识的转化和显性知识向隐性知识的转化。能否有效地完成这四种知识类型的转化，关系到企业门户应用的成败。

3.1.4 企业门户案例分析

案例 3-1：FTN 金融公司的客户支持门户——My FTN Financial

客户支持门户主要目的在于为企业客户提供快速高效的信息服务，从而达到提高客户满意度，维持良好客户关系的商业功能。客户支持门户是使用较多的企业信息门户软件，主要是由于这种类型门户可以很容易通过客户调查和对老客户的销售情况获得投资回报数据。在客户支持门户中，单点登录功能必不可少，对搜索引擎和分类服务的功能要求也较高，另外一般还提供在线协作功能和对发货单、货物状态、价格等信息的直接访问功能。

FTN 是一家为投资业和银行业务提供全方位服务的金融服务公司，它在固定收入、贸易、市场战略上都处于行业领先地位。该公司原来通过一个传统的菜单导航的网站向客户发布信息资源，提供数量有限的文字业绩报告。在原先的网站里要查找一份研究报告通常要花很长时间，有时甚至找不到，提供客户需要的相关数据也经常要耗费好几天。FTN 从客户的角度出发，希望能够改善目前的状况，同时希望能够给予客户更高程度的个性化以及提供互动式的工具，方便客户对自己的证券进行估价以及做出实时的交易决策。

FTN 使用了 Plumtree 公司的企业信息门户，配置了先进的证券管理应用程序，为世界范围内的 3500 个投资账户提供服务，并称为“My FTN Financial”。“My FTN Financial”给公司银行客户和信用联盟客户以实时的投资行为的建议，客户可以随时查看自己的证券状态以及利用分析研究工具、业绩计算器来更好地做出投资决策。

在“My FTN Financial”的“My Page”部分，客户可以设置自己认可的经济表现指数和相关指标；在研究部分，可以查看到及时的研究报告、市场评述以及投资分析家的建议和来自 Market Watch 和 Credit Strategist 的投资安全性研究。而“My Institutions”部分，包含了 FTN 为若干个机构性客户定制开发的应用程序，并且打上了该机构的标识，显示该机构持有的所有有价证券。“My Institutions”部分为客户提供的功能包括有价证券交易的行为分析、债券估价、有价证券交易模拟、同等分析、有价证券核算等。

借助 Plumtree 公司的企业网络开发工具包（EDK），FTN 的这一企业信息门户实施仅用了五个月。“My FTN Financial”正式运行之后，原本需要五天以上时间来完成的报告可以由系统即刻自动生成，大大提高了公司运作的效率和客户满意度。

FTN 的发言人 Sally Pace 这样评价公司实施的企业信息门户：“我们的目标是让‘My FTN Financial’成为可靠适用的门户程序，不仅仅是提供债券信息，还要为我们的客户提供每天工作相关的工具和信息，最令人满意的是我们在这一门户系统中配置丰富的应用程序仅仅用了五个月时间。”

案例 3-2：福特公司的销售支持门户——福特经销商门户

提高销售团队效率及销售收入是企业的另一个重要目标，在门户框架中配置销售支持应用程序也有较广泛的应用。销售支持门户通常不仅仅具有客户关系管理功能，还囊括了来自其他各种系统的衡量客户满意度、销售业绩和存货状况的报告，丰富的市场第一手资料以及交互式的销售工具。销售支持门户可以让经销商和销售人员轻松实现与企业其他部门人员的协同并随时向企业其他人员发布最新的消息。

福特汽车公司是全球性汽车制造企业，拥有诸多知名汽车品牌。福特欧洲公司迫切需要一套用于满足 18 个欧洲国家经销商需求的在商业和文化融合上都行得通的解决方案。因为以往更新经销商的资料需要进行资料准备、打印和发送等一系列工作，至少耗费五天时间，而且经销商查找一些关键数据需要访问独立的各种终端系统，过程也十分烦琐。

随后福特公司实施了“福特经销商门户”，这一门户具备 15 种语言版本，服务于来自 19 个国家的 9000 多家经销网点和 40 000 多名销售人员。该系统可以根据经销商所处国家、角色任务、类别和区域来进行个性化配置，为每个经销商提供一站式服务，包括访问企业信息系统、关键企业信息和工具的实时获取等服务，这些内容以往只能够通过纸质文献的形式来获取。

福特经销商门户提供单点登录功能，经销商们不用访问各种独立并且烦琐的企业信息系统就可以方便地获取日常工作所需的信息和工具，工作效率大大提高。只要经销商进入这一系统，所有有关价格、产品、维修、客户服务及市场等信息都可以方便地使用。目前经销商运用这一门户系统可以进行以下操作：

① 查看授权检验和定价指南；

② 汽车整车或部件定购；

③ 阅读汽车新闻和有关汽车贷款服务的最新消息；

④ 查找汽车部件的详细信息，配件数据以及客户满意度信息；

⑤ 查找福特公司新型产品的规范数据以及卖点，有助于提高销售的效率。

福特经销商门户的多语言支持和资源的定制化使得来自各个不同国家经销商的需求同时得到满足，从而不需要在每个国家分别实施独立的门户系统，大大节省了资金和其他企业资源。同时福特公司通过这一门户系统，在保持总公司对企业品牌和企业形象整体有效控制的基础上，让各个国家的分公司对门户进行个性化配置，这样更能符合当地的文化，创造具有本土化气息的企业氛围。

自从实施福特经销商门户之后，公司每年在企业通信、邮件和文件递送等方面节省的成本大约为 400 万美元，同时企业服务中心和呼叫中心的工作量大大减少，员工们可以将更多的精力放在其他方面。

案例分析：

1．企业为什么要采用这种企业信息门户？

以上的两个案例分别是企业针对两个最受关注、对企业影响较大的方面——客户和销售而实施的企业信息门户。前者意在实现提高客户满意度，维护良好客户关系的商业功能，如何更好地满足客户的信息需求，让门户服务于客户是“My FTN Financial”规划与实施时重点考虑的内容；后者意在提高销售团队的整体效率和总体销售量，“福特经销商门户”服务于各个地区的销售人员，满足他们进行销售工作的信息和工具需求。因此，这两个案例是典型的“以商业功能为驱动、以服务为导向”的企业信息门户。时下越来越多的企业采用这种类型的企业信息门户作为企业问题解决方案，从而引发了企业信息门户发展的新趋势，主要有以下几个原因：

（1）企业发展的战略需求

在应用集成阶段企业建立了一系列的应用系统，如生产制造系统、人力资源管理系统、客户关系管理系统、供应链管理系统等。这些应用系统针对企业不同的问题互相独立地运行着，它们有着独立的用户界面、业务流程逻辑、数据模型和安全机制。当这种应用系统越来越多的时候，企业员工特别是信息部门的人员发现要整合公司信息的时候需要登录多个不同的应用系统，过程十分烦琐，甚至会出现数据不一致的情况。但是放弃现有系统，重新引入囊括所有现有功能的完整系统显然不切实际。这时出于提升企业效率、提高竞争力、促进企业发展的战略需求，企业管理者希望有一套集成所有现有应用系统的能够输出信息的应用软件，为特定的企业员工、客户、合作伙伴等提供信息服务，而以商业功能为驱动、以服务为导向的企业信息门户既满足功能需求，又符合 IT 投入的实际，自然成为了企业管理者的最优选择。

（2）采用网页门户的方式便于跨越底层技术的异质性

一个大型企业内部应用系统不可能完全仅仅由.NET 技术或 Java 技术来完成，企业建立的应用系统越多，其所包含的开发技术就越多，另外企业通过并购以及与合作伙伴的战略联盟来扩大自己规模的同时也引入了更多的信息系统，这种技术异质性环境的影响也越来越大。Line56 公司的研究发现每家企业的应用系统平均使用的开发语言数为 4.1 种，拥有的应用服务器数、数据库数和搜索引擎数分别为 2.7 个、3.2 个和 1.5 种。据权威杂志“CIO Insight”调查显示：86%的被调查者认为网页门技术将成为应用系统集成领域的主导技术，65%的被调查者相信以服务为导向的软件技术将很快成为美国企业标准。这再次验证了企业信息门户将向“服务为导向”方向发展的趋势。

（3）实施时间短，成本低

FTN公司的案例中提到该公司的“My FTN Financial”门户系统的实施和配置仅用了五个月时间，这是其他应用系统很难企及的。“以商业功能为驱动、以服务为导向”的企业信息门户相对于较传统的企业应用系统而言，开发和实施所需的时间大大缩短，成本也大大降低。正如 Gartner 分析师所言：“下一代应用系统将是基于门户技术的复合型应用系统，它们的建立实施只需很短的时间，技术要求不高，针对企业特定的业务流程或者特定的部门来建立，成本大大降低。”Yankee Group 公司对以服务为导向的应用程序的相关调查显示：用 ERP 系统或 CRM 系统来整合其他应用系统要比使用网页门户框架技术平均多 40%的成本费用，需要整合的应用系统越多，这个比例就越高。

（4）充分利用企业现有资源，改善企业业务流程

福特汽车公司的经销商们原本需要频繁地访问企业各种应用系统来获取所需的汽车价格、配件、维修等相关信息，在实施了福特经销商门户之后这些信息可以一次性获取，大大提高了销售人员的工作效率。使用门户技术可以充分利用现有应用系统（如 ERP、CRM 等）中的数据、内容和商业智能等信息资源，不会造成资源浪费。同时以商业功能为驱动、以服务为导向的门户集成了企业应用系统，为企业特定的业务流程和特定的部门人员量身定做，员工、客户或者合作伙伴不需要频繁地登录不同的应用系统，大大简化了企业业务流程，提高了企业运作效率。

2．结论

自 1998 年美林公司提出企业信息门户这一概念以来，企业信息门户的内容不断发展和充实。如今企业信息门户已经进入专门化时代，从事相关理论研究的学者们早期的研究预测了这一发展趋势，而市场研究人员的调查研究结果也都验证了这样一个观点：企业如果希望门户能够满足使用需求，那么就应该认识到角色门户将在下一代的复合应用程序中占有重要地位，应该放弃原有的技术为中心的门户观点，将门户与企业专有的流程和功能结合起来，建立“以商业功能为驱动、以服务为导向”的企业信息门户。上述两个案例都是这一新型门户的成功运用。企业之所以选择利用这一新型门户，主要是因为它符合企业战略发展需求，能够跨越技术异质性，实施时间短，成本低以及能够充分利用企业现有信息资源并能有效地改善企业业务流程。

3．企业门户的应用展望

不管企业 CIO 们的反应怎样，国外重量级的厂商像 IBM、BEA、Oracle、Microsoft、SAP、HP 等早已展开了对企业门户技术控制权的争夺战。但该市场不像其他软件市场，可以由一家或者几家的产品主宰整个市场。据估计，国内外主流的门户软件供应商早已超过 100 家。Gartner 预计，EP 的市场拉剧战即将打响，目前的 100 多家门户软件厂商中，在未来数年内会有 50 多家遭到淘汰。

“网络就是计算机”，这是十几年前 Sun 提出的概念，随着 B/S 模式软件的深入应用，这句话的预见性正在日益显现，基于互联网的软件应用正在成为一种趋势，一个方向。企业门户的概念的演绎和应用的推进，正在加剧这种趋势，并将在这个方向上留下一个新的里程碑。

3.2 供应链管理系统

供应链管理最早是在 20 世纪 80 年代末被提出来的，指的是对企业内部及与外部发生紧密联系的所有业务活动的统一管理，包括人力资源、财务、订单、采购、计划、生产、库存、运输、销售、服务在内的所有企业业务活动。随着市场竞争的加剧，企业的竞争动力从“产品制造推动”转向“用户需求拉动”，由最终用户的需求决定整个链条上的企业活动趋向，供应链管理的发展随之从企业内部活动管理扩展到相关上下游企业之间的内部活动和相互联系活动的管理。供应链管理的信息化程度高低，决定了现代企业的发展命运。

3.2.1 供应链管理的概念

毋庸置疑，供应链管理是取得竞争优势的关键。然而，如果更细致地询问 SCM 的一致定义，甚至最有名的管理者和学者也会绞尽脑汁。因为供应链管理是非常宽泛的术语，很容易被误解，在很多不同的意见中，至今还没有完整的解释出现。

我们认为，所谓供应链管理，就是指在满足一定的客户服务水平的条件下，为了使整个供应链系统成本达到最小而把供应商、制造商、仓库、配送中心和渠道商等有效地组织在一起来进行的产品制造、转运、分销及销售的管理方法。

从上述定义中，我们能够解读出供应链管理包含的丰富内涵。

首先，供应链管理把产品在满足客户需求的过程中对成本有影响的各个成员单位都考虑在内了，包括从原材料供应商、制造商、仓库配送中心到渠道商。不过，实际上在供应链分析中，有必要考虑供应商的供应商以及顾客的顾客，因为它们对供应链的业绩也是有影响的。

其次，供应链管理的目的在于追求整个供应链的整体效率和整个系统费用的有效性，总是力图使系统总成本降至最低。因此，供应链管理的重点不在于简单地使某个供应链成员的运输成本达到最小或减少库存，而在于采用系统方法来协调供应链成员以使整个供应链总成本最低，使整个供应链系统处于最流畅的运作中。

最后，供应链管理是围绕把供应商、制造商、仓库、配送中心和渠道商有机结合成一体这个问题来展开的，因此它包括企业许多层次上的活动，包括战略层次、战术层次和作业层次等。

尽管在实际的物流管理中，只有通过供应链的有机整合，企业才能显著地降低成本和提高服务水平，但是在实践中供应链的整合是非常困难的，这是因为：①供应链中的不同成员存在着不同的、相互冲突的目标。例如，供应商一般希望制造商进行稳定数量的大量采购，而交货期可以灵活变动；与供应商愿望相反，尽管大多数制造商愿意实施长期生产，但它们必须顾及顾客的需求及其变化并做出积极响应，这就要求制造商灵活地选择采购策略。因此，供应商的目标与制造商追求灵活性的目标之间就不可避免地存在矛盾。②供应链是一个动态的系统，随时间而不断地变化。事实上，不仅顾客需求和供应商能力随时间而变化，而且供应链成员之间的关系也会随时间而变化。例如，随着顾客购买力的提高，供应商和制造商均面临着更大的压力来生产品种更多、更具个性化的高质量产品，进而最终生产定制化的产品。

研究表明，有效的供应链管理总是能够使供应链上的企业获得并保持稳定持久的竞争优势，进而提高供应链的整体竞争力。统计数据显示，供应链管理的有效实施可以使企业总成本下降 20%左右，供应链上的节点企业按时交货率提高 15%以上，订货到生产的周期缩短 20%~30%，供应链上的节点企业生产率增值提高 15%以上。越来越多的企业已经认识到实施供应链管理所带来的巨大好处，如 HP、IBM、DELL 等在供应链管理实践中取得的显著成绩就是明证。

3.2.2 供应链管理面临的主要问题

事实上，供应链管理是一个复杂的系统，涉及众多目标不同的企业，牵扯到企业的方方面面，因此实施供应链管理必须确保理清思路，分清主次，抓住关键问题。只有这样，才能做到既见“树木”又见“森林”，避免陷入“只见树木，不见森林”或“只见森林，不见树木”的尴尬境况。

具体地说，在实施供应链管理系统中需要注意的关键问题主要有：

1．配送网络的重构

配送网络重构是指采用一个或几个制造工厂生产的产品来服务一组或几组在地理位置上分散的渠道商时，当原有的需求模式发生改变或外在条件发生变化后引起的需要对配送网络进行的调整。这可能是由现有的几个仓库租赁合同的终止或渠道商的数量发生增减变化等原因引起。

2．配送战略问题

在供应链管理中配送战略也非常关键。采用直接转运战略、经典配送战略还是直接运输战略？需要多少个转运点？哪种战略更适合供应链中大多数的节点企业呢？

所谓直接转运战略就是指在这个战略中终端渠道由中央仓库供应货物，中央仓库充当供应过程的调节者和来自外部供应商的订货的转运站，而其本身并不保留库存。而经典配送战略是在中央仓库中保留有库存。直接运输战略，则相对简单，它是指把货物直接从供应商运往终端渠道的一种配送战略。

3．供应链集成与战略伙伴

由于供应链本身的动态性以及不同节点企业间存在着相互冲突的目标，因此对供应链进行集成是相当困难的。但实践表明，对供应链集成不仅是可能的，而且它能够对节点企业的销售业绩和市场份额产生显著的影响。那么集成供应链的关键是什么呢？信息共享与作业计划。显然，什么信息应该共享，如何共享，信息如何影响供应链的设计和作业，在不同节点企业间实施什么层次的集成，可以实施哪些类型的伙伴关系等就成了最为关键的问题。

4．库存控制问题

库存控制问题包括：一个终端渠道对某一特定产品应该持有多少库存？终端渠道的订货量是否应该大于、小于或等于需求的预测值？终端渠道应该采用多大的库存周转率？终端渠道的目标在于决定在什么点上再订购一批产品，以及为了最小化库存订购和保管成本，应订多少产品等。

5．产品设计

众所周知，有效的产品设计在供应链管理中起着多方面的关键作用。那么什么时候值得对产品进行设计来减少物流成本或缩短供应链的周期，产品设计是否可以弥补顾客需求的不确定性，为了利用新产品设计，对供应链应该做什么样的修改等这些问题就非常重要。

6．信息技术和决策支持系统

信息技术是促成有效供应链管理的关键因素。供应链管理的基本问题在于应该传递什么数据，如何进行数据的分析和利用，Internet 的影响是什么，电子商务的作用是什么，信息技术和决策支持系统能否作为企业获得市场竞争优势的主要工具。

7．顾客价值的衡量

顾客价值是衡量一个企业对于其顾客贡献大小的指标，这一指标是根据企业提供的全部货物、服务以及无形影响来衡量的。最近几年来这个指标已经取代了质量和顾客满意度等指标。在不同行业中，是什么因素决定顾客的价值？顾客价值是如何衡量的？在供应链中，信息技术如何用来增强顾客价值？供应链管理如何作用于顾客价值？

综合上面的几个主要问题，我们发现供应链管理非常复杂，其实施不可能一蹴而就。企业需要有思想准备。具体地说，供应链管理的复杂性主要有以下几个方面的原因：

首先，供应链是一个复杂的、动态的网络，这个网络是由不同目标的企业（或企业单位）组成。这意味着要为某个特定企业寻找相称的供应链管理战略会面临巨大的挑战。

其次，营销实践中的供应与需求往往存在矛盾。困难在于在需求出现之前，制造商必须以某种生产水平进行生产，这意味着制造商必须承受巨大的财务风险。

再次，供应链系统随时间而变化也是一个必须考虑的重要因素。即使能够准确地预测需求（如供需双方签署长期合作合同），计划过程也需要考虑在一段时间内由于季节波动、发展趋势、广告和促销、竞争者的定价策略等因素引起的需求和成本参数的变化。这些随时间而变化的需求和成本参数使确定最有效的供应链管理战略变得更加困难。而事实上，最有效的供应链管理战略，就是使供应链系统运行成本达到最小且满足顾客需求的战略。

最后，在一些新兴行业供应链系统中的新问题层出不穷，在其产品的生命周期内无法作出清楚的解释。例如，在高新技术产业中，产品的生命周期正变得越来越短。许多型号的个人计算机和打印机产品只有几个月的市场生命，而制造商可能只有一个订单或生产机会。这种情形在当前炙手可热的消费电子领域表现更为突出。遗憾的是，因为这些产品是新产品，不存在能使制造商对顾客需求作出准确预测的历史数据，并且在这些行业中，日新月异的技术发展和眼花缭乱的产品推陈出新，使得准确地预测某一特定产品的需求变得越来越艰难。进而最终导致众多制造商的价格大战，而价格战不仅降低了产品在其生命周期内的价值，更是缩短了产品的生命周期。

此外，在某些高度同质化的产品市场，供应链管理可能是决定企业成败的最重要的因素。例如，在笔记本计算机和喷墨打印机产品市场，很多制造商都走 OEM 路线或采用相同的上游原材料供应商和相同的技术，在这种情况下，企业的竞争就是品牌行销的竞争，就是成本和服务水平的竞争，而成本和服务水平则是供应链管理中的两个关键要素。

总之，供应链管理中的问题涉及许多方面的活动，从战略层次到战术层次一直到作业层次。战略层的问题是对公司有着长远影响的决策，包括关于制造工厂和仓库的数量、布局及产能大小以及物料在物流网络中流动等方面的决策。战术层的决策一般包括采购和生产决策、库存策略和运输策略等。而在作业层次上，则包括日常活动的决策，如计划、估计备货期、安排运输路线、装运等。

3.2.3 供应链管理系统发展历程

随着全球经济的一体化，不难发现在全球大市场竞争环境下任何一个企业都不可能在所有业务上成为最杰出者，必须联合行业中其他上下游企业，建立一条经济利益相连、业务关系紧密的行业供应链，实现优势互补，充分利用一切可利用的资源来适应社会化大生产的竞争环境，共同增强市场竞争实力。总体上讲，供应链管理系统的发展历程与信息化四个层次密切相关。

信息化进程应该由里而外，由企业核心业务活动信息化向整体业务活动信息化发展。企业信息化建设大致可以分为如下四个层次。

第一个层次是企业的信息化基础设施建设。在这个阶段，企业着力构筑信息化所必需的软硬件设施、平台，包括网络硬件、操作系统和数据库软件等，搭建起信息化基础平台。

第二个层次是企业各核心部门的信息化。从计划、财务、生产等部门入手，逐步建立起部门级的应用系统，以满足企业最低的信息化管理需求。这些系统相互之间相对独立，短时期内适合本部门业务管理需求。但由于数据独立存储，操作系统和数据库彼此异构，业务之间缺乏必要的信息交换，在企业业务发展到一定规模时各种矛盾就会凸显，例如订单、计划与生产无法协调控制，库存量不能有效减少等，由此就发展到了企业信息化建设的第三个层次。

第三个层次是企业内部生产活动之间的有效互联。通过内部同构的软硬件平台实现各部门间的信息共享，协同操作，这种基于企业内部范围的管理最终对计划需求量、安全库存量、采购提前期、采购批量、采运方式、采购价格、市场行情和供应商等进行准确的分析和设定，体现了对企业管理的事先计划、事中控制、事后分析的思想。

第四个层次是企业间生成活动的有效互联。随着越来越多的企业参与到国际市场竞争中，企业通过业务拓展、调整产品结构，在全球范围内组织生产和流通活动，企业间的分工细化，协作增强，市场竞争不再局限在单个企业之间，而是企业群与企业群、产业链与产业链之间的竞争，业内随之出现了诸如“虚拟企业”“动态企业联盟”“经济资源联合体”之类的名词。无论名称如何改变，其实质就是：在最终用户需求的牵引下，由多个企业纵向联合形成一种合作组织形式，通过信息技术把这些企业连成链条或网络，把链条上各节点的资源有效整合并互动管理，更有效地向市场提供商品和服务，以实现单个企业所不能完成的市场功能。

狭义的供应链管理信息化位于企业信息化第三个层次的后期阶段。在该阶段，企业内部的原有业务模式成为以“e 化管理”为手段的企业发展的羁绊。“基于部门”的业务方式被“基于过程”的业务方式所取代，通过对物流、信息流和资金流的设计和控制，把企业内部各部门之间的关系转变为供应链的上下游关系，旨在提高供应链中各环节的效率和效益。换言之，企业内部的供应链管理信息化不是企业原有业务流程的简单“e 化”，它将彻底改变原有的企业管理思想和业务流程，按照产品生产的各个工序缩短单产品生产周期，加大产品质量控制力度，提高产品准时交货率，在保证质量的基础上缩短产品下线时间，降低生产成本。

合理地设计和利用供应链中的“三流”，不仅可以降低企业的库存量和流动资金，而且提高了企业快速的反应能力，有利于企业在变幻莫测的市场中占据有利地位。

产品（实物）是从最初供应商流向最终客户，资金按照相反方向流动，而信息则双向流动。供应链管理实际上是对实物流、信息流、资金流的集成管理。

供应链管理是对从供应商到客户之间的商业流程的集成管理，以提供给客户更具价值的产品、服务和信息。最简单的供应链可以是一层关系：一个客户和一个供应商。复杂的供应链则可能有多重客户、供应商关系（从而有子供应商、直接客户、最终客户的说法）。

以流行的 iPod 为例。就生产环节讲，三星给苹果供应芯片，是苹果的直接供应商；笔者所在的公司给三星提供生产芯片的设备，是苹果的子供应商；而苹果则是最终客户。就销售环节讲，苹果是供应商，供货给配货中心（批发商），配货中心进一步供货给零售商，然后产品到了消费者（最终客户）的手上。

在上面的供应链中，产品（实物）是从最初供应商流向最终客户，资金按照相反方向流动，而信息则双向流动。供应链管理实际上是对实物流、信息流、资金流的集成管理。

顾名思义，实物流就是产品的物理流动，涉及采购、生产、仓储、运输等，其管理重点是以最经济、有效的方式采购、制造和运输产品。例如，对零售业巨头沃尔玛而言，在哪里选择供应商、在哪里设置一级配货中心、二级配货中心、在哪里开店，都得考虑生产成本、仓储成本、运输成本是否最低。其中运输与仓储又是物流管理的核心内容。

但从概念上讲，实物流又不全是物流。物流说到底是把产品从甲地搬到乙地，而实物流还包括生产部分，如在生产企业内，设备布局、工艺流程等都属实物流的范畴。

信息流与实物流结伴而行。举个很简单的例子，你要寄一个包裹，填写的表格就是沟通信息。包裹的流动形成实物流，表格的流动则形成信息流。对一个多重、复杂的供应链，信息的有效流通就非常重要，也往往比实物流更难管理。供应链管理更多的是对信息流的管理。如果你问有经验的进出口人员，他们八成会告诉你，各种单据比产品流通更难对付（单据构成信息流）。

如果出问题，八成是单据出了问题。要么是单据丢失，要么是信息不准确。在质量管理中，大多质量问题不是单纯的制造问题，而是信息问题。货量不准、标签出错、包装出错、货号出错、质量证书没附上等，各式各样。而预测信息在整个供应链上传递时出现的失真，历来是供应链管理的最大挑战之一。

资金流看上去没有实物流、信息流重要，但却是盘活一个供应链的关键，因为资金是企业的血液。

从广义上讲，生产企业的资金流问题大都与库存问题共存。而库存则与信息流息息相关（例如，“牛鞭效应”中预测信息沿供应链传递时失真、放大，导致供应商过量生产、过度扩张，从而资金积压严重）。所以资金流问题往往取决于信息流。工业化国家提倡的“拿信息换库存”就是鼓励供应链伙伴及时、准确地共享信息，以减小“牛鞭效应”，减小库存。

我们今天所面临的不再是一个简单的供求市场，而是一个新技术不断涌现，市场迅速变化的竞争性环境，制造商与它的客户、供应商之间的关系也变得越来越重要。一个良好的供应链管理系统能缩短产品交付时间、减低总体采购成本，为公司及顾客增加更多价值。它不仅可以获得品牌化所产生的利益，而且可以通过和其他产品相区别以及促进与顾客之间的良好关系来降低公司的成本，改善与供应商的关系，简化业务流程，使组织集中力量于其核心能力上。

现代供应链管理把整条供应链上的活动作为一个连续的、无缝进行的过程来加以规划和优化。把整个链条中各环节的规划工作集成在一起，而不是按照活动功能分隔开来，这就要求企业根据管理需要进行业务重组和流程再造，依照“用户需求”和“流程管理”的思想对企业的管理思想、管理模式、管理方法、管理机制、管理基础、业务流程、组织结构和管理规章制度进行改造，优化关键业务流程，根据“木桶理论”，不断找出供应链上“最短的那块木板”并进行优化，这样才能够提升整条供应链乃至整个企业的竞争力。

在经历了这个阶段后，企业就迈入了信息化的第四个层次。各企业的内部供应链在经过市场的第二轮整合优化后又形成了利益共享、分工更细、联系紧密的产业链。因为在全球化激烈竞争中，仅仅依靠企业自身是无法胜任的，以往企业“大而全、小而全”的粗放式经营模式将成为过去，只有依靠分工协作才能生存。如果没有完善的信息交互、协同商务机制，这条产业链上的节点还是彼此独立的信息孤岛，不能够成为完整的产业链条，所以在整合了企业内部信息孤岛后，这个阶段的企业信息化建设就是整合企业间的信息孤岛问题。这种广义的供应链管理信息化进一步弱化了企业间的边界，建立起一种跨企业的协作，以此来追求和分享市场份额。企业间供应链通过网络平台和网络服务进行商务合作，合理调配企业资源，加速企业存货资金的流动，提升了供应链运转效率和竞争力。由于基础设施完善，企业信息化准备就绪，企业间协同电子商务有望在此阶段得到飞速发展。

大、中型企业已经体会到通过内部业务流程的优化来提高企业竞争优势的力量。如今，它们更希望通过供应链的优化来达到提高核心竞争力的目的。企业在 ERP 系统的投资已经使企业提高在企业内部各方面（包括协同制造、JIT 资源和客户拉动制造等）的管理能力。如今，新的焦点已经转移到供应链管理系统。因为 Internet 的应用促进了供应链管理系统的发展，形成了一种使得链条上制造方和供应方的活动在彼此间实现透明化的全新模式。供应链的活动包括即时供货、精确的库存透明度、在线配送跟踪、仓储、运输和需求等活动。

3.2.4 供应链管理发展趋势

供应链管理是迄今为止企业物流发展的最高级形式。虽然供应链管理非常复杂，且动态、多变，但众多企业已经在供应链管理的实践中获得了丰富的经验并取得显著的成效。当前供应链管理的发展正呈现出一些明显的趋势：

首先是时间与速度。越来越多的公司认识到时间与速度是影响市场竞争力的关键因素之一。例如，在 IT 行业，国内外大多数 PC 制造商都使用 Intel 的 CPU，因此，如何确保在第一时间内安装 Intel 最新推出的 CPU 就成为各 PC 制造商提升竞争力的自然之选。总之，在供应链环境下，时间与速度已被看作是提高企业竞争优势的主要来源，一个环节的拖沓往往会影响整个供应链的运转。供应链中的各个企业通过各种手段实现它们之间物流、信息流的紧密连接，以达到对最终客户要求的快速响应、减少存货成本、提高供应链整体竞争水平的目的。

其次是质量与资本生产率。供应链管理涉及许多环节，需要环环紧扣，并确保每一个环节的质量。任何一个环节，如运输服务质量的好坏，都将直接影响到供应商备货的数量、分销商仓储的数量，进而最终影响到用户对产品质量、时效性以及价格等方面的评价。时下，越来越多的企业信奉物流质量创新正在演变为一种提高供应链绩效的强大力量。另一方面，制造商越来越关心它的资本生产率。提高资本生产率不仅仅是注重减少企业内部的存货，更重要的是减少供应链渠道中的存货。供应链管理发展的趋势要求企业开展合作与数据共享以减少在整个供应链渠道中的存货。

再次是组织精简。供应链成员的类型及数量是引发供应链管理复杂性的直接原因。在当前的供应链发展趋势下，越来越多的企业开始考虑减少物流供应商的数量，并且这种趋势非常明显与迅速。例如，跨国公司客户更愿意将它们的全球物流供应链外包给少数几家，理想情况下最好是一家物流供应商。因为这样不仅有利于管理，而且有利于在全球范围内提供统一的标准服务，更好地显示出全球供应链管理的整套优势。

最后是客户服务方面。越来越多的供应链成员开始真正地重视客户服务与客户满意度。传统的量度是以“订单交货周期”“完整订单的百分比”等来衡量的，而目前更注重客户对服务水平的感受，服务水平的量度也以它为标准。客户服务的重点转移的结果就是重视与物流公司的关系，并把物流公司看成是提供高水平服务的合作者。

3.2.5 供应链管理系统市场状况

1．供应链管理系统市场发展现状

目前国内 SCM 市场大概分成两大阵营，高端大型企业被国外 i2、SAP 等厂商所占据，中低端企业则是国内 SCM 厂商的客户群。像联想、华为等大企业采用的都是 i2 的产品，海尔采用的是 SAP 的 APOSCM 产品，而四川华西德顿塑料管道工程有限公司引入的是招商迪辰 SCM 管理系统，上海光明乳业股份有限公司等企业则选择了上海博科的 SCM 产品。

调查显示，大多数被采访者一致表示，国外厂商 SCM 软件产品成熟、性能优越，但价格昂贵，实施难度大；国内 SCM 软件产品相对不太完善、功能不太齐全，但却小巧灵活、使用方便，而且价格便宜。

另据赛迪顾问统计，我国 SCM 软件企业通过 CMM（Capability Maturity Model，软件能力成熟度模型）认证的并不多，因而厂商的解决方案真正能使客户的管理流程得到优化的成功案例并不多。SCM 软件产品及市场的发展需要继续完善。

随着用户认识的深入，用户对 SCM 系统提出了新的需求。首先是其涵盖的功能将日益丰富，包括管理供应商、原材料、库存、渠道、价格体系、市场渗透、品牌宣传等诸多方面的内容。其次，要充分考虑与企业已有系统的集成整合。也就是，要根据企业的具体情况，将

SCM 与企业已经有的 IT 系统结合起来，不仅要发挥已有系统的作用，还要使 SCM 系统顺利运转。

2．未来 5 年国内供应链管理系统市场趋势分析

赛迪顾问预测，今后 5 年里，中国 SCM 软件市场将保持增长态势，市场规模逐年递增，大型企业仍将是市场的主体，但大企业市场份额将是先升后降。相反，中小型企业的市场在今后五年中将迎来一个快速增长的时期。制造、流通、能源在未来几年里仍将是市场的主要部分，占据 80%以上的份额。

随着供应链从供应推动模式（面向库存）发展到需求拉动模式（面向需求），SCM 产品今后将具备四大特点：实时的可视性（横跨整个供应链）、灵活性（供应和来源的选择）、响应性（针对客户需求多变和订交货周期缩短）以及快速的新产品上市（紧随市场潮流和新型设计）。

下一代的 SCM 系统将包括供应链流程管理和事件管理能力。这可以使基于事件的实时信息，在企业内逐步提交给适当的人，从而进行有效的决策。产品具有更高的可视性和更易于访问的实时信息，执行决策的预见性也将大大提高。

3.3 客户关系管理系统

客户关系管理起源于美国 20 世纪 80 年代初提出的接触管理（Contact Management），它专门收集整理客户与公司的所有联系信息。到 90 年代初期则演变成包括电话服务中心及信息分析的客户关怀（Customer Care）。经历了 20 多年的发展，客户关系管理不断演变发展并趋向成熟，最终形成了一套较为完整的管理理论体系。

3.3.1 客户关系管理的定义与内涵

CRM 的产生是市场与科技发展的结果。在社会发展的进程中，客户关系管理一直就存在，只是在不同的社会阶段其重要性不同，具体的表现形式不同而已。市场营销理论经历了几个发展阶段，从生产为核心到产品质量为核心，再到现在的客户为中心，这些变化的主要动力就是社会生产力的不断提高。试想在一个产品供不应求的时代，又有谁会去关注产品的需求者呢？

现代市场上产品的日益丰富使得任何厂商都没有了垄断的优势，每一个厂商面对的都是残酷的竞争，怎样留住客户成了现代企业在市场竞争中取胜的法宝。因此，客户关系也逐渐被越来越多的企业所关注，随着互联网的广泛应用，客户关系管理系统日益为企业所关注。

1．客户关系管理的定义

关于 CRM 的定义，不同的研究机构有着不同的表述。

Gartner 认为，所谓的客户关系管理就是为企业提供全方位的管理视角，赋予企业更完善的客户交流能力，使客户的收益率最大化。

波士顿 Hurwitz Group 认为，CRM 的焦点是改善与销售、市场营销、客户服务和支持等领域的客户关系有关的商业流程并实现自动化。CRM 既是一套管理方法，也是一套软件和技术。它的目标是缩减销售周期和销售成本，增加收入，寻找扩展业务所需的新的市场和渠道以及提高客户的价值、满意度、盈利性和忠诚度。

IBM 认为，客户关系管理分为三类——关系管理、流程管理和接入管理，涉及企业识别、挑选、获取、保持和发展客户的整个商业过程。

可以看出，以上各论点对客户关系的概念都有一个较为明确、一致的理解，即客户关系是客户与企业发生的所有关系的综合，是企业与客户之间建立的一种相互有益的关系。那么到底什么是 CRM 呢？

从管理科学的角度来考察，客户关系管理源于市场营销理论；从解决方案的角度考察，客户关系管理是将市场营销的科学管理理念通过信息技术的手段集成在软件上面，从而得以在全球大规模地普及和应用。由此，我们认为 CRM 是企业利用 IT 技术和互联网技术实现对客户的整合营销，是以客户为核心的企业营销的技术实现和管理实现。其可分为理念、技术、实施三个层面，如图 3-2 所示。

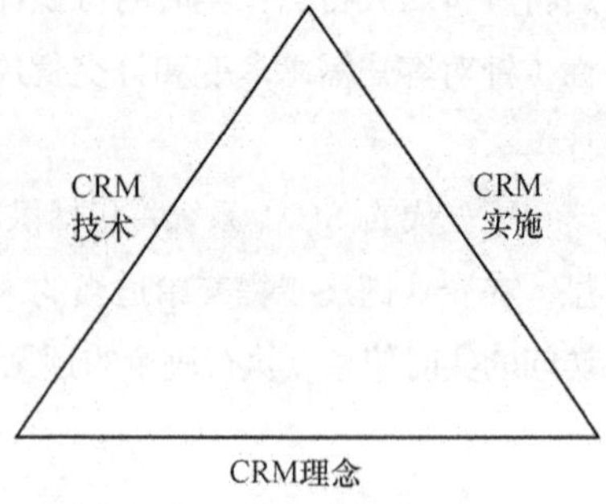

图 3-2 CRM 概念图

（1）CRM 理念：建立“以客户为核心、以市场为导向”的经营管理模式。

（2）CRM 技术：Internet 和电子商务、多媒体技术、数据仓库和数据挖掘、专家系统和人工智能、呼叫中心等。

（3）CRM 实施：CRM 软件不是一种交付即用的工具，需要根据组织的具体情况进行 CRM 实施。

CRM 理念是 CRM 成功的关键，它是 CRM 实施应用的基础和土壤；CRM 技术是 CRM 成功实施的手段和方法；CRM 实施是决定 CRM 成功与否、效果如何的直接因素。

2．CRM 内涵

（1）CRM 是一种管理理念

CRM 是一种管理理念，起源于西方的市场营销理论，产生和发展在美国，其核心思想是将企业的客户（包括最终客户、分销商和合作伙伴）作为最重要的企业资源，通过完善的客户服务和深入的客户分析来满足客户的需求，保证实现客户的终身价值。

（2）CRM 是一种管理机制

CRM 是一种旨在改善企业和客户之间关系的新型管理机制，它实施于企业的市场营销、销售、服务与技术支持等与客户相关的领域，要求企业从“以产品为中心”的模式向“以客户为中心”的模式转移。也就是说，企业关注的焦点应从内部运作转移到客户关系上来。CRM 通过向企业的销售、市场和客户服务的专业人员提供全面、个性化的客户资料，并强化跟踪服务、信息服务能力，使他们能够协同建立和维护一系列与客户和生意伙伴之间卓有成效的“一对一”关系，从而使企业得以提供更快捷和周到的优质服务，提高客户满意度，吸引和保持更多的客户，增加营业额。另外，它还可通过信息共享和优化商业流程来有效地降低企业经营成本。

（3）CRM是一种管理软件和技术

计算机互联网技术的发展为现代客户关系管理实现更完善的功能提供了可能性。融合了先进的经营管理理念与现代科技的CRM系统，更加注重客户的数据的集中统一管理，将传统客户管理模式中存在于不同部门的客户信息片段连成一个统一的整体，使得公司内部每一个员工都有对同一客户的统一认识。CRM系统的核心思想就是“客户为中心”，为了达到这样一个目的，就必须能够准确掌握客户的需求，提供个性化的服务，提供及时的必要的客户关怀。因此，任何一个CRM系统，其成功的关键就是有效地管理客户数据。在现代社会，获取数据已经不是最重要的，而系统地保存数据，有效使用这些数据才是关键。在CRM系统中，运用了管理心理学、消费心理学、统计、市场调研等知识，通过对这些客户数据的统计分析，得出客户的购买行为特征，并据此调整公司的经营策略、市场策略，让整个经营活动更为有效。

CRM系统也将使公司销售、市场、客户服务等部门的工作规范化。CRM系统提供了一个部门工作的规范工具，提供一种统一的格式。在传统工作模式下，通常都没有一个信息处理的统一模式，因此同一部门的不同人员，都会有自己的报表处理模式，在需要统一处理的时候经常会出现重复劳动，造成劳动力资本的浪费，降低了工作效率。CRM系统将会通过规范工作流程以及工作报表等，集中数据处理，避免重复劳动，改进工作流程。同时，这样一种规范化的处理将大大提高公司内部各部门的协同工作能力。

（4）CRM进一步延伸了企业供应链管理

大多ERP产品中都包括了销售、营销等方面的管理，CRM产品则是专注于销售、营销、客户服务和支持等方面，在这些方面比ERP更进一步。如果把CRM看作企业管理的前端应用系统，ERP就是企业管理的后端系统。只有两者实现全面的集成，才能使市场与客户信息、订单信息、产品和服务的反馈信息通过系统的处理分析，及时地传递给ERP系统和企业设计部门，使ERP系统实现理想的订单生产模式，迅速满足客户个性化的需求。同时，ERP系统中产生的产品信息、生产进度、库存情况和财务结算信息可以及时地传递到CRM系统中，为客户提供整个交易过程中的全程跟踪服务，提高客户价值、客户满意度、客户利润贡献度、客户忠诚度，实现最终效果的提高。因此，ERP与CRM的无缝集成，将带来1+1>2的理想效果，最大化地提高企业对市场的快速响应能力和满足客户个性化需求的能力，最终以实现供应链管理为目标，使企业在激烈的市场竞争中立于不败之地。

3.3.2 客户关系管理的内容

CRM系统主要应用于企业销售、市场、服务等与客户密切接触的前端部门，通过接口与ERP、SCM等系统协同运作，共同为企业开源节流、提高企业市场竞争力和综合实力服务。

CRM的功能可以归纳为三个方面：①对销售、营销和客户服务三部分业务流程的信息化；②与客户进行沟通所需要的手段（如电话、传真、网络、E-mail等）的集成和自动化处理；③对上面两部分功能所积累下的信息进行的加工处理，产生客户智能，为企业的战略战术决策提供支持。

CRM 管理系统一般分为运营型、协作型、分析型 CRM，如图 3-3 所示。

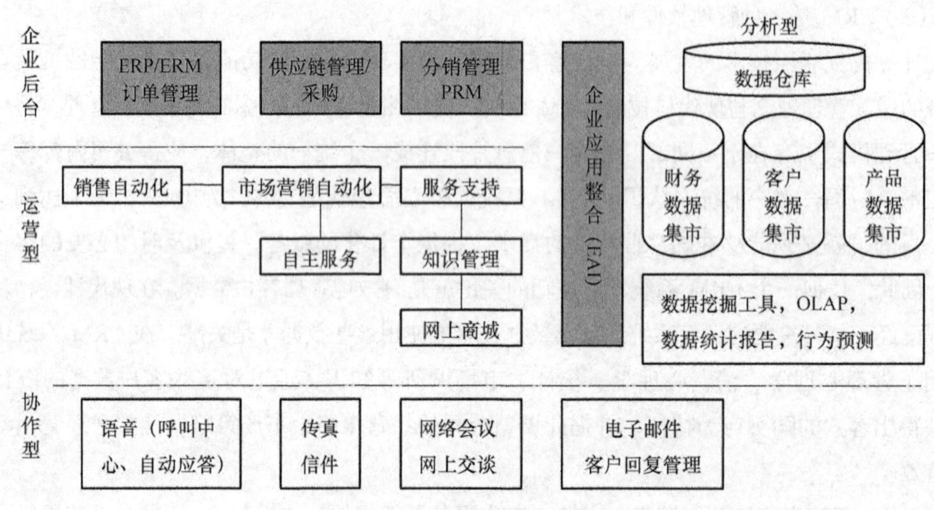

图 3-3 CRM 系统结构图

1．运营型 CRM

运营型 CRM 设计的目的是让企业营销、销售和服务人员在日常工作中能够共享客户资源，减少信息流动断点，提供高效的客户服务。运营型 CRM 主要分为销售自动化、服务自动化和市场营销自动化。

（1）销售自动化

销售自动化是 CRM 系统中的一个核心模块。它是在销售过程中，针对每一个线索、客户、商机、合同、订单等业务对象进行有效的管理，提高销售过程的自动化，全面提高了企业销售部门的工作效率，缩短了销售周期，帮助提高销售业绩。它可以有效地支持总经理、销售总监、销售主管、销售人员等不同角色对客户的管理，对商业机会的跟踪，对订单合同的执行等，有效导入销售规范，实现团队协同工作。

其主要功能包括日程和活动安排、销售线索管理、客户管理联系人管理、商机管理、合同管理、订单管理、销售预测、竞争对手管理、产品管理、报价管理、费用管理、销售计划管理等。

客户管理：客户基本信息；与此客户相关的基本活动和活动历史；联系人的选择；订单的输入和跟踪；建议书和销售合同的生成。

联系人管理：联系人概况的记录、存储和检索；跟踪同客户的联系，如时间、类型、简单的描述、任务等，并可以把相关的文件作为附件；客户的内部机构的设置概况。

时间管理：日历；设计约会、活动计划，有冲突时，系统会提示；进行事件安排；备忘录；进行团队事件安排；查看团队中其他人的安排，以免发生冲突；把事件的安排通知相关的人；任务表；预告/提示；记事本；电子邮件；传真。

潜在客户管理：业务线索的记录、升级和分配；销售机会的升级和分配；潜在客户的跟踪。

销售管理：组织和浏览销售信息，如客户、业务描述、联系人、时间、销售阶段、业务额、可能结束时间等；产生各销售业务的阶段报告，并给出业务所处阶段、还需的时间、成功的可能性、历史销售状况评价等信息；对销售业务给出战术、策略上的支持；对地域（省市、邮编、地区、行业、相关客户、联系人等）进行维护；把销售员归入某一地域并授权；地域的重新设置；根据利润、领域、优先级、时间、状态等标准，用户可定制关于将要进行的活动、业务、客户、联系人、约会等方面的报告；提供类似 BBS 的功能，用户可把销售秘诀贴在系统上，还可以进行某一方面销售技能的查询；销售费用管理；销售佣金管理。

（2）市场营销自动化

通过市场营销自动化帮助企业建立和管理市场活动，并获取潜在客户；帮助市场研究人员了解市场、竞争对手、消费趋势，并制订灵活、准确的市场发展计划。其目标是为营销及相关活动的设计、执行和评估提供详细的框架。

市场管理系统的典型功能包括市场活动和营销管理、线索销售分析、渠道和竞争对手管理、活动/日历管理、附件/邮件管理等。

电话营销和电话销售：电话本；生成电话列表，并把它们与客户、联系人和业务建立关联；把电话号码分配到销售员；记录电话细节，并安排回电；电话营销内容草稿；电话录音，同时给出书写器，用户可作记录；电话统计和报告；自动拨号。

营销管理：产品和价格配置器；在进行营销活动（如广告、邮件、研讨会、网站、展览会等）时，能获得预先定制的信息支持；把营销活动与业务、客户、联系人建立关联；显示任务完成进度；提供类似公告板的功能，可张贴、查找、更新营销资料，从而实现营销文件、分析报告等的共享；跟踪特定事件；安排新事件，如研讨会、会议等，并加入合同、客户和销售代表等信息；信函书写、批量邮件，并与合同、客户、联系人、业务等建立关联；邮件合并；生成标签和信封。

（3）服务自动化

通过将客户服务与支持功能同销售、营销功能很好地结合，为企业提供更好的商业机会，向已有的客户销售更多的产品。主要是完成对服务流程的自动化和优化，加强服务过程的控制和管理，实现标准化、准确化的服务，从而提高服务效果，增加客户满意度和忠诚度，实现企业利润最大化。

服务管理系统的典型功能包括：实施服务管理、服务请求管理、客户管理、活动管理、计划/日历管理、产品管理、服务合同和服务质量的管理、图/表分析等。

客户服务：服务项目的快速录入；服务项目的安排、调度和重新分配；事件的升级；搜索和跟踪与某一业务相关的事件；生成事件报告；服务协议和合同；订单管理和跟踪；问题及其解决方法的数据库。

2．协作型 CRM

协作型 CRM 的设计目的是能够让企业客户服务人员同客户一起完成某项活动，可以实现和客户的高效互动。

（1）呼叫中心管理

呼叫中心通过提供各种计算机语音集成中间设备来支持自动呼叫分配/专用分组交换机，实现计算机电话集成技术与 CRM 业务应用软件之间的整合，通过电话技术来进行与客户之间的互动，对来自多个渠道的工作任务和座席代表的任务进行全面的管理。

呼叫中心已经在很多方面得到应用。如电话银行，用户可以通过电话进行汇率查询、账户结余查询、转账、代扣公用事业费等。现在的呼叫中心是 CRM 行业的一个重要分支，它是由若干成员组成的工作组，这些成员既包括一些人工座席代表，又包括一些自动语音设备。它们通过网络进行通信，共享网络资源，为客户提供交互式服务。

一般的呼叫中心由六部分组成：程控交换机（PBX）、自动呼叫分配器（ACD）、交互式语音应答（IVR）、计算机语音集成（CTI）服务器、人工座席代表（Agent）和原有系统主机。

（2）呼入管理

作为呼叫中心系统的补充和扩展，呼入管理提供了一些高级和细化的功能，对客户的电话呼入做出更及时、准确的回应，提高客户的满意度。

呼入管理可使用户迅速地查找客户，并将客户分成不同类别，排出他们的优先次序，并采用路由安排将互动信息传递给最合适的座席，提高座席代表的沟通成效和生产率。如"黄金级别"客户享有一定的优先权，应由技术最强的座席代表负责接待。呼入管理还实现与交互式语音应答（IVR）的整合。采用交互式语音应答技术，可使客户以自助方式完成互动，而且可将语音应答软件中搜集的信息传递给座席代表，用来改善客户服务品质。呼入管理可从交互式语音应答中收集数据，然后将这些数据传路由选择引擎，为座席代表提供更为完整的客户资料。在交互式语音应答和路由选择过程中，座席代表已经获得或查询了客户信息，因此当其为客户服务时，客户无需再次重复自己的基本信息。

（3）呼出管理

作为呼叫中心系统的补充和扩展，呼出管理提供了一些高级和细化的功能，如呼出名单管理、弹出屏幕、软拨号等。通过这些功能，可以更好地执行企业营销战略。如通过在线营销管理功能，销售人员能找出合适的目标市场，并创建呼出名单，以主动地与目标客户进行联系和沟通。通过与在线营销管理的集成，呼出管理软件可自动查阅呼出名单，管理联系客户的过程，并协助联络营销名单中所列出的潜在客户和客户。它相当于呼出名单管理工具，并有拨号功能，可加强呼出名单的联系效果，并提高座席代表的工作效率。销售人员也可以获得呼出电话的反馈信息，能对营销活动的方法和效果进行分析，从而形成了闭环式的营销过程。利用在线营销管理软件所提供的以前的广告活动的资料、相关的分析工具，销售和营销人员可定义一对一营销战略，找出新的目标市场，创建新的呼出对象名单，延续客户生命周期。

3．分析型 CRM

在当今企业 CRM 的应用中，之所以与其相匹配的 BI/DSS 的需求呼声日益高涨，主要原因是：在商业智能和决策支持解决方案的帮助下，企业可以通过充分挖掘现有的客户数据资源，捕获信息，分析信息，沟通信息，发现许多过去缺乏认识或未被认识的数据关系，从而对客户的需求能有更及时、更充分的理解，企业管理者可做出更好的商业决策，并借此提升企业核心竞争力。企业不再满足于原有信息管理系统简单的信息统计汇总，而是更多地关注能否全面获得客户和市场的资料，能否借助现代化的技术对繁多复杂的现实数据的客观本质规律进行深入理解、认识，并做出专业化的正确判断。

分析型 CRM 能够分析出企业的问题，并且能够找出问题的原因，而且能够对将来的趋势和行为进行预测，从而很好地支持人们的决策。例如，经过对公司整个数据库系统的分析，它可以回答诸如“哪个客户对我们公司的邮件推销活动最有可能作出反应，为什么”等问题。

在企业管理客户生命周期的各个阶段都会用到数据挖掘技术。分析型 CRM 能够帮助企业确定客户的特点，从而为客户提供有针对性的服务。通过数据挖掘，可以发现购买某一商品的客户的特征，从而向那些也同样具有这些特征却没有购买的客户推销这个商品；若找到流失的客户的特征，就可以在那些具有相似特征的客户还未流失之前，采取针对性的措施。

（1）分析型 CRM 的主要用途

① 分析客户特征。为了制订出个性化的营销手段，分析客户特征是首要工作。企业不仅会想方设法了解客户的年龄、性别、收入、职业、教育程度等基本信息，对婚姻、配偶、家庭状况等的收集也是不遗余力。

② 分析“黄金客户”。通过客户行为分析，挖掘出消费额最高、最为稳定的客户群，确定为“黄金客户”。针对不同的客户档次，确定相应的营销投入。对于“黄金客户”，往往还需要制定个性化营销策略，以求留住高利润客户。

③ 分析客户关注点。通过与客户接触，收集大量的客户消费行为信息，通过挖掘，得出客户最关注的方面，从而有针对性地进行营销活动，把钱花在“点”上。同样的广告内容，根据客户不同的行为习惯，有的人会接到电话，有的人就可能收到信函；同 ·个企业，会给其客户发送不同的信息，而这些信息往往正是客户感兴趣的。

④ 获得客户。对大多数行业来说，企业的增长需要不断地获得新的客户。新的客户包括以前没有听说过企业产品的人、以前不需要产品的人和竞争对手的客户。数据挖掘能够辨别潜在客户群，并提高市场活动的响应率。

⑤ 交叉销售。现在企业和客户之间的关系是经常变动的，一旦一个人或者一个公司成为企业的客户，企业就要尽力保持这种客户关系。客户关系的最佳境界体现在三个方面：①最长时间地保持这种关系；②最多次数地和客户交易；③保证每次交易的利润最大化。因此，企业需要对已有的客户进行交叉销售。交叉销售是指企业向原有客户销售新的产品或服务的过程。交叉销售是建立在双赢的基础之上的，客户因得到更多更好符合其需求的服务而获益，企业也因销售增长而获益。在企业所掌握的客户信息，尤其是以前购买行为的信息中，可能正包含着这个客户决定下一次购买行为的关键因素。

（2）分析型 CRM 的主要功能

客观地讲，分析型 CRM 通常具有较强烈的企业个性化色彩，企业的行业特征越强，该色彩就越浓烈。但也存在相当一部分的共性需求，如客户、产品销售、市场、服务的众多分析就是最普遍应用的领域。各行企业都要了解和监视对不同类别客户、不同地区，不同产品种类，不同销售部门和员工在不同时间下的销售进程、财务状态；了解和掌控企业的客户综合状态、产品综合状态、竞争对手综合状态和市场、销售与服务环节等的具体内涵。

① 市场分析：对各类市场的活动、费用、市场反馈、市场线索进行分析，帮助市场人员

全程把握市场活动。对市场的广告宣传、市场情报进行统计分析，供市场各类宣传决策。分析合作伙伴、潜在合作伙伴的各种背景、潜力、实际营运状态，协助合作伙伴的维系和发展。

② 销售分析：在销售环节，针对客户实现客户销售量、销售排名、销售区域、销售同期比、收款-应收、客户新增、重复购买、交叉销售、客户关怀等的全面分析。针对产品实现产品销售量、排名、区域、同期比、销售价格、利润、久未交易产品、新产品销售构成等的全面分析。针对部门实现部门/员工销售量、排名、同期比、收款-欠款、指标完成情况、满意-投诉等的全面分析。此外，实现合同类型、合同执行情况、产品利润、客户利润、部门利润、商机费用、客户费用、部门费用、线索来源、线索商机转换、商机成功率、综合销售漏斗、合作伙伴销售等的全面分析。

③ 产品分析：根据市场、销售、服务各环节的反馈，实现产品的销售增长率、质量-缺陷、质量费用、生命周期、产品属性、产品销售能力、获利能力、市场占有率、竞争能力、市场容量等的分析。

④ 客户分析：在客户统一管理的层面上，实现客户属性、消费行为、与企业的关系、客户价值、客户服务、信誉度、满意度、忠诚度、客户利润、客户流失、恶意行为、客户产品、客户促销、客户未来等的全面分析。

⑤ 竞争分析：通过对竞争对手同类产品信息的收集和统计，实现与竞争对手价格、地区、产品性能、广告投入、市场占有率、项目成功率、促销手段、渠道能力等方面的竞争优势分析。实现不同地区、不同产品、不同竞争对手的竞争策略分析。

⑥ 预测：对未来销售量、销售价格、市场潜力、新产品定价等企业经营决策特别关心的内容，通过适当的预测模型，进行多维度的剖析，方便决策。

3.3.3 客户关系管理与企业资源规划的整合

从CRM的功能和ERP的功能所述的内容中不难看出，CRM与ERP有重叠部分，在各自的发展趋势中均应相互渗透和共同提高。具体而言，ERP与CRM的整合内容主要包括10个方面。

① 客户管理：CRM与ERP系统中都要用到客户的一些基本信息，比较而言，CRM中更全面一些。

② 产品管理：CRM与ERP系统中都要用到产品的基本信息、产品的BOM表、产品的客户化配置和报价等。

③ 工作流管理：CRM与ERP系统中都有工作流管理，实际上两者的工作方式是一样的。

④ 工作人员管理：CRM与ERP系统都要涉及企业员工的基本情况和工作安排情况，但ERP系统中对人力资源有一个全面的管理。

⑤ 营销管理：ERP的营销主要是简单地提供一些市场资料和营销资料，相对来讲比较简单，而CRM则提供了相当完善的营销管理功能，特别是强调一对一的营销思想。

⑥ 销售管理：CRM系统在销售管理方面强调的是过程，讲究机会管理、时间管理和联系人管理等，而ERP系统中更多地强调结果，讲究销售计划和销售成绩等。

⑦ 客户服务和支持：ERP 系统只提供了简单的客户投诉记录、解决情况，而没有就客户服务和支持做全面的管理，而 CRM 则实现了这种全面管理，而且尤其强调客户关怀。

⑧ 订单管理：ERP 和 CRM 都有订单管理，两者可以说是完全重叠的，不过这种重叠是建立在企业的 ERP 之上的。

⑨ 信息交流：信息交流如同一般的报表，CRM 与 ERP 系统的很多使用者都需要查询对方系统中的一般信息。

⑩ 决策支持：CRM 和 ERP 系统都使用了数据仓库和联机分析处理功能，从而实现商业智能和决策支持。所使用的技术相差不大，只是数据对象有所不同。

在对 CRM 系统与 ERP 系统整合时，可以使用 5 种方法。

（1）提供中间件

运用“新的模块化软件”概念，提供 ERP 或 CRM 系统同第三方软件集成标准件，即业务应用程序接口（BAPI）。例如在国内，创智集团推出的 PowerCRM 2000 通过它的 ERP 接口模块，经过简单配置后，就可实现 PowerCRM 2000 同 Oracle ApplicationsRlli、SAP R/3、Symix SyteLine ERP、Symix SyteCentre ERP 等主流 ERP 系统的完美结合。

（2）数据同步复制

在 CRM 和 ERP 系统的服务器之间建立起数据复制的功能，使两者的数据保持同步。如可以使用 Sybase 提供的 Replication Server 和 SQL Remote 两种复制技术来实现 Adaptive Server、非 Sybase、基于局域网和主机数据服务器之间的数据复制。

（3）二次开发

对自己掌握的 CRM 或 ERP 软件进行客户化修改。例如，自己有 CRM 产品，客户使用的是其他厂商的 ERP 软件。当客户的用户查询订单状态时，系统可先读 CRM 和 ERP 系统中的状态，两者若有出入，则修改保持同步后，再显示给用户看，这种方式对系统升级不利。

（4）统一标准

CRM 与 ERP 之间，有些功能是相同或相似的，如工作流、决策支持，可以采用相同的技术手段，推出相应的行业标准，从而实现互换性使用。

（5）统一使用

CRM 中销售、市场营销和服务实现了业务自动化，而 ERP 中的这部分功能就没有这么强，所以当企业在实行 ERP 之后，若再上 CRM，则可用 CRM 覆盖 ERP 中的销售、市场营销和服务等模块。

综上所述，较好的整合方法有两种：一是 CRM 和 ERP 两个系统出自同一个软件厂商，两者已经高度集成；二是提供标准的中间件，方便系统升级维护，保护企业的有效投资。一个软件公司无论多么强大，也无法独自开发包括企业全部应用的管理软件，在技术上必须有能力把第三方软件接在自己的核心软件上。对软件供应商而言，谁把握了这种新的整合趋势，无疑就会成为未来市场上的主宰者。

3.3.4 客户关系管理与供应链的整合

在传统供应链中，供应商是将货物沿着供应链向最终用户的方向“推动”，这样的系统需要在仓库里贮存货物，尽管这种做法并不合算。而电子供应链改变了传统供应链的运行方向，电子供应链主张的是及时生产客户所需的产品，而不需在仓库上耗费巨资。在电子商务及新的在线购物系统中，客户可从供应链的每个成员中“拉出”他们所需的东西，结果是客户可获得更加快速而可靠的服务，而供应商也减少了成本。为了有效地实施拉动战略，企业必须与供应链中的所有成员建立电子联系。

在这种新的商业环境下，所有的企业都将面临更为严峻的挑战，它们必须在提高客户服务水平的同时努力降低运营成本，必须在提高市场反应速度的同时给客户以更多的选择。同时，因特网和电子商务也将使供应商与客户的关系发生重大的改变，其关系将不再仅仅局限于产品的销售，更多的将是以服务的方式满足客户的需求。越来越多的客户不仅以购买产品的方式来实现其需求，而且更看重未来应用的规划与实力，而不仅仅是产品本身，这将极大地改变供应商与客户的关系。因此，CRM 与 SCM 的整合也势在必行。具体而言，整合内容如下。

1．信息共享是基础

整合的第一个层次就是实现需求信息在供应链中的共享。有人将供应链管理称为“需求链管理”，来强调供应链中所有活动都是基于客户的实际需求，是有一定道理的。实际上，客户订单就是供应链中所有行为最终驱动的源头。

信息共享是解决供应链中著名的“长鞭效应”需求扭曲问题的最有效方法。在理想情况下，下游点可以和上游点共享它的客户或客户信息，信息共享的程度越深，存在“长鞭效应”的危险性就越小。同样，上游点也可以和它的下游点共享库存水平、生产能力和交货计划等方面的信息，这就让下游的合作伙伴能够清晰地了解供应商的供应情况，减小了他们判断不准确的情况。所以供应商不仅可以共享他们自己的有关库存和生产能力方面的信息，同时还可以共享他们的供应商的数据，供应链中的所有信息应该是透明的。

信息整合更深层次的内涵指在供应链中实现知识交流，要求各合作者之间要有更深层次的信任，而不只是简单的数据共享。知识交流是沃尔玛公司和华纳-兰伯特医药公司协作预测和补充医药和保健品的基础。沃尔玛公司通过跟客户的交流以及对各销售点的数据分析，可以清楚地了解到当地客户的偏好；而华纳—兰伯特医药公司了解其药品特性并且利用各种外部数据如天气预测等来预测需求趋势。然后，双方可以通过他们知识的交流来制订正确的市场补充计划。

2．决策协作

在信息和知识共享的基础上，供应链伙伴之间寻求更深层次的整合。他们开始交换某些决策权、工作职责和资源，以更好地加强协作，共同努力开拓市场。供应链上某个伙伴可能处于更适合的位置来执行通常由另一个伙伴拥有的决策权，如果把这个决策权从这个合作伙伴转给另一个更适合的合作伙伴，那么整个供应链的效率将得到明显提高。

协作的下一个层次是工作的重新部署。本着实现供应链优化的原则，所有的工作都将在供应链中重新分配，这样的重新分配只有在信息和知识共享的基础上才可能实现。如在传统计算机行业，最终产品结构由制造商完成，以成品形式存放在制造商的仓库中。分销商和零售商（我们称之为销售渠道）从制造商那里订货、提货存仓，最终消费者从分销商和零售商获取产品。但是现在情况跟传统的供应链结构有些不同了。例如，两种主要活动——销售和客户关系、产品客户化和交货，在特殊情况下，分别被重新分配给了制造商和渠道。

直接销售模式情况下，制造商负责产品的客户化和交货，同时也负责销售和客户关系的处理，戴尔公司是这种模式的典型代表。销售代理模式情况下，渠道负责销售和客户关系等活动，而制造商负责产品的实际客户化工作。这种模式下的产品从制造商直接交付运送给客户，像 HP 公司在他们的 PC 客户服务中就使用这种模式来响应他们竞争对手使用直接销售模式取得的成功。在这种情况下，由于产品很复杂，因此需要渠道协作负责销售和客户关系方面的事务。高价值产品更适宜于让制造商生产入仓并直接交货给客户，而不是将库存存放在销售渠道那里。

在销售渠道组装程序方面，IBM 公司是一个极好的例子。它的销售渠道不仅负责销售和客户关系，而且负责产品构造来满足客户要求。销售渠道最接近客户，和客户交流更多，更了解客户，他们被允许参与满足客户需求的产品构造类型选择这样的活动，但是制造商和销售渠道都提供产品售后服务。因为客户登记了保修单，任何维修服务要求，都可以和制造商直接联系。制造商实际上也需要这样的联系，因为通过维修服务可获得有价值的反馈信息，帮助改善产品设计。但大多数的制造商都缺乏广泛的维修服务网来对客户提出的维修计算机的请求做出快速反应，这时候销售渠道在这点上处于更加优势的地位，因为它们本身是呈地理分布的。如 HP 公司虽然拥有 800 名员工组成的一个小组负责处理客户维修服务，但实际上家用 PC 的维修服务是由销售商处理的。

外协模式下，制造商负责销售和客户关系，而销售渠道则负责处理产品客户化和交货。网上交易的实现使这种工作职责重新分配的趋势加快；制造商们正在逐步承担着传统上由分销商和零售商扮演的完成订单的角色，分销商和零售商将在新的供应链中被重新定义地位。

3.4 电子商务系统

电子商务是指买卖双方利用现代开放的互联网络，按照一定的标准所进行的各类商业活动。电子商务是随着 Internet 的发展而发展起来的。从 1997 年开始，电子商务发生了质的飞跃，它真正超越大公司的应用范围而形成了一个全球性的经济现象。电子商务的飞速发展，其特殊的经营模式，必然会改变我们传统的管理模式和管理理念。无论电子商务将来的走向如何，至少它在管理上对我们的影响是巨大的。在由工业社会的产业经济向网络经济转变的过程中，电子商务是一种非常重要的、关键的手段和措施。它是网络经济与传统经济的桥梁，是企业由传统经济跨入网络经济的必由之路，因而，电子商务对企业经营环境及企业管理的影响是直接、深刻和全方位的。

3.4.1 电子商务的定义

电子商务的定义源于两个英文短语，一个是 electronic commerce，另一个是 electronic business。前者可直接翻译成电子交易，也称为狭义的或早期的电子商务，主要是指利用 Web

在网上进行交易；后者可直接翻译为电子商业，也称为广义上的电子商务，主要是指基于Web的全部商业活动。所以，从某种意义上来讲，电子商务是通过互联网实现企业、商户及消费者的网上购物、网上交易及在线电子支付的一种不同于传统商务运营的新型商务运营模式。电子商务是随着Internet的发展而发展起来的，主要通过电子数据交换（EDI）和Internet来实现的。要想真正理解电子商务，首先要来看一看传统商务的流程以及所包含的元素，如图3-4所示。

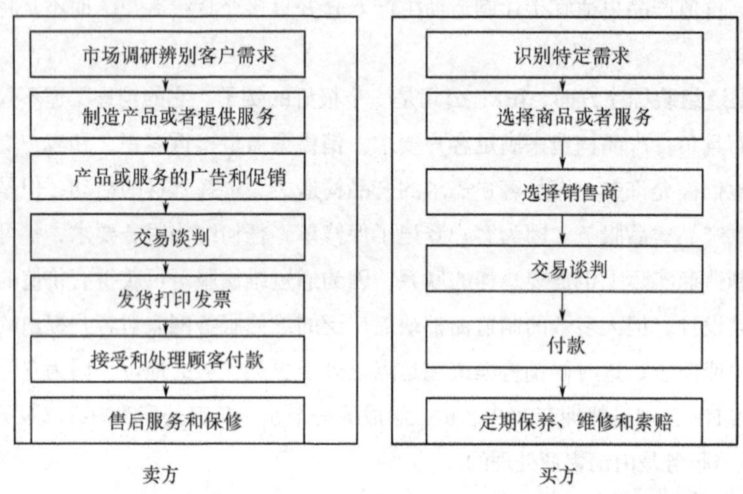

图3-4　传统商务流程

图3-4给出了传统商务的流程和构成元素，为了更好地理解商务流程，必须首先区分几个概念。活动（activity）是指工作中的一个任务。交易（transaction）是指价值的交换，它包含了一个或多个相关的活动。商务所从事的具有逻辑和相关性的一组活动和交易的集合被称为商务过程。无论是传统的商务过程，还是电子商务过程都满足该定义。并且我们可以说，对于电子商务而言，其流程和所包含的元素，如图3-4所示。同传统商务不同之处在于，电子商务的某些活动或者说某些交易是通过网络和计算机来实现和完成的。下面就来看一看电子商务是如何定义的。

IBM给电子商务（Electronic Business）下的定义是：通过使用Internet技术来变换业务流程。我们可以看出IBM在电子商务中也特别强调了Internet技术。简而言之，电子商务就是利用电子数据传输来实现或者提高商务过程。随着Internet的普及以及在电子商务中越来越多的应用，有时会用Internet Commerce来指代Electronic Commerce。这时重点强调的是基于Internet的电子商务，这也是当前电子商务的主流，而且可以预计在不远的将来随着传输技术和安全技术的不断完善，基于Internet的电子商务必将得到更大的发展。

3.4.2　电子商务的形式

电子商务的主要形式有以下几种。

1．按电子商务参加主体划分

① B2C（Business to Customer，B2C），企业对消费者，也称商家对个人或商业机构对消

费者。

② B2B（Business to Business，B2B），企业对企业，也称商家对商家或商业机构对商业机构。

③ B2G（Business to Government，B2G），企业对政府机构。

④ C2G（Customer to Government，C2G），消费者对政府机构。

2．按电子商务交易过程划分

按电子商务交易过程可以划分为交易前、交易中、交易后三类电子商务。

① 交易前电子商务主要是指买卖双方和参加交易各方在签订贸易合同前的准备活动，包括：买方制订购货计划，确定购买商品的种类、数量、规格、价格、购货地点和交易方式等，利用 Internet 和各种电子商务网络寻找自己满意的商品和商家；卖方根据自己所销售的商品制定各种销售策略和销售方式，利用 Internet 和各种电子商务网络发布商品广告，寻找贸易伙伴和交易机会，扩大贸易范围和商品所占市场的份额；其他参加交易的各方如中介方、银行、信用卡公司、海关系统、商检系统、保险公司、税务系统、运输公司也都为进行电子商务交易做好相应的准备；买卖双方对所有交易细节进行谈判，签订电子商务贸易合同，对所购买商品的种类、数量、价格、交货地点、交货期、交易方式和运输方式、违约和索赔等合同条款，全部以电子交易合同作出全面详细的规定，可以通过数字签名等方式签名。

② 交易中电子商务主要是指买卖双方签订合同后到合同开始履行之前办理各种手续的过程。交易中要涉及有关各方，可能要涉及中介方、银行、信用卡公司、海关系统、商检系统、保险公司、税务系统、运输公司等。买卖双方要利用 EDI 与有关各方进行各种电子票据和电子单证的交换，直到办理完可以将所购商品从卖方按合同规定开始向买方发货的一切手续为止。

③ 交易后电子商务从买卖双方办完所有各种手续之后开始，卖方要备货、组货，同时进行报关、保险、取证、发信用证等，将所售商品交付给运输公司包装、起运、发货。买卖双方可以通过电子商务服务器跟踪发出的货物，金融机构也按照合同，处理双方收付款，进行结算，出具相应的银行单据等，直到买方收到自己所购商品，完成了整个交易过程。索赔是在买卖双方交易过程中出现违约时，需要进行违约处理的工作，受损方要向违约方索赔。

3．按电子商务交易对象划分

（1）有形商品交易电子服务

有形商品指的是占有三维空间的实体类商品，这类商品的交易过程中所包含的信息流和资金流可以完全实现网上传输。卖方通过网络发布商品广告、供货信息及咨询信息，买方通过网络选择欲购商品并向卖方发送订单，买卖双方在网上签订购货合同又可以在网上完成货款支付。但交易的有形商品必须由卖方通过某种运输方式送达买方指定地点。可以看到电子商务已经改变了商家对各种商品批量购进、集中存储、坐店销售的方式，商品需要直接送到消费者手中。这种商品交割方式的变化，说明网上购物使传统的物流配送向消费者端延伸。因此，物流配送问题是制约有形商品交易电子服务的制约因素之一，也可以认为这种形式为非完全电子商务。

（2）无形商品电子商务

无形商品包括软件、电影、音乐、电子读物、信息服务等可以数字化的商品，无形商品网上交易与有形商品网上交易的区别在于前者可以通过网络将商品直接送到购买者手中。也就是说，无形商品电子商务完全可以在网络上实现，是完全的电子商务。

3.4.3 电子商务的技术架构

1. Internet 和 WWW 的发展

简单地说，Internet 是一个全球范围内互连的计算机网络系统。Internet 最早来源于美国国防部高级研究计划局 DARPA（Defense Advanced Research Projects Agency）的前身 ARPA 建立的 ARPAnet，该网于 1969 年投入使用。1972 年，ARPAnet 在首届计算机通信国际会议上首次与公众见面，并验证了分组交换技术的可行性，由此，ARPAnet 成为现代计算机网络诞生的标志。

1982 年，Internet 由 ARPAnet、MILNET 等几个计算机网络合并而成。作为 Internet 的早期骨干网，ARPAnet 试验并奠定了 Internet 存在和发展的基础，较好地解决了异种机网络互联的一系列理论和技术问题。与此同时，局域网和其他广域网的产生和蓬勃发展对 Internet 的进一步发展起了重要的作用。其中最引人注目的是美国国家科学基金会 NSF（National Science Foundation）建立的美国国家科学基金网 NSFnet。1986 年，NSF 建立起了六大超级计算中心，为了使全国的科学家、工程师能够共享这些超级计算机设施，NSF 建立了自己的基于 TCP/IP 协议簇的计算机网络 NSFnet。NSF 在全国建立了按地区划分的计算机广域网，并将这些地区网络和超级计算中心相连，最后将各超级计算中心互联起来。NSFnet 对 Internet 的最大贡献是使 Internet 向全社会开放，而不像以前那样仅供借计算机研究人员、政府职员和政府承包商使用。然而，随着网上通信量的迅猛增长，NSF 不得不采用更新的网络技术来适应发展的需要。1990 年 9 月，由 Merit、IBM 和 MCI 公司联合建立了一个非营利性的组织——先进网络和科学公司 ANS（Advanced Network & Science，Inc）。ANS 的目的是建立一个全美范围的 T3 级主干网，它能以 45Mbit/s 的速率传送数据，相当于每秒传送 1400 页文本信息。到 1991 年底，NSFnet 的全部主干网都已同 ANS 提供的 T3 级主干网相通。

今天的 Internet 已不再是计算机人员和军事部门进行科研的工具，而是变成了一个开发和使用信息资源的覆盖全球的信息海洋。Internet 上的信息，按从事的业务分类包括了广告公司、航空公司、农业生产公司、艺术、导航设备、书店、化工、通信、计算机、咨询、娱乐、财贸、各类商店、旅馆等，覆盖了社会生活的方方面面，构成了一个信息社会的缩影。

中国早在 1987 年就由中国科学院高能物理研究所首先通过 X.25 租用线实现了国际远程联网，并于 1988 年实现了与欧洲和北美地区的 E-mail 通信。1993 年 3 月经电信部门的大力配合，开通了由中国科学院高能物理研究所到美国 Stanford 直线加速中心的高速计算机通信专线。1994 年 5 月高能物理研究所的计算机正式进入了 Internet 网，以清华大学为网络中心的中国教育与科研网也于 1994 年 6 月正式联通 Internet 网，1996 年 6 月，中国最大的 Internet 互联子网 CHINAnet 也正式开通并投入营运。在中国兴起了一种研究、学习和使用 Internet 的浪潮，中国的用户已经越来越走进 Internet，而 Internet 则已经越来越成为中国人科研工作甚至日常生活的一个重要组成部分。

谈论了 Internet 的发展之后，下面来谈一谈 World Wide Web 的发展。可以简单地将 Web 描述为运行在连接于 Internet 的计算机上的软件。在今天，Web 是 Internet 上最大的信息流量，它超过了 E-mail、文件传输和其他数据传输。

在 20 世纪 60 年代，Ted Nelson 描述了一个系统，在一个页面上的文本可以连接到另一个页面的文本。Nelson 称这种页面连接系统为超文本。在 90 年代初期，Berners-Lee 开发了超文本服务器程序并使之适用于 Internet。超文本服务器是一台存储超文本标记语言（Hypertesxt Markup Language）所写文本的计算机，其他计算机可以连接并阅读这些文件。在今天，称超文本服务器为 Web 服务器。Web 的使用在信息社会呈现出了快速的增长，许多软件都可以用来阅读 HTML 文档，但是当前大多数的人们使用 Web 浏览器来阅读，Web 浏览器是一个阅读 HTML 的图形接口软件。当前最为流行的软件是 Microsoft Internet Explorer、Chrome、Firefox、Safari。WWW 的发展相当迅速，1992 年全球只有 26 台 Web 服务器，到今天 Web 服务器的台数已经多得无法计数。Internet 和 WWW 的发展为电子商务奠定了良好的平台基础。

2．包交换网

连接局部区域计算机的网络称为局域网（Local Area Network，LAN），连接大范围和远程计算机的网络称为广域网。早期的广域网使用电话公司的线路进行连接，这时的单点连接方式称为线路交换（circuit switching）。但是线路交换由于其单点连接模式不适用于全球范围内的 Internet，因为 Internet 设计的目标是即使在部分线路发生故障时仍可以保证信息的正常传递。Internet 采用的传输技术是包交换技术，即传输的消息被分割成小的片断，这些片断都有电子标签，包括源地址、序列号和目标地址。每个片断可以通过不同的网络路径到达目标地址，当所有的片断都到达目标地址的计算机上时，将片断进行组合就得到了原始的消息。决定信息包路径的计算机称为路由计算机、路由器、网关计算机或者边界路由器。

3．Internet 协议和 Internet 地址

在 Internet 上使用的两个主要协议是传输控制协议（Transmission Control Protocol，TCP）和 Internet 协议（Internet Protocol，IP）。在消息在 Internet 上传递前，TCP 控制消息分解为信息包，当信息包到达目标地址后，TCP 控制这些信息包组合成原始消息。IP 为每个信息包的源地址和目标地址做了特定标记。

IP 的版本在过去的 20 多年中一直使用的是 Internet Protocol version 4，简写为 IPv4，它使用 32 位的二进制数字去标识连接于 Internet 上的计算机，该数字地址称为 IP 地址。IPv4 包含 40 多亿个地址，但是至今为止已有 20 多亿个地址被使用或者已被分配。为了克服地址数量不足的问题，IETF（Internet Engineering Task Force）同意升级为 Internet Protocol version 6（IPv6），简写为 IPv6。IPv6 使用 128 位的二进制数去标识连接于 Internet 上的计算机。由于使用数字的 IP 地址不容易记忆，因此使用了单词作为代替的标识地址的方法，称为域名（Domain Name），如 www.sohu.com。域名对于目前大多数人而言是较为熟悉的，在这里就不再详细介绍了。

此外在 Internet 上经常使用的协议包括超文本传输协议（HTTP），用于超文本信息的请求和响应；简单邮件传输协议（Simple Mail Transfer Protocol，SMTP），用于邮件的发送；Post Office Protocol（POP），用于邮件的接收。

4．标记语言和 WEB

最常使用的标记语言是 HTML，它是一种早期的较为复杂的标记语言 SGML（Standard Generalized Markup Language）的子集。SGML 在出版业使用多年，用于创建那些需要经常以不同格式打印和经常需要修改的文档。SGML 是一种元语言（Meta Language），即 SGML 可以定义其他语言。从 SGML 演化出的另一种用于 Web 的标记语言是可扩展标记语言（Extensible Markup Language，XML）。XML 作为 Internet 上共享信息的标记语言正得到越来越广泛的应用。XML 语言也是一种元语言，通过扩展 XML 的使用，用户可以创建自己的标记元素。各种标记语言的关系可以用图 3-5 来表示。

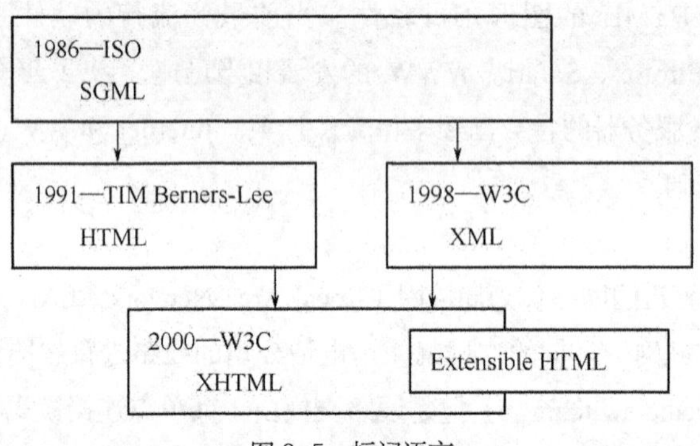

图 3-5　标记语言

对于 HTML 大家已经比较熟悉，下面再简单谈谈 XML。XML 同 HTML 相比存在两个重要的不同点：①XML 不是实现定义标签（tag）的标记语言，它只是一个框架，在该框架中其他个人、公司或者组织可以创建自己的标签集合。②XML 标签没有规定文本在 Web 中如何展现，它只是传达了其中信息的语义（semantics）。虽然某些浏览器可以展现 XML 文档，但是 XML 不倾向于在浏览器中读取，XML 文件倾向于使用包含格式指令的其他文件进行转换，或者利用程序进行读取。

5．Intranet 和 Extranet

Intranet 是一个互联网络，通常使用 TCP/IP 协议集，网络的范围不超过创建该网络的组织边界。当 Intranet 扩展到组织边界之外的实体时称为 Extranet，这些实体包括商业伙伴、供应商和顾客。公共网（Public Network）是可以为公众访问的计算机网络或者通信网络。私有网（Private Network）是租用线路连接两个公司的私有网络。虚拟私有网（Virtual Private Network，VPN）是一种使用公共网及其协议的 Extranet，用于传递敏感数据给其顾客、合作伙伴、供应商以及分支机构。VPN 使用 IP 通道（IP tunneling）在公共的 Internet 上创建私有的通路，为 Extranet 的一方及其合作伙伴提供安全的信息传输。

个人或者组织连接 Internet 可以通过电话线（包括拨号到 ISP、ISDN）、宽带网（ADSL、HDSL）和租用线路等方式，此外还有无线接入的方式。

3.4.4 电子商务系统的组成

1. 基本电子商务系统的组成

电子商务系统是保证以电子商务为基础的网上交易实现的体系，如图 3-6 所示。

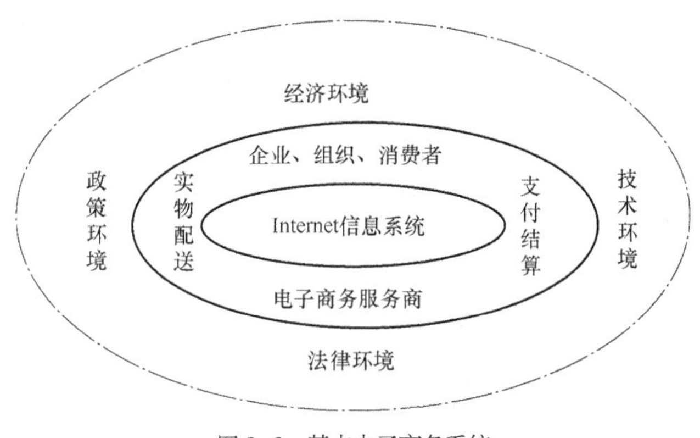

图 3-6 基本电子商务系统

图 3-6 显示的是一个完整的基本电子商务系统，它在 Internet 信息系统的基础上，由参与交易主体的信息化企业、信息化组织和使用 Internet 的消费者主体，提供实物配送服务和支付服务的机构，以及提供网上商品服务的电子商务服务商组成。在网上进行交易，交易双方在空间上是分离的，为保证交易双方进行等价交换，必须提供相应的货物配送手段和支付结算手段。货物配送仍然依赖传统物流渠道，对于支付结算既可以利用传统手段，也可以利用网上支付手段。此外，为保证企业、组织和消费者能够利用数字化沟通渠道，保证交易顺利进行的配送和支付，需要由专门提供这方面服务的中间商直接参与，即电子商务服务商。由上述几部分组成的基础电子商务系统，将受到一些市场环境的影响，这些市场环境包括经济环境、政策环境、法律环境和技术环境等几个方面。

（1）Internet 信息系统

电子商务的基础是 Internet 信息系统，它是进行交易的平台，交易中所涉及的信息流、物流和货币流都与信息系统紧密相关。Internet 信息系统是指企业、组织和电子商务服务商，在 Internet 网络的基础上开发设计的信息系统。它可以成为企业、组织和个人消费者之间跨越时空进行信息交换的平台，在信息系统的安全和控制措施保证下，通过基于 Internet 的支付系统进行网上支付，通过基于 Internet 物流信息系统控制物流的顺利进行，最终保证企业、组织和个人消费者之间网上交易的实现。因此，Internet 信息系统的主要作用是提供一个开放、安全和可控制的信息交换平台，它是电子商务系统的核心和基石。

（2）电子商务服务商

电子商务服务商是为企业、组织与消费者在 Internet 上进行交易提供支持的组织和工作者。根据服务层次和服务内容的不同，可将电子商务服务商分为两大类：一类是为电子商务系统提供系统支持服务的，它主要为企业、组织和消费者在网上交易提供技术和物质基础；另一类为直接提供电子商务服务者，它为企业、组织与消费者之间的交易提供沟通渠道和商务活动服务，如阿里巴巴、淘宝等。其中，第一大类的电子商务服务商又可分为四类：第一类是服务接入商（Internet Access Provider，IAP），其典型代表是提供 Internet 通信和线路租借服务的电信运营商；第二类是服务提供商（Internet Service Provider，ISP），它主要为企业建立电子商务系统提供全面支持，一般企业、组织与消费者上网时只通过 ISP 接入 Internet，由 ISP 向 IAP 租借线路；第三类是内容服务提供商（Internet Content Provider，ICP），它主要为企业提供信息内容服务，如财经信息、搜索引擎等；第四类是应用服务系统提供商（Application Service Provider，ASP），它主要为企业、组织建设电子商务系统时提供系统解决方案，这些服务一般都由信息技术行业的公司提供，如 IBM 等公司。

（3）企业、组织与消费者

企业、组织与消费者是 Internet 网上市场交易主体，他们是进行网上交易的基础。一般来说，组织与消费者上网比较简单，因为他们主要是使用电子商务服务提供商提供的 Internet 服务来参加交易。企业上网则非常复杂。这是因为，企业作为交易主体，必须为其他参与交易方提供服务和支持，如提供产品信息查询服务、商品配送服务、支付结算服务。因此，企业上网开展网上交易，必须进行系统规划，建设好自己的电子商务系统。电子商务系统是由基于企业内部网的企业管理系统、电子商务站点和企业经营管理组织人员组成。

（4）实物配送

进行网上交易时，如果消费者通过 Internet 订货、付款后，企业不能及时送货上门，便不能满足消费者的需求。因此，一个完整的电子商务系统，如果没有高效的实物配送物流系统支撑，是难以维系交易顺利进行的。

（5）支付结算

支付结算是网上交易完整实现的很重要的一环，关系到购买者是否讲信用，能否按时支付，卖者能否按时回收资金，促进企业经营良性循环的问题。一个完整的网上交易，它的支付也应在网上进行。但由于目前电子虚拟市场尚在演变过程中，信用问题及安全问题尚未完全解决，许多电子商务支付并不完全在网上进行。

上述 5 个方面构成了电子商务交易系统的基础，它们是有机结合在一起的，缺少任何一个部分都会影响网上交易的顺利进行。Internet 信息系统保证了电子虚拟交易市场系统中信息流的畅通，它是电子虚拟市场交易顺利进行的核心。企业、组织与消费者是网上交易的主体，实现信息化和联网是网上交易顺利进行的前提。电子商务服务商是网上交易顺利进行的手段，实物配送和网上支付是网上交易顺利进行的保障。

2．电子商务系统的功能

企业通过实施电子商务实现企业经营目标，需要电子商务系统能提供网上交易和管理等全过程的服务。因此，电子商务系统应具有广告宣传、咨询洽谈、网上订购、网上支付、电子账户、服务传递、意见调查、业务管理等各项功能。

① 网上订购。电子商务可借助 Web 中的邮件或表单传递信息，实现网上的订购。网上订购通常都在产品介绍的页面上提供十分友好的订购提示信息和订购交互格式框。当客户填完订购单后，通常系统会回复确认信息来保证订购信息的送达。订购信息也可采用加密的方式使客户和商家的商业信息不会泄露。

② 货物传递。对于已付了款的客户应将其订购的货物尽快传递到他们手中。如有些货物在本地，有些货物在异地，电子商务系统应能在网络中进行物流的调配。而最适合在网上直接传递的货物是信息产品，如软件、电子读物、信息服务等。它能直接从电子仓库中将货物发到用户端。

③ 咨询洽谈。电子商务借助非实时的电子邮件、新闻组和实时的讨论组来了解市场和商品信息，洽谈交易事务，如有进一步的需求，还可用网上的会议系统来交流即时的图形信息。网上的咨询和洽谈能超越人们面对面洽谈的限制，提供多种方便的异地交谈方式。

④ 网上支付。电子商务要成为一个完整的过程，网上支付是重要的环节。客户和商家之间可采用多种支付方式，省去交易中很多人员的开销。网上支付需要更为可靠的信息传输安全性控制，以防止欺骗、窃听、冒用等非法行为。

⑤ 电子银行。网上的支付必须有电子金融来支持，即银行、信用卡公司等金融单位为金融服务提供网上操作的服务。

⑥ 广告宣传。电子商务可凭借企业的 Web 服务器，在 Internet 上发布各类商业信息。客户可借助网上的检索工具迅速地找到所需商品信息，而商家可利用网页和电子邮件在全球范围内做广告宣传。与以往的各类广告相比，网上的广告成本最为低廉，而给客户的信息量却最为丰富。

⑦ 意见调查。电子商务能十分方便地采用网页上的“选择”“填空”等格式文件来收集用户对销售服务的反馈意见。这样，企业的市场运营能形成一个封闭的回路。客户的反馈意见不仅能提高售后服务的水平，更能使企业获得改进产品、发现市场的商业机会。

⑧ 业务管理。企业的整个业务管理涉及人、财、物多个方面，如企业和企业、企业和消费者及企业内部等各方面的协调和管理。因此，业务管理是涉及商务活动全过程的管理。

本章小结

企业门户网站就是指在 Internet 的环境下，把各种应用系统、数据资源和互联网资源统一集成到企业门户之下，根据每个用户使用特点和角色的不同，形成个性化的应用界面，并通过对事件和消息的处理传输把用户有机地联系在一起。它不仅局限于建立一个企业网站，提供一些企业、产品、服务信息，更重要的是要求企业能实现多业务系统的集成，能对客户的各种要求做出快速响应，并且能对整个供应链进行统一管理。

按门户的内容和其应用领域可以将企业门户划分为以下四个阶段：企业网站阶段、企业信息门户阶段、企业应用门户阶段和企业知识门户阶段。企业门户的成功建设必须解决好 SSO 单点登录、业务流程、系统的可伸缩性、扩展性、个性化的配置、门户与应用系统的集成、商务智能和知识转化问题。

供应链管理，就是指在满足一定的客户服务水平的条件下，为了使整个供应链系统成本达到最小而把供应商、制造商、仓库、配送中心和渠道商等有效地组织在一起来进行产品制造、转运、分销及销售的管理方法。随着全球经济的一体化，不难发现在全球大市场竞争环境下任何一个企业都不可能在所有业务上成为最杰出者，必须联合行业中其他上下游企业，建立一条经济利益相连、业务关系紧密的行业供应链，实现优势互补，充分利用一切可利用的资源来适应社会化大生产的竞争环境，共同增强市场竞争实力。总体上讲，供应链管理系统的发展历程与信息化四个层次密切相关。目前国内 SCM 市场大概分成两大阵营，高端大型企业被国外 i2、SAP 等厂商所占据，中低端企业则是国内 SCM 厂商的客户群。

客户关系管理是企业利用 IT 技术和互联网技术实现对客户的整合营销，是以客户为核心的企业营销的技术实现和管理实现，分为理念、技术、实施三个层面。CRM 的功能可以归纳为三个方面：对销售、营销和客户服务三部分业务流程的信息化，与客户进行沟通所需要的手段的集成和自动化处理、对上面两部分功能所积累下的信息进行的加工处理，产生客户智能，为企业的战略战术的决策提供支持。

CRM 管理系统一般分为运营型、协作型、分析型 CRM。

电子商务是通过互联网实现企业、商户及消费者的网上购物、网上交易及在线电子支付的一种不同于传统商务运营的新型商务运营模式。一个完整的基本电子商务系统，是在 Internet 信息系统的基础上，由参与交易主体的信息化企业、信息化组织和使用 Internet 的消费者主体，提供实物配送服务和支付服务的机构，以及提供网上商品服务的电子商务服务商组成。Internet 信息系统保证了电子虚拟交易市场交易系统中信息流的畅通，它是电子虚拟市场交易顺利进行的核心。企业、组织与消费者是网上交易的主体，实现其信息化和联网是网上交易顺利进行的前提。电子商务服务商是网上交易顺利进行的手段，实物配送和网上支付是网上交易顺利进行的保障。

本章思考题

1. 简述企业门户的概念、特点和发展阶段。
2. 企业门户在建设过程中存在的主要问题是什么？解决对策有哪些？
3. 企业门户在企业发展过程中的作用有哪些？
4. 供应链管理的基本内容包含什么？
5. 供应链管理系统的发展经历了哪些阶段？供应链管理有怎样的发展趋势？
6. 客户关系管理的内涵是什么？
7. 客户关系管理有哪些类型？各自的特点是什么？
8. CRM 与 ERP、SCM 的整合内容是什么？
9. 电子商务的形式有哪些？
10. 简述电子商务系统的基本组成和功能。

中英文对照

Enterprise Portal（EP）企业门户

Enterprise Information Portal（EIP）企业信息门户

Enterprise Application Portal（EAP）企业应用门户

Enterprise Knowlege Portal（EKP）企业知识门户

Single Sign On（SSO）单点登录

Enterprise Application Integration（EAI）企业应用集成

Capability Maturity Model（CMM）软件能力成熟度模型

Customer Care 客户关怀

Electronic Commerce 狭义的电子商务

Electronic Business 电子商业或广义上的电子商务

Electronic Data Interchange（EDI）电子数据交换

Business to Customer（B2C）企业对消费者的电子商务

Business to Business（B2B）企业对企业电子商务

Business to Government（B2G）企业对政府机构电子商务

Customer to Government（C2G）消费者对政府机构电子商务

Transmission Control Protocol（TCP）传输控制协议

Internet Protocol（IP）Internet 协议

Simple Mail Transfer Protocol（SMTP）简单邮件传输协议

Extensible Markup Language（XML）可扩展标记语言

Internet Access Provider（IAP）服务接入商

Internet Service Provider（ISP）服务提供商

Internet Content Provider（ICP）互联网内容提供商

Application Service Provider（ASP）应用服务系统提供商

第4章 决策支持系统与商务智能

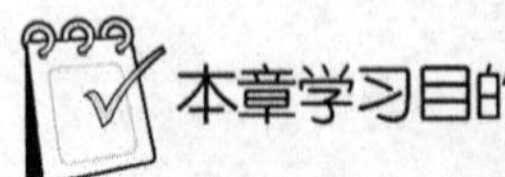

本章学习目的

本章重点介绍了决策支持系统（DSS）、商务智能（BI）和知识管理（KM）等对管理信息系统有着重要影响的信息技术和管理思想。本章学习目的如下：

- 通过对决策支持系统的学习，掌握决策的定义、类型和过程，了解DSS的发展过程，掌握DSS的定义及与MIS的关系及以及DSS的结构，了解IDSS和GDSS的定义和结构。
- 通过对商务智能的学习，掌握商务智能的定义，掌握数据仓库和数据集市的定义，掌握OLAP的定义和特点，掌握数据挖掘的定义、基本过程和任务类型。
- 通过对知识管理的学习，掌握知识管理的概念，了解知识管理的实施步骤和模块功能。

本章引导案例

塔吉特的“数据关联挖掘”

对于零售商来说，知道一个顾客是否怀孕是非常重要的。因为这是一对夫妻改变消费观念的开始，也是一对夫妻生活的分水岭。他们会开始光顾以前不会去的商店，渐渐对新的品牌建立忠诚。

美国第三大零售商塔吉特，通过分析所有女性客户购买记录，可以“猜出”哪些客户是孕妇。其发现女性客户会在怀孕四个月左右，大量购买无香味乳液。由此挖掘出25项与怀孕高度相关的商品，制作“怀孕预测”指数。推算出预产期后，就能抢先一步，将孕妇装、婴儿床等折扣券寄给客户。塔吉特还创建了一套女性购买行为在怀孕期间产生变化的模型，不仅如此，如果客户从它们的店铺中购买了婴儿用品，它们在接下来的几年中会根据婴儿的生长周期定期给这些客户推送相关产品，使这些客户形成长期的忠诚度。

塔吉特利用数据挖掘的方法，通过用户的购买历史记录分析来建立模型，预测未来的购买行为，进而设计促销活动和个性服务避免用户流失到其他竞争对手那边。

Amazon获预测性物流专利

美国的物流环境同中国不一样，每年圣诞时许多电商网站都碰到了物流延滞的问题，亚马逊也不例外。2013年12月，亚马逊申请了一项名为“预测性物流”的专利，这项专利可以让亚马逊根据海量用户数据去预判用户的购买行为，提前将这些商品运出仓库，放到托运中心寄存，等用户真的下单了，立马装车往用户家里送。目标只有一个，可在买家未下单之前就提前发货，减少买家下单后的等待时间以及商品送达的时间。

该专利技术会结合大量的数据和指标去预测顾客要下单的商品，例如历史购物记录、商品搜索记录甚至是鼠标停留商品的时间，然后开始送货，并在过程中不断完善物流路径。

（案例改编自：http://www.cxoworld.com.cn/eyan/view/388437; http://36kr.com/p/209219.html, 2015-06-22）

讨论：我国哪些企业也运用了数据挖掘推送技术？请举例。

4.1 决策支持系统

4.1.1 决策

1. 决策的概念

我们每天都要做许多决策，决策活动与人类活动是密切相关的。例如，某企业要开发一个新产品，引进一条生产线，某人选购一种商品或选择一种职业，都带有决策的性质。

决策是人们为了达到某一种目的而做出的有意识的、有选择的行动。在一定的人力、设备、材料、技术、资金和时间因素的制约下，人们为了实现特定的目标，而从多种可供选择的策略中做出决断，以求获得满意效果的过程就是决策的过程。

正确理解决策概念，应把握以下几层意思。

（1）决策要有明确的目标

决策是为了解决某一问题，或是达到一定目标。确定目标是决策过程的第一步。决策所要解决的问题必须十分明确，所要达到的目标必须十分具体。没有明确的目标，决策将是盲目的。

（2）决策要有两个以上备选方案

决策实质上是选择行动方案的过程。如果只有一个备选方案，就不存在决策的问题。因而，至少要有两个或两个以上方案，人们才能从中进行比较、选择，最后选择一个满意方案为行动方案。

（3）选择后的行动方案必须付诸实施

如果选择后的方案不付诸实施，那么决策就毫无意义了。决策不仅是一个认识过程，也是一个行动的过程。

决策是人类社会自古就有的活动，决策科学化是在 20 世纪初开始形成的。第二次世界大战以后，决策研究在吸收了行为科学、系统理论、运筹学、计算机科学等多门科学成果的基础上，结合决策实践，到 20 世纪 60 年代形成了一门专门研究和探索人们做出正确决策规律的科学——决策学。决策学研究决策的范畴、概念、结构、决策原则、决策程序、决策方法、决策组织等，并探索这些理论与方法的应用规律。随着决策理论与方法研究的深入与发展，决策渗透到社会经济、生活各个领域，尤其应用在企业经营活动中，从而也就出现了经营管理决策。

2．决策的分类

决策问题的复杂性和多样性，决定了决策有多种不同的类型。

① 结构化决策：能用确定的模型或语言描述某一决策过程的环境及规则，采用特定的方法总能得到最优决策方案，没有必要靠“感觉”或“直觉”。

② 非结构化决策：决策过程复杂，不可能用确定的模型或语言描述其决策过程，更没有一种方法或者一组规则能够保证得出最优决策方案。

③ 半结构化决策：它是介于以上二者之间的决策，这类决策可以采用适当的方法产生较优的决策方案。

3．决策过程

决策分析一般分 4 个步骤，具体内容如下。

① 发现问题，确定决策目标。发现决策问题，收集与决策问题有关的信息，研究决策环境，分析并确定影响决策的条件和因素，寻找解决问题的机会并形成决策目标。这是决策活动的起点。

② 设计备选方案。提出各种解决问题的备选方案，分析每种方案的主要限制条件，并用概率定量地描述每个方案所产生的各种结果的可能性。

③ 选择方案。在定量分析的基础上，决策人员根据个人才能、经验、风格以及所处环境条件等因素进行定性分析，将定量计算和定性分析结合起来，权衡各备选方案的利弊得失，并从中选出一种最佳方案以供实施。

④ 方案实施。可以将最佳方案在小范围内实施，以验证其运行的可靠性。通过小范围验证后，执行方案，对出现的偏差要及时控制，并做出必要的调整。

决策往往不可能一次完成，而是一个迭代过程。决策可以借助于计算机决策支持系统来完成，即用计算机来辅助确定目标、拟订方案、分析评价以及模拟验证等。

4.1.2 决策支持系统

1．决策支持系统的概念

决策支持系统是应用决策科学及有关学科的理论与方法，辅助决策者通过数据、模型和知识，以人机交互方式进行半结构化或非结构化决策的计算机应用系统。它是管理信息系统（MIS）向更高一级发展而产生的先进信息管理系统。它为决策者提供分析问题、建立模型、模拟决策过程和方案的环境，调用各种信息资源和分析工具，帮助决策者提高决策水平和质量。

2．决策支持系统的发展历程

近半个世纪以来，组织的管理思想、方法与工具随着组织环境的变迁而发生了巨大的变化，管理思想、方法与工具的改进使组织的管理效率与效用有了显著的提高。

20 世纪 60 年代末 70 年代初出现的 MIS 使企业的信息获得了系统的开发和利用，将企业的管理水平提高到了一个新的层次。但是，在面对一些半结构化和非结构化的决策支持要求时，MIS 却无能为力。于是，决策支持系统应运而生。

1971 年 Keen 提出“管理决策系统”（Management Decision System，MDS），1978 年 Keen

和 Scott Morton 首次提出了"决策支持系统"一词，标志着利用计算机与信息支持决策的研究与应用进入了一个新的阶段，并形成了决策支持系统新学科。

20 世纪 70 年代末期，决策支持系统一词已经非常流行，研究开发出了许多具有代表性的 DSS，大都由模型库、数据库及人机交互系统三个部件组成。例如，用于产品推销、定价和广告决策的 Brandaid，用于支持企业短期规划的 Projector，以及适用于大型卡车生产企业生产计划决策的 Capacity Information System 等。

20 世纪 80 年代初期，决策支持系统增加了知识库与方法库，构成了三库系统或四库系统。

20 世纪 80 年代后期，人工神经元网络及机器学习等技术的研究与应用为知识的学习与获取开辟了新的途径。专家系统与 DSS 相结合，充分利用专家系统定性分析与 DSS 定量分析的优点，形成了智能决策支持系统（Intelligent Decision Support System，IDSS），提高了 DSS 支持非结构化决策问题的能力。

随着 Internet 的普及，DSS 与计算机网络技术结合构成了新型的能供异地决策者共同参与进行决策的群体决策支持系统（Group Decision Support System，GDSS）。GDSS 利用便捷的通信技术在多位决策者之间沟通信息，提供良好的协商与综合决策环境，以支持需要集体做出决定的重要决策。

3．决策支持系统的结构

决策支持系统支持各种层次的人们进行决策活动，它提供与决策问题相关的各种数据、模型和方法，甚至是知识的管理和存储功能。

决策支持系统基本结构主要由三个部分组成，即数据管理部件、模型管理部件和用户界面管理部件。

（1）数据管理部件

数据管理部件负责存储并维护与决策问题领域相关的信息，由信息和数据库管理系统两部分构成。

其中，信息包含组织内部信息和外部信息。组织内部信息主要来源于组织所实施的 MIS 等信息系统的数据库；外部信息是指来源于组织外部的、与决策问题有关的政策、社会环境和竞争对手的信息。

（2）模型管理部件

模型管理部件负责存储和维护 DSS 使用的各种模型，由模型和模型管理系统构成。它是决策支持系统最核心、最复杂和最难实现的部分。

其中，模型是指运用适当的数学方法对某个事件、事实或状况的描述。例如，企业在物资采购时，保证物资订购费用（C_r）和物资储备费用（C_h）之和最小的经济订购批量（q）模型：$q=\sqrt{\dfrac{2C_rQ}{C_h}}$，其中 Q 为物资的阶段需求量。

使用 DSS 支持决策时，决策者根据具体问题构造或生成决策支持模型，所以说，DSS 是由"模型驱动"的。

（3）用户界面管理部件

用户界面管理部件负责决策者与决策支持系统之间的沟通，在决策者、数据库和模型库之间传送（包括转换）命令和数据，模型的输出结果也通过它显示。

由于决策者大多为非计算机专业人员，他们要求系统使用方便、灵活性好，所以良好的用户界面往往是决策支持系统成功的关键。

决策支持系统的基本结构如图 4-1 所示。

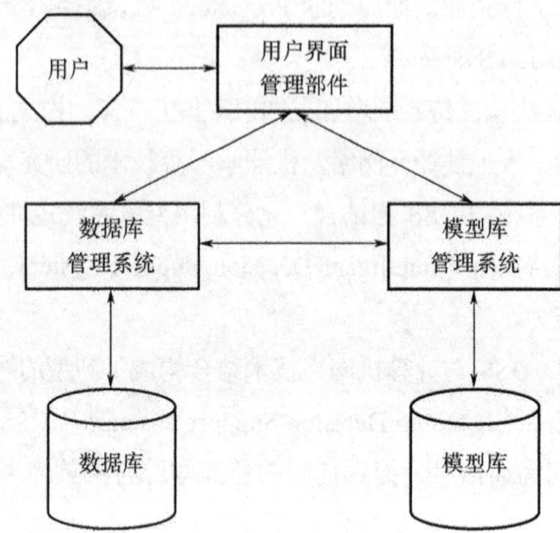

图 4-1　决策支持系统基本结构

20 世纪 80 年代研究开发的决策支持系统还包含了方法库管理部件与知识库管理部件。

方法库管理部件负责存储、管理、调用及维护 DSS 各部件要用到的通用算法、标准函数等方法，它由方法库和方法库管理系统构成，方法库中的方法一般用程序方式存储。图 4-2 例示了方法库中的各种方法。

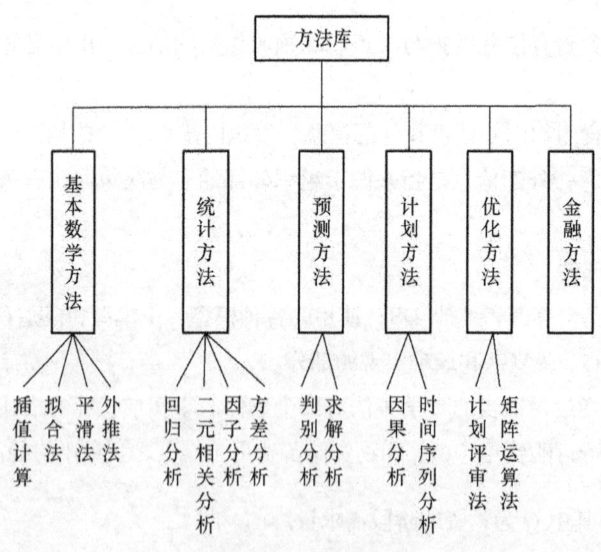

图 4-2　方法库示例

知识库管理部件负责存储、管理、调用及维护与决策问题相关的各种规则、因果关系、决策人员的经验等，它由知识库和知识库管理系统构成。

增加了知识库和方法库的决策支持系统结构如图 4-3 所示。

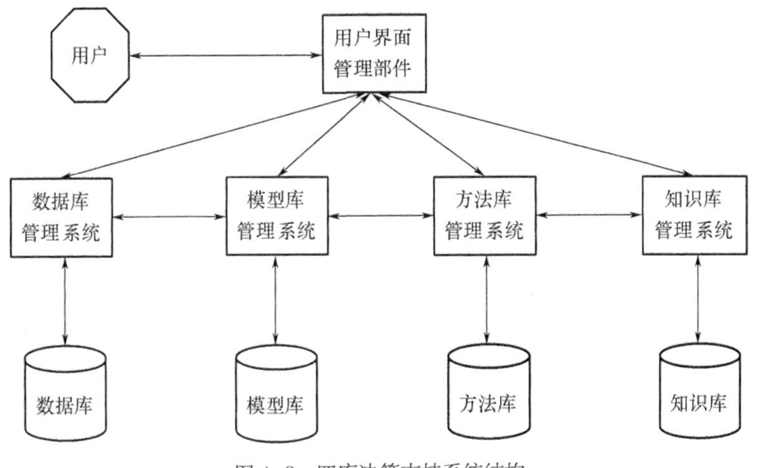

图 4-3 四库决策支持系统结构

4．决策支持系统与管理信息系统的关系

DSS 与 MIS 的关系有广义与狭义之分。

就狭义而言，DSS 与 MIS 是不同的系统，DSS 是鉴于 MIS 的不足而推出的新型系统。两者的目标、服务对象不同，解决的问题也不同：

① DSS 是为战略层的决策服务的，主要解决半结构化和非结构化问题，把内外的综合性信息转换为决策知识；MIS 主要为业务层服务，主要解决结构化问题，把数据转换为信息。

② DSS 是模型和用户共同驱动的，即决策过程和决策模型是动态的，决策过程需要有大量的、经常性的人机交互；而 MIS 则是数据驱动的，其处理过程和规则是固定不变的，自动化程度高，人工干预少。

就广义而言，DSS 是 MIS 的分系统，即 MIS 是一个总概念，DSS 是 MIS 发展的高级阶段或高层分系统。

4.1.3 新一代的决策支持系统

1．智能决策支持系统（概念与结构）

智能决策支持系统是人工智能（Artificial Intelligence，AI）和 DSS 相结合，应用专家系统（Expert System，ES）技术，使 DSS 能够更充分地应用人类的知识，如关于决策问题的描述性知识，决策过程中的过程性知识，求解问题的推理性知识，通过逻辑推理来帮助解决复杂的决策问题的辅助决策系统。

专家系统是人工智能的一个重要应用，知识库和推理机是专家系统的两个关键技术。将专家系统与传统的 DSS 结合而形成的智能决策支持系统，在结构上增设了知识库、推理机与问题处理系统，用户界面管理部件还加入了自然语言处理功能。IDSS 在用户决策问题的输入、决策问题的描述、决策过程的推理、问题解的求取与输出等方面都有了显著的改进。IDSS 的典型结构如图 4-4 所示。

① 智能人机接口。四库系统的智能人机接口接受用自然语言或接近自然语言的方式表达的决策问题及决策目标，这较大程度地改变了人机界面的性能。

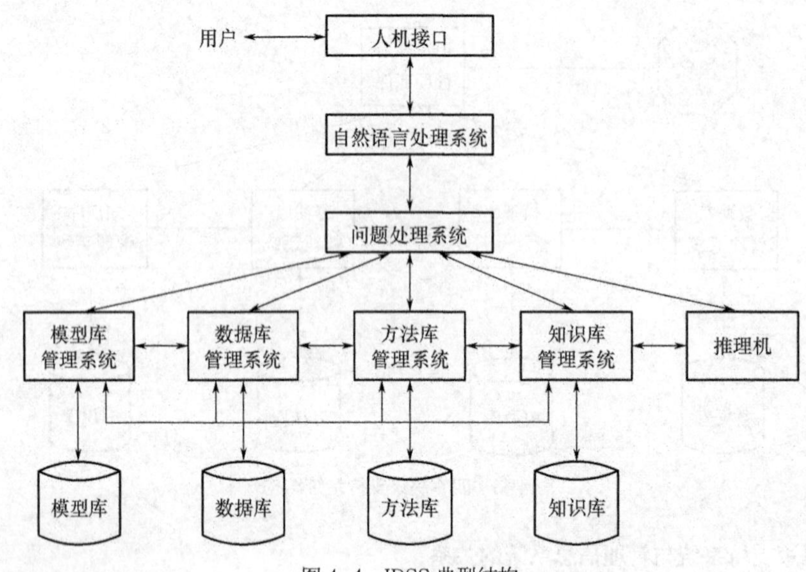

图 4-4　IDSS 典型结构

② 自然语言处理系统。转换产生的问题描述由问题分析器判断问题的结构化程度，对结构化问题选择或构造模型，采用传统的模型计算求解，对半结构化或非结构化问题则由规则模型与推理机制来求解。

③ 问题处理系统。这是 IDSS 中最活跃的部件，它既要识别与分析问题，设计求解方案，还要为问题求解调用四库中的数据、模型、方法及知识等资源，对半结构化或非结构化问题还要触发推理机作推理或新知识的推求。

④ 知识库子系统和推理机。知识库子系统的组成可分为三部分：知识库管理系统、知识库及推理机。

a. 知识库管理系统。功能主要有两个：一是回答对知识库知识增、删、改等知识维护的请求；二是回答决策过程中问题分析与判断所需知识的请求。

b. 知识库。知识库是知识库子系统的核心。知识库中存储的是那些既不能用数据表示，也不能用模型方法描述的专家知识和经验，也即决策专家的决策知识和经验知识，同时也包括一些特定问题领域的专门知识。

知识库中的知识表示是为描述世界所作的一组约定，是知识的符号化过程。对于同一知识，可用不同的知识表示形式，知识的表示形式直接影响推理方式，并在很大程度上决定着一个系统的能力和通用性，是知识库系统研究的一个重要课题。

知识库包含事实库和规则库两部分。例如，事实库中存放了“任务 A 是紧急订货”“任务 B 是出口任务”这样的事实。规则库中存放着“IF 任务 i 是紧急订货，and 任务 i 是出口任务，THEN 任务 i 按最优先安排计划”、“IF 任务 i 是紧急订货，THEN 任务 i 按优先安排计划”那样的规则。

c. 推理机。推理是指从已知事实推出新事实（结论）的过程。推理机是一组程序，它针对用户问题去处理知识库（规则和事实）。

推理原理如下。

若事实 M 为真，且有一规则“IF M THEN N”存在，则 N 为真。

因此，如果事实“任务 A 是紧急订货”为真，且有一规则“IF 任务 i 是紧急订货，THEN 任务 i 按优先安排计划”存在，则任务 A 就应优先安排计划。

2．群体决策支持系统（概念与结构）

群体决策支持系统是一种利用计算机网络与通信技术，供多个决策者为了一个共同的目标，通过某种规程相互协作，来探寻半结构化和非结构化决策问题的决策支持系统。它是指把同一领域不同方面或相关领域的各个决策支持系统集成在一起，使其互相通信，互相协作，形成一个功能十分全面的决策支持系统，是由一组决策人员作为一个决策群体同时参与决策会话，从而得到一个较为理想的决策结果的计算机决策支持系统。

群体决策支持系统从 DSS 发展而来，通过决策过程中参与者的增加，使得信息的来源更加广泛，通过大家的交流、磋商、讨论而有效地避免了个体决策的片面性和可能出现的独断专行等弊端。

与传统的 DSS 相比，GDSS 必须建立在计算机网络的基础上，在系统构成上增设了规程库子系统、通信库子系统、共享的数据库以及公共显示设备等部件，如图 4-5 所示。

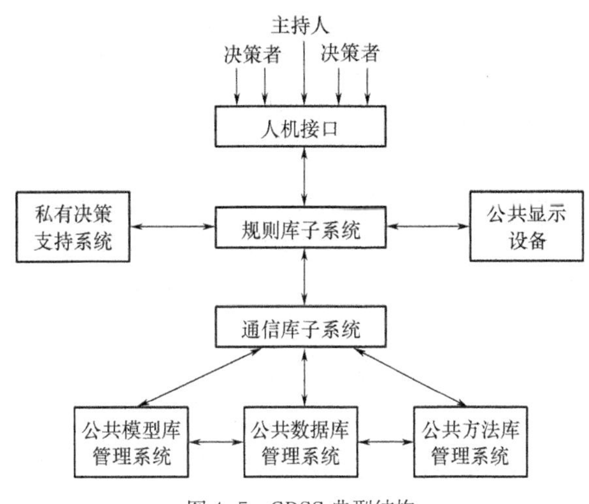

图 4-5　GDSS 典型结构

① 通信库子系统。相当于会议的秘书处，是系统的核心，它存储与管理主题相关的信息、会议进程信息及与会者的往来信息，负责这些信息的收发，沟通与会者之间、与会者与公共数据库、模型库与方法库之间的通信。

② 规程库子系统。存储管理群体决策支持的运作规则及会议事件流程规则等。例如：决策者请求的优先级别规则、决策意见发送优先级别规则及各种协调规则等。

③ 公共显示屏。公共显示屏信息也由通信库子系统传送至各参会者的站点。

GDSS 是多个 DSS 和多个决策者集成的结果，也蕴涵了多个决策者的智慧和经验。它以计算机和网络为基础，用于支持群体决策者共同解决半结构化的决策问题。在实际应用中，将复杂的决策问题提给各 DSS，这些 DSS 帮助各个决策者做出各自的决策，最后进入 GDSS，这时由组织的管理者用 GDSS 对各个决策进行综合分析和集成，形成最后的决策结论。

因此，我们注意到：GDSS 是一个支持群体决策的支持工具，而并不是多个 DSS 的简单组合。利用 GDSS 可以减少群体决策中的部分消极行为的影响，完成群体决策过程和得出群体决策方案，最终得到群体决策结果。

4.2 商务智能

4.2.1 商务智能的定义及技术体系

商务智能（Business Intelligence，BI）是 20 世纪 90 年代末首先在国外企业界出现的一个术语，它把先进的信息技术应用到整个企业，不仅为企业提供信息获取能力，而且通过对信息的开发，将其转变为企业的竞争优势。随着全球经济步入信息分析的时代，越来越多的企业提出它们对 BI 的需求，把 BI 作为帮助企业达到经营目标的一种有效手段。

BI 使得企业的决策者能够对企业信息进行有效、合理的分析和处理，为决策提供可靠的依据。从不同的角度，BI 可以有不同的定义。如果从 IT 技术的角度来定义 BI，可以认为 BI 是运用了数据仓库、联机分析处理和数据挖掘技术来处理和分析数据的技术。它允许用户查询和分析数据库或数据仓库，进而得出影响商业活动的关键因素，最终帮助用户做出更好、更合理的决策。Mark Hammond 从管理的角度看待 BI，认为 BI 是“从根本上帮助你把公司的运营数据转化成为高价值的可以获取的信息（或者知识），并且在恰当的时间通过恰当的手段把恰当的信息传递给恰当的人”。

商业智能的技术体系主要由数据仓库（Data Warehouse，DW）、联机分析处理（OLAP）以及数据挖掘（Data Mining，DM）三部分组成，三者构成的商务智能技术体系结构如图 4-6 所示。

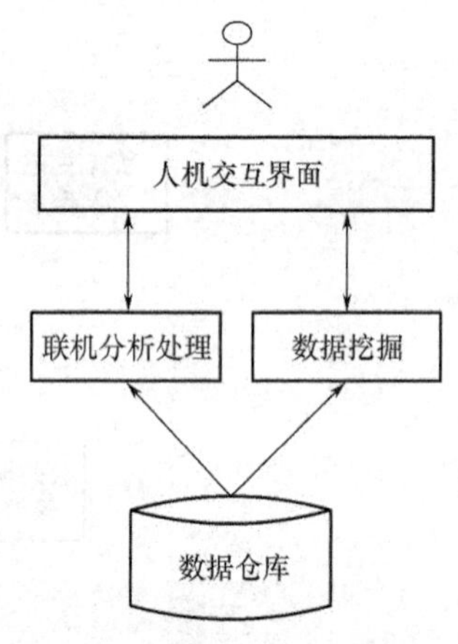

图 4-6　商务智能的技术体系结构

4.2.2 数据仓库

1．数据仓库的概念

数据仓库之父 William H. Inmon 在 1991 年出版的 Building the Data Warehouse（《数据仓库》）一书中所提出的定义被广泛接受，他认为数据仓库是一个面向主题的、集成的、相对稳定的、反映历史变化的数据集合，用来支持管理人员做出决策。

2．数据仓库特征

（1）面向主题

主题是一个抽象的概念，是在较高层次上将企业信息系统中的数据综合、归类并进行分析利用的抽象。

面向主题，是数据仓库显著区别于关系数据库系统的一个特征。

操作型数据库的数据组织面向事务处理任务，各个业务系统之间各自分离，而数据仓库中的数据是按照一定的主题域进行组织的。例如，“会员制”经营方式的商场，按业务已建立起销售、采购、库存管理以及人事管理子系统。表 4-1 是面向应用的数据组织方式，表 4-2 则是面向主题的数据组织方式。

表 4-1　面向应用的数据组织方式

子系统	数据库名称	数据字段
销售子系统	顾客	顾客号，姓名，性别，年龄，文化程度，地址，电话
	销售	员工号，顾客号，商品号，数量，单价，日期
采购子系统	订单	订单号，供应商号，总金额，日期
	订单细则	订单号，商品号，类别，单价，数量
	供应商	供应商号，供应商名，地址，电话
库存管理子系统	领料单	领料单号，领料人，商品号，数量，日期
	进料单	进料单号，订单号，进料人，收料人，日期
	库存	商品号，库房号，库存量，日期
	库房	库房号，仓库管理员，地点，库存商品描述
人事管理子系统	员工	员工号，姓名，性别，年龄，文化程度，部门号
	部门	部门号，部门名称，部门主管，电话

表 4-2　面向主题的数据组织方式

主题	信息类	数据字段
商品	商品固有信息	商品号，商品名，类别，颜色
	商品采购信息	商品号，供应商号，供应价，供应日期，供应量
	商品销售信息	商品号，顾客号，售价，销售日期，销售量
	商品库存信息	商品号，库房号，库存量，日期
供应商	供应商固有信息	供应商号，供应商名，地址，电话
	供应商品信息	供应商号，商品号，供应价，供应日期，供应量
顾客	顾客固有信息	顾客号，顾客姓名，性别，年龄，文化程度，住址，电话
	顾客购物信息	顾客号，商品号，售价，购买日期，购买量

（2）集成

一个数据仓库是通过集成多个异种数据源来构造的，在数据进入数据仓库以前，必须经过转换、统一与综合。

数据集成是数据仓库建设中最关键、最复杂的一步。

数据集成首先要统一源数据，即确保命名约定、编码结构、属性度量等的一致性；其次，还要对数据进行综合和计算，完成数据的转化。

（3）相对稳定

数据仓库的数据主要供企业决策分析之用，所涉及的数据操作主要是数据查询，某个数据进入数据仓库以后，一般情况下将被长期保留。也就是说，数据仓库中一般有大量的查询操作，但修改和删除操作很少，通常只需要定期加载、刷新。

（4）反映历史变化

数据仓库中的数据通常包含历史信息，系统记录了企业从过去某一时点（如开始应用数据仓库的时点）到目前的各个阶段的信息，通过这些信息，可以对企业的发展历程和未来趋势做出定量分析和预测。

3．数据集市

数据仓库所存放的是整个企业的信息，并且数据是按照不同的主题来组织的。例如，市场发展趋势的分析主题主要由市场部门的人员使用，可以将这部分数据在逻辑上或者物理上分离出来。当市场部门使用数据时，无需到数据仓库的巨量数据中进行检索，而只需在这些数据上进行分析。因此从处理效率的角度出发，这种划分是合理的。

我们把这种为某个局部范围内的管理人员提供管理决策支持的数据集称为数据集市（Data Mart），它是一种微型的数据仓库，是为了特定的应用目的或应用范围，而从数据仓库中独立出来的一部分数据，其目的是减少数据处理量，使信息的利用更快捷、更灵活。

4．联机分析处理

联机分析处理是数据仓库的主要应用，支持复杂的分析操作，侧重决策支持，并且提供直观易懂的查询结果。

（1）OLAP 的概念

1993 年，关系数据库之父 E. F. Codd 提出了 OLAP 概念，认为联机事务处理（Online Transaction Processing，OLTP）已不能满足终端用户对数据库查询分析的需要，SQL 对大型数据库进行的简单查询也不能满足终端用户分析的要求。用户的决策分析需要对关系数据库进行大量计算才能得到结果，而查询的结果并不能满足决策者提出的需求。因此，E. F. Codd 提出了多维数据库和多维分析的概念，即 OLAP。

OLAP 委员会将其定义为：OLAP 是一种软件技术，它使分析人员能够快速、一致、交互地从多种角度观察数据，以达到深入理解数据的目的。这些信息是从原始数据中转化出来的，以用户容易理解的方式反映企业的真实情况。

OLAP 的目标是满足决策支持或多维环境特定的查询和报表需求，它的技术核心是“维”这个概念，因此 OLAP 也可以说是多维数据分析工具的集合。

（2）OLAP 的基本操作

① 切片和切块（slice and dice）：在多维数据结构中，按二维进行切片，按三维进行切块。

② 钻取（drill）：从较高维度层次下降到较低层次上来观察多维数据。

③ 聚合（roll-up）：钻取的逆操作。

④ 旋转（rotate）：通过旋转可以得到不同视角的数据。

（3）OLAP 的特点

OLAP 支持对数据仓库的分析操作，它同支持事务处理操作的联机事务处理（OLTP）有着显著的差异，如表 4-3 所示。

表 4-3 OLTP 与 OLAP 的对比

	OLTP	OLAP
用户	操作人员，低层管理人员	决策人员，高级管理人员
功能	日常操作处理	分析决策
DB 设计	面向应用	面向主题
数据	当前的，最新的，细节的，二维的，分立的	历史的，聚集的，多维的，集成的，统一的
存取	读/写数十条记录	读上百万条记录
工作单位	简单的事务	复杂的查询
用户数	上千个	上百个
DB 大小	100MB-GB	100GB-TB

4.2.3 数据挖掘

全球的商业活动产生了巨大的数据集，包括销售事务、产品描述、促销活动、公司利润和业绩以及顾客反馈。例如，像沃尔玛这样的遍及世界各地的连锁超市每周都要处理数亿笔交易。如何基于这些海量的数据来提高商业服务水平和质量是信息技术所面临的主要问题。数据挖掘出现于 20 世纪 80 年代后期，20 世纪 90 年代有了突飞猛进的发展，目前在企业中的应用已经比较成熟。

1. 数据挖掘的概念

作为一个多学科概念，数据挖掘可以从多个角度进行定义。现有的数据挖掘其实并不能表述其主要含义。严格来说，数据挖掘应该命名为“从数据中挖掘知识”，但数据挖掘已经成为了一种流行的表达。人们常把数据挖掘作为知识发现的同义词或者是知识发现的一个基本步骤。

目前，人们普遍采用广义的数据挖掘功能的观点，即数据挖掘是从大量数据中挖掘新颖、有趣模式和知识的过程。

其中，数据包括数据库、数据仓库、Web、其他信息库或者是动态流入系统的数据。如学生档案数据库中有关学生基本情况的各条记录，它是用来描述事物有关方面的信息，是我们进一步发现知识的原材料。

数据挖掘其实是一类深层次的数据分析方法。由于各行业业务自动化的实现，商业领域产生了大量的业务数据，这些数据不是为了分析的目的而收集的，而是由于纯机会的商业运作而产生。分析这些数据也不再是单纯为了研究的需要，更主要是为商业决策提供真正有价值的信息，进而获得利润。但所有企业面临的一个共同问题是：企业数据量非常大，而其中真正有价值的信息却很少。因此从大量的数据中经过深层分析，获得有利于商业运作、提高竞争力的信息，就像从矿石中淘金一样，数据挖掘也因此而得名。

因此，商务智能中的数据挖掘可以描述为：按企业既定业务目标，对大量的企业数据进行探索和分析，揭示隐藏的、未知的或验证已知的规律性，并进一步将其模型化的先进有效的方法。

2. 数据挖掘的基本过程

整个数据挖掘过程可以分成多个阶段，阶段的划分大同小异。不管如何划分，数据挖掘通常包括如下基本过程：

（1）数据收集

对挖掘问题进行分析，确定挖掘任务，并根据挖掘任务收集有关的数据。

（2）数据预处理

首先对数据进行清洗，即消除数据中的噪声和不一致；然后将数据转换成适合于数据挖掘的格式。

（3）数据挖掘

这里的数据挖掘是指知识发现中的一个关键环节，而非整个知识发现过程。在这个阶段，针对数据运行选择的挖掘方法（如决策树、神经网络、SVM 等），得出挖掘结果。

（4）知识评价

采用各种兴趣度指标评价挖掘结果，从而发现用户感兴趣的知识。

3. 数据挖掘分类

对数据挖掘进行分类的标准多种多样，本书根据数据挖掘任务进行分类。数据挖掘任务说明了"用户采用数据挖掘技术来干什么"的问题。常见的数据挖掘任务包括以下内容。

（1）分类（Classification）

分类是找出数据库中一组数据对象的共同特点并按照分类模式将其划分为不同的类，其目的是通过分类模型，将数据库中的数据项映射到某个给定的类别。它可以应用到客户的分类、客户的属性和特征分析、客户满意度分析、客户的购买趋势预测等，如一个汽车零售商将客户按照对汽车的喜好划分成不同的类，这样营销人员就可以将新型汽车的广告手册直接邮寄到有这种喜好的客户手中，从而大大增加了商业机会。

（2）聚类（Clustering）

聚类是将一个群体分成多个类，使同类个体尽可能相似而不同类间个体差异尽可能大。与分类模型不同的是，聚类模型从未知开始，既不知道具体的分类标准，也不知道会有些什么类。按照给定的聚类参数（如距离等）进行分解、合并，得到的结果由领域专家进行甄别，如果不满足目标，需要改动聚类参数，重新聚类。一旦达到目标，分类规则也就通过聚类参数得到。

它可以应用于客户群体的分类、客户背景分析、客户购买趋势预测、市场的细分等。

（3）关联分析（Association Analysis）

关联分析用于发现事物间的关联规则，或称相关程度。关联规则的一般形式是：$A \rightarrow B$ $[s, c]$。它表示：如果 A 发生，则 B 有 c 的可能发生，且 A、B 同时发生在所有事务的比例为 s。s、c 分别称为关联规则的支持度和可信度。

例如，如果 IBM 的股票价格上升，有 70%的可能微软的股票价格要下降；买榔头的人有 40%同时买钉子。

在客户关系管理中，通过对企业的客户数据库里的大量数据进行挖掘，可以从大量的记录中发现有趣的关联，找出影响市场营销效果的关键因素，为产品定位、定价与定制客户群，客户寻求、细分与保持，市场营销与推销，营销风险评估和诈骗预测等决策支持提供参考依据。

（4）回归（Regression）

用属性的历史数据预测未来趋势。其主要研究的问题包括数据序列的趋势特征、数据序列的预测以及数据间的相关关系等。它可以应用到市场营销的各个方面，如客户寻求、保持和预防客户流失活动、产品生命周期分析、销售趋势预测及有针对性的促销活动等。

（5）时间序列分析（Time Series Analysis）

用已有的数据序列预测未来。从这一点上看，其与回归模型很相似。但回归模型不强调数据间的先后顺序，而时间序列模型要考虑时间特性，尤其要考虑时间周期的层次，如天、周、月、年等，有时还要考虑日历的影响，如节假日等。

（6）偏差检测（Deviation Detection）

偏差包括很大一类潜在有趣的知识，如分类中的反常实例，模式的例外，观察结果对期望的偏差等，偏差检测的目的是寻找观察结果与参照量之间有意义的差别。在企业危机管理及其预警中，管理者更感兴趣的是那些意外规则。意外规则的挖掘可以应用到各种异常信息的发现、分析、识别、评价和预警等方面，如入侵检测等。

4．数据挖掘应用途径

数据激增是当今社会的一大特性，如何有效地利用数据挖掘方法，从海量信息中提取出有用的模式和规律而不仅仅是“望洋兴叹”，已经成为人们迫切的需求。企业应该将数据挖掘视为一大法宝，利用它将数据转化为商业智能，提高企业的核心竞争力。从投资的角度来看，如果对数据研究所支付的费用少于研究成果所带来的价值，数据挖掘就值得去做。

要将数据挖掘引入公司，并非只有一种途径。我们的最终目的是解决企业的业务问题，为企业提供更大的商机。本文简要介绍了将数据挖掘技术应用到企业中的 4 种有效途径。

（1）购买成熟的模型

如果企业的问题已经有了现成的解决方案，便没有必要再去耗费时间和资金去建立一个新的模型了。这个模型的形式可能是一系列的关联规则，也可能是一个确定了系数的回归模型，或是一个训练好了的神经网络模型——它可以直接应用到实际问题中。我们要做的只是将自己的数据“喂”给它，模型经过自动消化处理，得出一个精简的答案：诸如哪些老客户面临流失的危险？哪些新客户是最有潜力带给公司价值的？

这种方法采用了“拿来主义”，是最节省气力的，不失为一个好办法。美国的银行大都采用了信用评估系统，当客户递交贷款申请后，该系统根据用户填写的一大串资料快速对客户信用风险做出预测。实际表明，该系统能够大大提高工作的效率，而且效果也不会逊于信贷员的经验判断。但是，这种评分机制将众多不同的数据浓缩为一个结果，很多细节上的差别无疑被忽视了——客户信用评分高或低的具体原因没有被体现出来。

另外，这种方便、快捷的方法也极其缺少灵活性：如果使用的条件发生了变化，模型难以随之做出改动。因此，必须注意购买模型的先决条件：你目前的形式包括产品、市场、客户关系等必须和该模型当初建立时的假设是一致的。盲目生搬硬套，势必会产生毫无价值甚至荒谬的结果，一旦不经意地应用，危害就难说了。

（2）使用行业应用软件

顾名思义，行业应用软件是为某一行业领域量身定做的。从底层的数据分析处理一直到顶层的交互界面都是结合特定行业的业务流程和专业特色来设计、开发的。虽然它的应用领域比较狭窄，但较之直接购买的模型，它可以更多地融入和结合人的判断，提高了灵活性。而且，相对于通用数据挖掘软件，它能够很好地利用专业领域的各种知识。

目前比较流行的客户流失管理软件，被电信、超市、电子商务等许多不同类型的企业所应用，其共同的目标是提前发现有可能流失的客户群，及时反应，做出相应的挽留措施。此类软件可以结合企业自身的规模、用户、产品、交易额、市场环境、挖掘目标等具体条件来控制和实施数据挖掘的过程。

通常，行业应用软件里嵌入了多个建模的模板，使用向导的方式辅助用户完成模型的建立，然后从中选取最优。其实，这种“最优选择”也只是相对的，因为辅助建模的过程是僵硬的，它无法完成数据挖掘中最重要的部分，包括正确理解和定义商业问题、将有用的数据挑选出来转换为潜在的信息、对建模结果进行理性的解释和评价。

固然，这类软件采用了专业领域的表达方式和解决特定问题的用户界面，从而易于理解而且自动性高，使实施的过程变得相对简单；但是，如果你的企业拥有更加复杂的数据和更加具体的挖掘目标，就需要采用更加高级的数据挖掘方法了。

（3）聘请专家实施项目

“他山之石，可以攻玉。”如果数据挖掘并非只是为了解决眼前的问题，而是着眼于企业长远的成长；如果企业的数据来自众多系统，格式复杂也并非纯净；如果不明确如何利用挖掘的成果创造新的商机；如果企业内部的成员没有足够的能力保证项目的顺利实施——此时，聘请外部专家来引导数据挖掘项目走向成功，才是明智的选择。

你可以联系数据挖掘软件销售商（诸如SAS、SPSS、DBMiner等），邀请数据挖掘工程师带着功能强大（操作同样复杂）的数据挖掘软件来到企业，将他们的专业知识应用到企业的数据挖掘过程中；你也可以带着企业的数据到高校或咨询公司等数据挖掘中心，利用他们的软件和硬件，和他们一起工作。

数据挖掘的过程绝非一蹴而就，而是如同僧人的修行省悟，可能漫长而反复。建模方法千变万化，而数据静静地呆在那里，一副“以不变应万变”的姿态。这里有条条大路，但并非都能通向罗马，为了找到最有效的模型，通常需要反复检验，做出选择。一般存在以下几个决定性的步骤需要放慢脚步，仔细考察：首先，根据现有的人力、物力选取建模工具；其次，根据数据的特点对模型分类，制定标准来拆分数据，从而建立不同的模型；然后，调整参数，从决策树、神经网络等算法中选取最有效的建立最终模型；另外，建模过程中要具体问题具体分析，有效地抽取、清洗、转换、重组数据。需要强调的是，在这个过程中一定要注意企业人员和挖掘人员之间的沟通和协调，才能将企业积累的商业智慧和挖掘人员的专业知识完美结合。

（4）量身定做开发自己的数据挖掘平台

由于商业问题的特殊性，数据挖掘工具并非像某些促销广告所言：“总有一款适合您。”通过考察企业问题的特殊性，对购买软件、聘请专家所需要的投资和挖掘成果应用后可能带来的回报等因素进行综合比较，你也可以考虑开发一个适合自身环境的数据挖掘工具。虽然可能会花去较长的时间，但成功之后，受益久远。这个量身定做的数据挖掘工具可以随时根据企业环境的变化做出修正和调整，并且有坚实的技术支持作为保障。

这类状况在商业范围内比较少见，通常在医药、体育等自身数据差异较大、数据挖掘研究尚不全面成熟的领域使用。主要表现为走进高校，和具有专业知识的导师及其研究生小组互动完成。

以上方法的选择由企业环境所决定，可以选其一，也可以将几种方法捆绑起来，优势互补。最后还要强调两点：第一，并非所有的软件都能完全实现自动化，也并非所有的软件都能取代人的智慧，如果没有专业的数据挖掘技能，即使数据挖掘工具的功能再强大，也很难产生好的结果。所以，必须有数据挖掘领域的专家参与，才能保证企业数据挖掘流程沿着安全、有效的轨道进行。第二，企业自身远比外部更了解自己的业务和客户，最好的方法是在企业内部培养数据挖掘骨干人员——只有同时做到精通企业问题和数据分析方法，才能将数据挖掘的效用发挥到极致。

4.3 知识管理系统

4.3.1 知识管理的概念

当今，经济增长比任何时候都更加依赖于知识的生产、扩散和应用。知识作为人力资源和技术中的重要成分，其作用日愈明显。一个区别于农业经济、工业经济的新的经济形态，即一个“以知识为基础的经济”正在兴起。

有知识，就有对知识的管理。随着知识经济的兴起，知识正逐渐取代金融资本和自然资源，成为一个国家最重要的战略资源，同时也成为企业最重要的生产要素。

“高尔夫球童”可以看作一个企业知识管理的简单例子。好球童不应该只会背球棒和捡球，当高尔夫球者咨询时，一个好的球童将会给他提供一些建议，如“由于风的存在使得第九个洞比实际长 15 码（约为 13.72 米）”。一天工作完成后，准确的建议可能使得球童获得更多的小费。另一方面，从球童建议中获得利益的高尔夫球者更有可能下次再到这里打球。如果一个好球童愿意把他知道的知识同其他球童分享的话，那么最终他们将获得更多的小费。知识管理如何运作使得这种情况发生呢？球童的主人可能会做出决定，注重收集球童们给顾客的好的建议，并为他们提供流行商品作为给他们的奖励。一旦好的建议收集起来，球场的经理将把这些信息汇集在笔记本上，并且把它们发给所有的球童。一个设计良好的知识管理计划最终结果使得每个人都获得了利益。这个例子中，球童获得更多的小费和流行商品，高尔夫球者由于从球童的集体经验中得到了技术，因此会打得更好，而球场的主人也获利，因为较好的得分带来了更多的回头客。

1．知识的概念

知识是知识管理和知识管理学研究的基础和逻辑起点，对知识的不同理解，会影响到对知识管理和知识管理学理解的差异。因此研究和掌握知识管理必须首先对知识有一个清晰而全面的认识。

（1）知识的定义

知识是一个内涵十分丰富的概念。不同的人、不同领域的研究者，对知识的理解和定义不同，他们分别从各自的认识立场和研究角度出发对知识进行了定义。

世界银行在《1998 年世界发展报告——知识促进发展》中指出：知识是用于生产的信息（有意义的信息）。

中国国家科技领导小组办公室在《关于知识经济与国家基础设施的研究报告》中对知识定义为："经过人的思维整理过的信息、数据、形象、意象、价值标准以及社会的其他符号化产物，不仅包括科学技术知识——知识中的重要组成部分，还包括人文社会科学的知识，商业活动、日常生活和工作中的经验和知识，人们获取、运用和创造知识的知识，以及面临问题做出判断和提出解决方法的知识。"

关于知识的不同定义表明，"知识"已经不再是一个简单的、各种元素的无序集合，而是被纳入了一个动态的、与人或组织相交互的系统。更明确地说，只有在"使用"过程中，知识才体现出其价值，才成为有实践意义的、真正的知识。

（2）知识的分类

日本知识管理专家野中郁次郎将企业知识划分为隐性知识和显性知识两类。所谓隐性知识，是高度个性化而且难于格式化的知识，包括信仰、隐喻、直觉、思维模式和所谓的"诀窍"；而显性知识则可以用规范化和系统化的语言进行表达和传播，又称为可文本化的知识，如编辑整理的程序或者普遍原则。

显性知识和隐性知识的区别如表 4-4 所示。

表 4-4　显性知识和隐性知识的区别

项目	显性知识	隐性知识
定义	是能用文字和数字表达出来的，容易以硬数据的形式交流和共享，并且经编辑整理的程序或者普遍原则	是高度个性化而且难于格式化的知识，包括主观的理解、直觉和预感
特点	存在于文档中	存在于人的头脑中
	可编码（codified）	不可编码（uncodified）
	容易用文字的形式记录	很难用文字的形式记录
	容易转移	难于转移

根据 Delphi Group 的调查，企业中的大部分知识（占比约 42%）是存在于员工头脑中的隐性知识，但是几种不同种类（电子的和纸质的）的显性知识总和却又大于隐性知识。可见，隐性知识和显性知识在企业中的分布是相对平衡的，所以两种知识都必须得到相同的重视。

野中郁次郎提出，在企业创新活动的过程中隐性知识和显性知识二者之间互相作用、互相转化，知识转化的过程实际上就是知识创造的过程。知识转化有 4 种基本模式——社会化（Socialization）、外化（Extemalization）、整合化（Combination）和内化（Internalization），即著名的SECI模型，如图4-7所示。

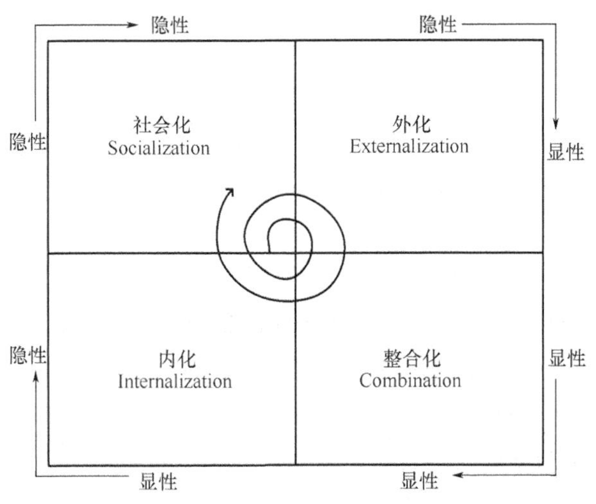

图4-7 野中郁次郎的SECI模型

SECI 模型存在一个基本的前提，即不管是人的学习成长，还是知识的创新，都是处在社会交往的群体与情境中实现和完成的。正是社会的存在，才有文化的传承活动，任何人的成长、任何思想的创新都不可能脱离社会的群体、集体的智慧。

SECI 模型指出知识完成一次螺旋上升要经历四个知识转化阶段：社会化、外化、整合化和内化阶段。

社会化阶段指的是隐性知识向隐性知识的转化阶段。它是一个通过共享经历获取隐性知识的过程，而获取隐性知识的关键是通过观察、模仿和实践，而不是语言。

在具体的商务环境中进行的所谓在职培训基本上应用的就是这种原理。

例如：

① 公司与供应商及顾客直接交往及互动，因而获得了知识。

② 勤于在公司内部各处所走动及视察，因而获得隐性知识。通常在公司内部各个实际职场皆可搜集到最新的资讯。

社会化也包括隐性知识之散布。将一个人现存的想法或意念直接传达或移转给他的同仁或部属，愿意让人分享他个人的知识，因而创造了一个共有的知识转化之场所。

在此过程中的主要挑战是：如何识别和组织领域中的专家？如何沟通协作？如何总结和传递经验教训？

外化阶段指隐性知识向显性知识的转化阶段。它是一个将隐性知识用显性化的概念和语言清晰表达的过程，其转化手法有隐喻、类比、概念和模型等，如将实践工作中的经验教训总结成书面形式。这是知识创造过程中至关重要的环节。

在商业实务方面，外化须有下列两项要素之协助。

① 将隐性知识转化成显性知识，这会涉及一些表达的技术，以便将一个人的想法或心意利用文字、概念、比喻性文字与图片或影片等视觉教育器材等，以交谈或对话等方式清楚地表达出来。

② 将顾客或专家们高度个人化或高度专业化的隐性知识转变成可以理解之形式。这会涉及演绎或推论技巧，因而须善用创造性推论。

在此过程中的主要挑战是：缺乏自动化的流程来捕捉隐性知识，缺乏贡献隐性知识的激励环境。

整合化阶段指的是显性知识和显性知识的组合阶段。它是一个通过各种媒体产生的语言或数字符号，将各种显性概念组合化和系统化的过程。例如，从多个来源收集、整理和学习知识，并获得新的发现，得到新的知识。

在商业实务方面，组合阶段包含下列3项程序。

① 从公司内部或外部搜集已公开的资料等外表化知识，然后加以整合成新的显性知识。

② 利用报告或开会等方式将这种新知识传播给组织成员。

③ 将显性知识重新汇整及处理，使之变成公司的计划、报告或市场资料，以方便使用。公司成员在组合阶段通过会商可达成共识或协议，以便采行更具体之步骤。

内化阶段是指由显性知识到隐性知识的转化阶段。它是一个将显性知识形象化和具体化的过程，组织内部员工通过汇总组合产生新的显性知识，将之吸收、消化后升华成自己的隐性知识。例如，通过阅读大量的书籍来丰富自己的知识。

在商业实务方面，内化包含下列两个层面。

① 需将显性知识变成具体措施而付诸行动。换言之，在将显性知识内化的过程中，就可针对策略、行动方案、创新或改善等方面研拟出实际的构想或实施办法。例如，在较大型之组织实施教育训练计划可帮助学员了解整个组织及全体学员之情况。

② 可利用模拟或实验等方式，帮助学员在虚拟情况下借实习过程来学习新观念或新方法。

以上4种不同的知识转化模式是一个有机的整体，它们都是组织知识创造过程中不可或缺的组成部分。总体上说，知识创造的动态过程可以被概括为：高度个人化的隐性知识通过共享化、概念化和系统化，并在整个组织内部进行传播，才能被组织内部所有员工吸收和升华。

2．知识管理的定义

知识管理（Knowledge Management，KM）是网络新经济时代的新兴管理思潮与方法，管理学者彼得·德鲁克早在1965年就预言："知识将取代土地、劳动、资本与机器设备，成为最重要的生产因素。"受到20世纪90年代的信息化蓬勃发展，知识管理的观念结合网络、资料库以及应用计算机软件系统等工具，成为企业累积知识财富、创造更多竞争力的新世纪利器。

美国生产力与质量中心（APQC）对知识管理所下的定义为："知识管理应该是组织有意识采取的一种战略，它保证能够在最需要的时间将最需要的知识传送给最需要的人。这样可以帮助人们共享信息，并进而通过不同的方式付诸实践，最终达到提高组织业绩的目的。"

国内学者关于知识管理的定义：知识管理就是以知识为核心的管理，它是通过确认和有效利用已有的和获取的知识，并通过对各种知识的连续性管理，提高企业的创新能力和创造价值的能力，以满足企业现有和未来开拓市场机会需要的一种过程。

在信息时代里，知识已成为最主要的财富来源，而知识工作者就是最有生命力的资产，组织和个人的最重要任务就是对知识进行管理。知识管理将使组织和个人具有更强的竞争实力，并做出更好的决策。

对于组织和个人，知识管理都已经成为伟大机遇和挑战。

4.3.2 知识管理的维度

在知识创造与传播过程及知识管理活动中，有两个因素至关重要：一是人；二是技术。这两个因素同时构成了知识管理的两个维度。

人之所以是知识管理的关键因素之一，是因为人的大脑不仅是隐性知识的载体，而且是知识创造和传播的内生力量。在知识转化的 4 个阶段，每一个阶段都离不开人的参与，特别是社会化和内化阶段，几乎完全是人的因素在起作用。可以说，人是知识创造与传播的决定性因素，也是知识管理的重要维度之一。

技术主要是在知识创造与传播过程中的组合阶段起作用，同时也支持外化与内化过程。在整合阶段，知识的编码、存取完全依赖于信息技术。在外化阶段，电视会议系统、电话和 E-mail 等通信和信息技术能够强化和方便人们的沟通和交流，因而也促进了隐性知识向显性知识的转化过程。在内化阶段，计算机仿真、虚拟现实等技术可以向人们提供实时的培训。因此，技术在知识创造与传播过程中也起着关键作用，是知识管理的重要维度之一。

组织可以通过创建适宜的组织环境和加大在信息技术方面的投资力度来强化知识管理过程中两个维度的作用。项目团队、特别任务组等正式团体鼓励面对面的交流，促进知识创造与传播过程中社会化和内化两个阶段的知识转化与吸收，因而在知识管理中发挥着重要作用。像实践社团这样的非正式团体，其成员来自相同的专业领域，使用相同的专业术语，因而更容易交流，可以促进外化过程，同时也有助于社会化和内化过程。因此，创建正式的工作团体，培养非正式的学习团体，使两者互为补充，是知识管理过程中发挥“人”的因素的组织基础。信息技术不仅支持显性知识的快速存取，而且支持人与人之间的快速沟通，因而也支持知识管理过程中“人”的因素的发挥。将人和技术两个因素结合起来，才能更好地加强知识管理活动。

4.3.3 知识管理的内容

知识管理究竟管理什么？知识管理的内容十分庞杂，一些学者认为组织知识管理大致包括以下 6 个方面的内容。

① 知识管理的基础措施。它是知识管理的支持部分，如数据库、知识库、网络等基本技术手段以及人与人之间的各种联系渠道等。

② 组织业务流程的重组。其目的是使组织的知识资源更加合理地在知识链上形成畅通无阻的知识流，让每一个员工在获取与业务有关知识的同时，都能为组织贡献自己的知识、经验和专长。

③ 知识管理的方法。其内容包括内容管理、文件管理、记录管理、通信管理等。

④ 知识的获取和检索。其内容包括各种各样的软件应用工具，例如智能客体检索、多方法多层次获取和检索、网络搜索工具等。

⑤ 知识的传递。如建立知识分布图，依靠电子文档、光盘、DVD 及网上传输、打印等方式传递。

⑥ 知识的共享和评测。如建立一种良好的组织文化、激励员工参与组织共享、设立知识总监（CKO）、促进知识的转换、建立知识的评测条例等。

4.3.4 知识管理的实施

1．实施步骤

（1）认知

认知是企业实施知识管理的第一步，主要任务是统一企业对知识管理的认知，梳理知识管理对企业管理的意义，评估企业的知识管理现状，帮助企业认识是否需要知识管理，并确定知识管理实施的正确方向。主要工作包括以下内容。

① 全面完整地认识知识管理，对企业中高层进行知识管理认知培训，特别是让企业高层认识知识管理。

② 利用知识管理成熟度模型等评价工具多方位评估企业知识管理现状及通过调研分析企业管理的主要问题。

③ 评估知识管理为企业带来的长、短期效果，从而为是否推进知识管理实践提供决策支持，制定知识管理战略，确定推进方向等。

④ 该阶段是企业接触知识管理的第一步，因此需要特别注意两点：a. 企业文化和管理模式对知识管理采用何种实施方法有着决定性的作用，因此应特别注意不要忽略企业文化和管理现状；b. 知识管理的推广需要企业流程、组织、绩效等管理机制的配合，同时也需要深入企业业务层，必须得到高层重视，并将知识管理提升到战略高度，才能保证知识管理在企业中顺利推进；再者，知识管理需要长期的推进，需要对知识管理的效益进行准确量化评估，它才能转化为长期发展的动力。

（2）规划

知识管理的推进是一套系统工程，在充分认知企业需求的基础上，详细规划也是确保知识管理实施效果的重要环节。这个环节主要是通过对知识管理现状、知识类型的详细分析，并结合业务流程等多角度，进行知识管理规划。在规划中，切记知识管理只是过程，而不能为了知识管理而进行知识管理，把知识管理充分融入企业管理之中，才能充分发挥知识管理的实施效果。主要工作包括以下内容。

① 从战略、业务流程及岗位的角度来进行知识管理规划；企业管理现状与知识管理发展的真实性分析。

② 制定知识管理相关战略目标和实施策略，并对流程进行合理化改造；知识管理落地的需求分析及规划。

③ 在企业全面建立知识管理的理论基础。

规划阶段的难点主要包括以下内容。

① 知识管理和企业战略目标与流程的结合；知识管理与其他管理制度如人力资源管理的结合及管理思想的转变。

② 以知识管理思想为基础的业务流程的改造。

③ 知识管理的文化氛围的建立；知识管理规划与企业实际情况结合，建立适合企业自身特点的实践形式。

（3）试点

此阶段是第二阶段的延续和实践，须按照规划选取适当的部门和流程依照规划基础进行知识管理实践，并从短期效果来评估知识管理规划，同时结合试点中出现的问题进行修正。

主要工作内容：每个企业都有不同的业务体系，包括生产、研发、销售等，各不同业务体系的任务特性均不相同，其完成任务所需要的知识也有不同，因此需要根据不同业务体系的任务特性和知识应用特点，拟订最合适、成本最低的知识管理方法，这称为知识管理模式分析（KMPA）。另外，考虑到一种业务体系下有多方面的知识，如何识别关键知识，并判断关键知识的现状，进而在 KM 模式的指导下采取有针对性的提升行为，这可以称为知识管理策略规划（KSP）。所以，此阶段的重点是结合企业业务模式进行知识体系梳理，并对知识梳理结果进行分析，以确定知识管理具体策略和提升行为。

本阶段是知识管理从战略规划到落地实施的阶段，根据对企业试点部门的知识管理现状、需求和提升计划的分析，应该考虑引入支撑知识管理落地的知识管理 IT 系统。根据前几个阶段的规划和分析，选择适合企业现状的 IT 落地方法，如带知识管理功能的办公协同系统、知识管理系统、知识门户落地等。可以说，本阶段在知识管理系统实施中难度最大，需要建立强有力的项目保障团队，做好业务部门、咨询公司、系统开发商等多方面协调工作。

难点：选择合适的部门进行试点；知识体系的建立及知识管理模式和策略分析；针对性的提升行动计划。

（4）推广和支持

在试点阶段不断修正知识管理规划的基础上，知识管理将在企业大规模推广，以全面实现其价值。推广内容：知识管理试点部门的实践，在企业中其他部门的复制；知识管理全面地融入企业业务流程和价值链；知识管理制度初步建立；知识管理系统的全面运用；实现社区、学习型组织、头脑风暴等知识管理提升计划的全面运行，并将其制度化。

难点：对全面推广造成的混乱进行控制和对知识管理实施全局的把握；知识管理融入业务流程和日常工作；文化、管理、技术的协调发展；知识管理对战略目标的支持；对诸如思想观念转变等人为因素的控制以及利益再分配；建立知识管理的有效激励机制和绩效体系。

（5）制度化

制度化阶段既是知识管理项目实施的结束，又是企业知识管理的一个新开端，同时也是一个自我完善的过程。要完成这一阶段，企业必须重新定义战略，并进行组织构架及业务流程的重组，准确评估知识管理在企业中实现的价值。

这一阶段，企业开始意识到知识管理是企业运作的一种战略，而且有必要成为综合企业运作机制的一部分，从而把知识管理全面融入企业战略、流程、组织、绩效等管理体系。在此基础上，知识管理将逐渐演变为企业核心竞争力的一部分，有力促进企业每一位员工的发展。

重点：知识管理深入业务体系；知识管理的广义推广；知识管理提供战略支持；知识管

理新实践的创新。

难点：知识管理深入业务体系的流程调整；知识管理思想推广到其他管理体系中；知识管理文化氛围的建立；知识管理实践和方法的创新。

纵观国外知识管理的发展轨迹，结合国内知识管理的应用现状，可以预见在不久的将来，知识管理将逐渐成长为一种管理思想，进而形成一种管理标准，如同质量管理、流程管理一样，将成为体现组织核心能力的关键要素。因此，企业成功实施知识管理对企业核心竞争力的增强和企业的长久发展将具有重大的意义。

然而，知识管理从知到行，绝不是简单的、盲目的，而是需要涉及多个层面的综合解决方案，企业在推进知识管理过程中，只有透查现状、明确问题，才能合理设计实施路径，发挥出知识管理的真正价值。

2．知识管理的误区

关于知识管理认识存在 7 个误区。

（1）知识管理是关于知识的

知识管理系统应该把关注的焦点放在快速增长、改善运营和增加利润空间上。

（2）知识管理是关于技术的

知识管理不是一个单纯技术项目，它必须能够适应快速变化的商业环境。

（3）知识管理是万能的

知识管理不可能一天就解决所有的信息问题，应该从小处开始逐步取得成效。

（4）知识管理的目标是建立一个文档库

知识管理不仅仅是为了保存信息，更重要的是要利用知识帮助企业做出更好的决策。

（5）能买到一个现成的系统

知识管理的工具繁多，核心问题是怎样把这些工具和企业的成长、运营和技术战略进行集成。

（6）知识管理就是控制知识

知识管理不是为了控制知识，而是要努力培育一种分享知识的企业文化。

（7）做好之后，他们就会用的

知识管理的成功应用，必须得到高层领导的坚定支持以及鼓励知识共享的企业制度的配合。

4.3.5 知识管理系统的功能

一个成熟的知识管理系统，至少要具备以下 15 项功能。

① 强大的非结构化知识处理能力。现存大量的文档和历史知识，这部分非结构化的文档，应能够进行快速的导入和管理，并进行全文、附件内容的检索。

② 结构化知识处理能力。对日常工作运行中产生的结构化数据，能够进行自定义发布为知识，搜索引擎可对结构化知识进行全文检索。

③ 全面精准的知识搜索引擎。

a. 支持对知识标题、正文、关键字附件文件名的搜索。

b. 支持对附件文档内容的搜索。

c. 支持全文与附件的组合关键字搜索。

d. 支持搜索结果的相关度排序和知识访问率排序。

e. 支持搜索引擎与维度绑定，在维度范围内进行关键字搜索。

f. 经组合关键字测试，需要的知识在正文搜索结果中前十名命中概率在 98%以上，在附件搜索结果中前十名命中概率在 95%以上。

g. 经单组关键字测试，需要的知识在正文搜索结果中前五名命中概率在 98%以上，在附件搜索结果中前五名命中概率在 95%以上。

④ 知识专家问答系统。进行知识的问答求索，可指定专家回复，限定回复的时间日期，并进行统计跟踪。

⑤ 便捷的知识关联应用。可自定义问题分解步骤，可关联子问题关系，可以预设问题答案，为有效利用知识库内已有知识提供便利工具。

⑥ 完善的文档及内容管理子模块。支持进行数据分析、批量导入、版本管理，建立知识发布、管理、应用及审核处理等流程定义。

⑦ 权限管理子系统。能够定义用户的角色，并对角色进行权限设定，不同用户拥有不同的权限，保证系统的文件安全性。

⑧ 知识维度的自由设定。支持有权限的应用者自行设定部门或板块的知识结构。

⑨ 版本管理功能。支持知识从发布起便记录其历史版本，能够查询每个修改过的版本情况。

⑩ 个人知识门户。支持对每个用户建立个人知识结构、知识文集、知识收藏等，可制订个人培训计划，便于岗位知识的传承与管理。

⑪ 知识地图。支持能够全局预览本企业知识架构的知识地图和不同岗位具有不同知识结构的岗位知识地图。

⑫ 知识学习培训。支持从知识库中选取知识，对某一类用户进行培训，或个人根据知识库内容建立自主学习计划，支持进行在线考试。

⑬ 知识统计功能。支持对知识库的库存、使用率的统计表现等。

⑭ 批量导入。能够对原有知识数据进行批量导入处理，减少操作时间。

⑮ 系统集成。与其他系统，如 OA、CRM 等应用系统的数据进行整合，读取这些系统的数据作为知识储存应用，与这些系统的用户进行集成，实现统一登录。

4.3.6 知识管理的最佳实践——施乐公司知识管理整体解决方案

知识经济是以知识为基础的经济，是建立在知识的生产、分配和使用之上的经济。在经济时代，知识是企业的战略性资源，知识管理是企业面对新形势所做出的战略反应。如何对知识进行搜集和整理，如何使每一个员工都最大限度地贡献出其积累的知识，使企业实现知识的共享，就是企业进行知识管理的主要目标。

知识管理要求企业实现知识的共享，运用集体的智慧提高企业的应变和创新能力，使企业能够对外部需求做出快速反应，并利用所掌握的知识资源预测外部市场的发展方向及其变化。在知识经济时代，企业如果离开了知识管理就不可能具有竞争力。施乐公司深刻认识到了这一点。正如施乐首席科学家约翰·布朗（John Brown）所说的，知识经济时代的公司要能够敏捷地利用知识提高公司的竞争力。早在 20 世纪五六十年代，施乐公司就已经是世界上著名的办公设备的生产者，它生产的各种复印机名闻天下。后来，施乐公司的统治地位受到了日本复印机的威胁，为了巩固自己在复印设备领域的领先地位，施乐公司在 80 年代就最先建立起标杆管理（Benchmarking）制度，向其他行业的优秀公司学习，提高了企业的竞争力。进入 90 年代后，施乐公司又以战略性的眼光，不惜投入，率先建立起较为完善的知识管理体系，展示了企业为迎接知识经济的到来而采取的发展战略，从而为企业的竞争和发展注入了新的活力与动力。

1．密切注意和深入研究知识管理的发展趋势

施乐公司很早就在公司内部实施知识管理，并一直在该领域中处于领先地位。这得益于施乐公司对知识经济和知识管理的密切关注和深入研究，该公司积极主动地投入研究资金，在世界范围内探讨知识管理的作用。为此，施乐公司还启动了名为“知识创新”的研究工作，这项工作与施乐公司的长期战略，即“提供新的知识产品和服务以满足客户的需要”紧密相连。该项研究工作的主要内容有以下几个方面。

① 对美国其他机构的 60 名知识管理工作者行进深度面访，了解他们对知识管理的认知程度，并列出了他们认为最重要的 10 个知识管理领域。

a. 对知识和最佳业务经验的共享。

b. 对知识共享责任的宣传。

c. 积累和利用过去的经验。

d. 将知识融入产品、服务和生产过程。

e. 将知识作为产品进行生产。

f. 驱动以创新为目的的知识生产。

g. 建立专家网络。

h. 建立和挖掘客户的知识库。

i. 理解和计量知识的价值。

j. 利用知识资产。

② 参加由美国、欧洲和日本等 100 名知识管理者组成的研究小组。他们大多是世界 500 强大公司中负责知识管理的高级管理人员。该小组一年开展一两次研讨活动，以沟通各公司在知识管理方面的进展情况，探讨知识管理的发展趋势。

③ 积极参与安永会计师事务所（Ernst & Young）组织的知识管理活动。这是一个多客户知识管理项目，有 10～15 家公司参与，并在剑桥商业中心的领导下建立了互助研究基金。到目前为止，这个小组开展的活动有会议、研究小组活动、工作研修等。其目的是建立一个知识管理实践方面的共同体。

④ 支持三个由美国生产力与质量中心进行的基准测试研究项目。第一项研究是跟踪 10 家公司知识管理的发展趋势，并记录其应用的情况；第二项研究主要集中在支持知识管理的信息技术方面；第三项是欧洲公司知识管理的基准测试。

⑤ 在加州大学伯克利分校哈斯商学院建立了知识管理教学岗位。

2．设立知识主管

知识主管的主要任务是将公司的知识变成公司的效益，他的主要职责为：

① 了解公司的环境和公司本身，理解公司内的信息需求；

② 建立和造就一个能够促进学习、积累知识和信息共享的环境，使每个人都认识到知识共享的好处，并为公司的知识库做贡献；

③ 监督保证知识库内容的质量、深度、风格，并与公司的发展一致，其中包括信息的更新等；

④ 保证知识库设施的正常运行；

⑤ 加强知识集成，产生新的知识，促进知识共享的过程。

由于知识涉及的范围大于信息，知识主管的作用已大大超出信息技术的范围，进而包括培训、技能、奖励、战略等。因此，企业在设立知识主管时应避免将知识管理视为信息管理的延伸，从而试图把信息主管错误地改为知识主管，因为这将在不知不觉中把知识管理工作的重点放在技术和信息开发，而不是置于创新和集体的创造力上。

3．建立企业内部网络

施乐公司专门建立了名为“知识地平线”的内部网络。

“知识地平线”主要包括以下 6 方面内容。

① 工作空间：这是员工可以分享文献和思想的虚拟空间，这部分内容是可以自我组织和自我维护的。

② 知识管理新闻：包括有关知识管理的新闻、事件、报告、演讲和各种活动通知。这项内容每周更新一次，在事情较多时更新更为频繁。施乐公司聘请两名信息监测人员从 1000 多种信息资源中抽取知识管理信息。

③ 事件：存储有关知识管理的会议、研讨、演讲等信息。

④ 知识的搜集：这个知识库保存知识管理研究资料、发展趋势和最佳实践案例，其中也包括施乐职员已经做的工作和有关施乐公司的文章。

⑤ 产品、技术和服务：该部分保存施乐公司及相关公司的知识产品、技术和服务信息。

⑥ 相关网点：连接了与知识管理有关的 15 ~ 20 个站点，包括知识工作和知识管理站点、知识公司的站点等。

4．建立企业内部知识库

施乐公司还建立了企业内部的知识库，用来实现企业内部知识的共享。知识库建立在企业的内部网络上，该系统由安装在服务器上的一组软件构成，它能提供所需要的服务以及一些基本的安全措施和网络权限控制功能。员工可以利用该系统阅读公报和查找历史事件，并彼此在虚拟的公告板上相会。该系统解决了公司内部知识共享问题。

知识库里的内容包括以下几点。

① 公司的人力资源状况。

② 公司内每个职位需要的技能和评价方法。

③ 公司内各部门、各地分公司的内部资料。

④ 公司历史上发生的重大事件等历史资料。

⑤ 公司客户的所有信息。

⑥ 公司的主要竞争对手及合作伙伴的详细资料。

⑦ 公司内部研究人员的研究文献和研究报告。

5．重视对公司智力资源的开发和共享

施乐公司非常重视对公司内部智力资源的开发与共享。公司前总经理兼执行董事长保罗·阿莱尔（Paul A. Allair）认为："知识管理是从强调人的重要性，强调人的工作实践及文化开始的，然后才是技术问题。"为此，公司采取的措施主要有以下几个方面。

① 将公司的人力资源状况存入知识库。这样可以方便知识主管及其他管理者对公司员工的管理。

② 让员工进行自我测评。施乐公司在内部信息系统上专开了一个网页，在网页上列出公司每个职位需要技能和评价方式。每个职员可匿名上网，利用该系统对自己的能力做出评价，系统会帮助你找出自己和职位上的差距，并告诉你提高或改变的方法，即每个员工都可以实现自我测评。这一系统有利于员工的职业培训和职业发展。

③ 将员工的建议存入知识库中。员工在工作中解决了一个难题或发现了处理某件事更好的方法后，可以把建议提交给一个由专家组成的评审小组。评审小组对建议进行审核，并把最好的建议存入知识库中，在建议中注明建议者的姓名，以保证提交建议的质量及促进员工提交建议的积极性。所有的员工都可以从知识库系统中看到这个建议。

④ 开创家庭式的办公环境。公司对员工的工作环境进行了改善，员工工作空间的墙被涂成了浅粉色、紫色、黄色和绿色，全部的工作空间都是平等和开放的。施乐公司认为，这样有助于创造一个充满和谐的气氛，有利于员工之间进行公开、坦诚的交流。

6．改变传统的营销方法

传统的营销方法是指企业与客户之间只是单纯的买卖关系，现在要改变这种单一的关系，变客户为合作伙伴，充分挖掘客户的有效资源，在营销过程中促进企业与客户的共同发展。

① 对销售部门的知识管理。在过去，施乐公司的销售人员一般为一个客户工作一年，然后转向其他客户。以这种方法运作，公司损失了大量的知识。因为每次业务人员对新客户都是陌生的，因此需要从头开始了解这个客户。这不仅浪费时间，而且客户也不希望这种行为发生，客户希望按以前约定好的计划进行。现在施乐在公司的内部网上建立了一个系统，销售人员将所了解到的客户的所有信息，特别是每一笔交易的情况都存入这个系统。公司鼓励销售人员了解客户各方面的情况，包括客户的个性、脾气、喜好、习惯，甚至小孩的姓名等，当然还包括有关客户的商业信息。如果客户在商务交往中发生了不愉快，销售人员必须将事情的背景记录下来，施乐公司会派专职人员负责处理客户和员工之间的矛盾。

② 对维修部门的知识管理。施乐公司开展了一个有关维修业务的知识管理计划，以更好地获得并保存维修人员的知识。此前，售后服务部门的新知识是通过手册传递给每个维修人员的，由于产品的生命周期越来越短，软件开发的时间也越来越短，手册一制定出来往往就过时了。现在工作手册的传递也已进入了计算机时代。施乐公司的技术人员现在拥有带高效能超文本服务功能的便携计算机，用来诊断和维修机器。假如技术人员要进行复印机的例行

检查，那么就可以通过超文本快速连接到有关的工作指南中去；若技术人员打算更换某个零件，那么这个系统也可自动连接有关零件的图纸和更换程序。这种“聪明的小手册”的成本比印刷的版本要便宜得多，并且可以经常进行更新。施乐公司还建立了一个系统，在这个系统中维修人员可以进行实地交流、诊断和维修机器。维修人员还可将在工作过程中发现的新问题或新方法及时存入这个系统，以实现维修知识的共享与及时更新。

（来源：Visioncentury，施乐公司知识管理整体解决方案，http://wiki.mballb.com/wiki/知识管理）

本章小结

信息技术的迅速发展给企业管理决策、组织变革和客户营销等方面带来了重大变革，本章重点介绍了决策支持系统、商务智能和知识管理等对 MIS 有着重要影响的信息技术和管理思想。

本章第一节介绍了决策的概念、类型和过程，DSS 的概念及其发展过程，分析了 DSS 与 MIS 的关系，以及 DSS 的结构，介绍了 IDSS 和 GDSS 的定义和结构。

第二节介绍了商务智能的概念及其体系结构，重点讨论了数据仓库、数据集市和 OLAP 的概念内涵和特征；分析了数据挖掘的概念、挖掘的基本过程和挖掘任务类型。

本章末重点介绍了知识和知识管理的概念，以及显性知识和隐性知识的分类及其转化模型；分析了知识管理的维度和内容；介绍了知识管理的实施和系统功能。

本章思考题

1. 什么是决策支持系统？决策支持系统的结构是什么样的？
2. 什么是数据仓库？数据仓库和数据挖掘有什么区别？
3. 什么是数据挖掘？数据挖掘的基本过程是怎样的？
4. 什么是显性知识？什么是隐性知识？解释知识转化的 SECI 模型。
5. 什么是知识管理的关键要素？

中英文对照

Decision Support System（DSS）决策支持系统

Intelligent Decision Support System（IDSS）智能决策支持系统

Group Decision Support System（GDSS）群体决策支持系统

Management Decision System（MDS）管理决策系统

Artificial Intelligence（AI）人工智能

Expert System（ES）专家系统

Data Warehouse（DW）数据仓库

Data Mining（DM）数据挖掘

Knowledge Management（KM）知识管理

第5章 管理信息系统开发概述

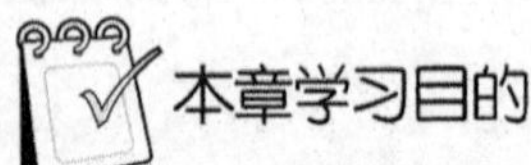

本章学习目的

管理信息系统的开发是一项复杂的系统工程，它涉及的知识面广、部门多，不仅涉及技术，而且涉及管理业务、组织和行为，不仅是科学，而且是艺术。随着计算机技术的不断发展，人们在管理信息系统的长期开发实践中已研制出了多种开发方法，如结构化生命周期方法、原型法、面向对象方法、快速应用开发等方法，这些开发方法在系统开发的不同方面和不同阶段发挥了重要的作用。为了保证系统开发工作的顺利进行，应根据所开发的系统的实际情况，采用行之有效的开发方式，以达到管理信息系统开发的有效性、经济性和实用性目的。

本章首先介绍信息系统的各种开发方法，接着围绕结构化系统开发方法，详细介绍生命周期各阶段的工作内容，并结合具体开发案例进行了分析。

要求学生通过本章的学习掌握以下要点：

（1）领会结构化生命周期方法、原型法、面向对象方法和快速应用开发的优缺点。

（2）掌握系统开发生命周期每个阶段的工作内容。

（3）充分认识系统的两种开发策略，并能根据企业实际情况选择合适的开发方式。

（4）能够根据实际情况进行分析系统开发方法的选择。

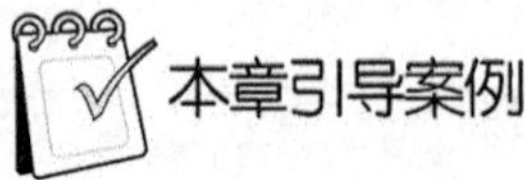

本章引导案例

中信泰富企业信息化之路

中信泰富有限公司（以下简称“中信泰富”）是开拓者，也是市场的领导者。中信泰富房地产项目一直以来位于中国主要城市的黄金地段。2011 年是中信泰富的信息化起步年，之后随着业务领域的不断扩展，各个项目公司遍布各地，主营业务平台又比较分散，中信泰富急需一个平台实现统一高效管理。

1．集成整合，效率第一

中信泰富陆续建设了销售、财务、成本、OA 等业务信息系统，各套信息化系统分布零散，这也使得业务部门员工在使用时，需要来来回回地在各套系统平台之间不断切换。

据中信泰富 IT 主任张爱明介绍，公司在分析了现有系统状况后，决定以 OA 作为各系统的统一登录口。目前各个项目公司财务的成本系统已与 OA 系统做了对接，成本系统自动会在OA系统中弹出审批消息进行提醒，也让大家习惯于只需登录一套信息系统即可。

“通过集成登录，如有消息提醒，大家就可以知道哪些需要自己审批或参与的——我们上班第一件事就是登陆OA系统。现在我们在OA系统里建立了每个人的账户，配置相关角色后再给他赋予不同的权限，员工可以在系统里看到权限范围内的登录菜单，可以知道需要做哪些操作等。集成登录提高了办公效率，预计未来业务系统比较复杂的审批流，我们都会建议业务部门放在OA中审批，再通过接口程序，把审批结果返回给业务系统。”

据悉，除了与成本系统集成外，中信泰富还在OA中完成了财务NC系统的集成。随后张主任向我们展示了上个月通过NC系统的外部系统交换平台，从OA系统传过来的数据。一旦OA系统里有付款审批，审批完成后在出纳节点，系统自动把付款单的相关数据传送到NC中生成一张预凭证，财务把凭证做个制单就可以了。与NC集成后，对中信泰富的出纳来说，减少了一半左右的工作量，不仅提高了工作效率，而且业务数据也比以往更及时、更准确。

2. 高效审批，财务管控

目前，中信泰富每天会有100～150条新业务流程在OA系统中生成，其中大部分为业务类流程，如产品研发、工程管理、营销管理等流程。行政、人事方面，如固定资产交接、车辆维修、用车、用章、请假、车辆油卡升值、采购、礼品发放等也都在OA系统全面落地。

“以往如扬州、无锡、海南等项目，公司在没有OA系统前，某些项目公司的上文，一定要把纸质文件送到上海总部来申报审批，有时还会发生文件找不到最后下落的情况。现在上了OA系统后，只要轻松查询一下，就可调出流程，查询文件在哪个审批节点，或者查询以往的历史发文。”张主任对记者说。

据记者了解，中信泰富对管理类、财务类、营销类等预算费用做了“强管控”，而这些也统统在OA中完成。系统中发生每次合同审批流程，界面下方都会弹出一个“历史付款明细”窗口，并配有相关费控科目，这样可为领导审批提供参考依据，并且可以轻松透视每一笔费用。作为员工，也可以在提交时了解自己的已用费用、可用费用等。

张主任说，目前该功能已在总部全面铺开，各旗下项目公司都在使用付款流程，使用的表单是统一表单，所以若要推广的话其实十分简单。

后记：中信泰富张主任在访谈末尾强调：“信息化系统在企业管理中起到了辅助支撑的作用，企业管理的关键还是要靠一些权责流程来进一步固化。OA系统会慢慢地改进企业的管理水平和提升效率，并且可纠正一些以往不好的工作习惯。重要的是，平台化的信息化建设还得持续推进，要思考的是如何通过OA系统加以实现，如何实现专业系统的灵活性与平台化系统产品的功能性之间的平衡。”记者也通过中信泰富的异构集成、费控管理等建设内容感到了其正在一步步扎实推进信息化建设的进程以及对信息化“注重应用，稳步推进”的决心！

（来源：经理世界网）

讨论：

（1）结合案例，讨论中信泰富为什么要进行新系统的开发？

（2）中信泰富系统开发应该采取什么开发方法？

（3）中信泰富怎样进行系统切换？

5.1 系统开发生命周期

任何事物都有产生、发展、成熟、消亡的过程，信息系统也不例外。信息系统在使用过程中随着内外部环境的变化及信息需求的改变，需要进行不断的维护、修改和完善。当系统不再适应用户需求时，就要被淘汰，要由新系统代替老系统，这种周期循环称为信息系统的生命周期。

系统开发生命周期（System Development Life Cycle，SDLC）是指开发信息系统的一种结构化的按部就班的方法。它是人们在研究软件生产时发现的一种规律性的事实。在整个系统的开发过程中，要从宏观上管理系统的开发和维护，就必须对系统的开发过程有总体的认识和描述。

严格来讲，在系统开发生命周期中有数以百计的不同活动，它们组成了 SDLC 的每一阶段。典型的活动包括决策预算、收集业务需求、设计模型以及编写详细的用户文档。在每一个系统的开发项目中所执行的活动都必须根据所构建的系统类型和所使用的工具的不同而有所变化。

一般而言，SDLC 的活动可分为五个首尾相连的工作阶段，以下是针对系统开发生命周期五个阶段及其相关活动的详细介绍，如表 5-1 所示。

表 5-1 系统开发生命周期及其相关活动

阶 段	活 动
系统规划	• 初步调查，定义要开发的系统； • 确定项目范围，制订项目计划； • 初步调查，进行可行性分析
系统分析	• 详细调查，定义需求； • 建立系统逻辑模型
系统设计	• 建立技术架构； • 先总体设计，后详细设计； • 建立系统物理模型
系统实施	• 编写程序代码； • 进行系统测试； • 编写详细的用户说明书； • 为系统用户提供培训
系统维护	• 建立帮助以支持系统用户； • 提供支持系统变化的维护

5.1.1 第一阶段：系统规划

在系统开发生命周期的规划阶段，系统参与人要为开发的信息系统制订一个可靠的计划。下面是在计划阶段要进行的 3 个主要活动。

1．初步调查，定义要开发的系统

系统分析员必须识别和选择要开发的系统或者决策出哪种系统是支持企业战略决策所需要的。企业典型的做法是组织考察所有提出的系统并运用业务影响或关键成功因素来对这些系统进行优先序排序。

首先，我们要来分析系统所支持的组织的战略目标，如果系统分析员能正确地回答，则说明所开发的系统是必须开发的。不正确的回答注定会导致错误的、失败的系统，不然会浪费组织大量的人、财、物资源。要想知道组织的战略目标，可采用关键成功因素法进行分析，关键成功因素是一种对组织的成功起关键作用的因素，决策的信息需求往往来自这些关键性成功因素。

关键成功因素法就是要识别连接于系统目标的主要数据类型及其关系，它所使用的工具是树枝因果图（也称鱼骨图），如图 5-1 所示。由图可以看出，某企业有一个目标是缩短造船周期，图中矩形框中标注的是影响该目标实现的关键因素，横线上所注的是影响这些因素的子因素。企业可从此图找出最关键的影响因素。

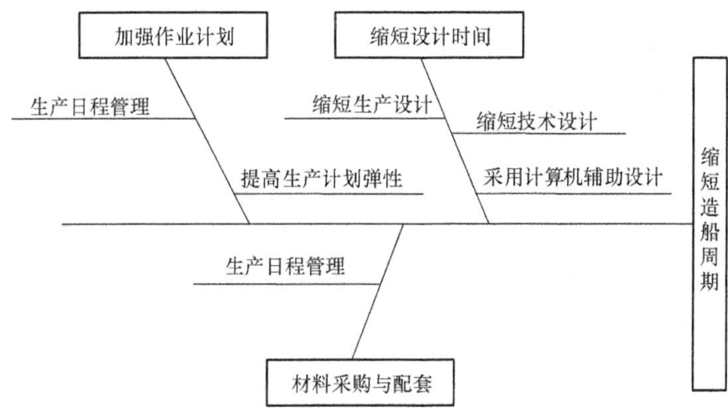

图 5-1　缩短造船周期的树枝因果图

2．确定项目范围，制订项目计划

系统开发人员必须定义项目的范围并且为项目开发编写项目范围说明书。项目范围确定时要明确定义高层系统的需求，该范围常常提出系统的最基本的定义，通常在书面的项目范围文件中定义。设定项目范围非常重要，最重要的原因是它能帮助系统开发人员和组织消除范围蔓延和功能蔓延。范围蔓延指的是项目范围增大到超出原技术所设定的范围。功能蔓延指的是组织会不断要求开发者增加一些最初需求所不包含的功能。

一个完整且详细的项目计划是整个系统开发工作开始的重要标志。项目计划定义系统开发中全部要完成的活动，及这些活动所涉及的谁在什么时间做什么事情的问题，包括所有要实施的活动以及完成这些活动所需的人力、时间和成本。项目计划是保证准时交付一个完成的、成功的信息系统的指导性力量。图 5-2 所示为完成一个项目的甘特图的例子。一般而言，完成这一系统开发工作需要一个项目经理，他是这个项目计划和管理方面的专家，他定义和开发项目计划并跟踪计划以保证所有关键项目里程碑准时完成。项目里程碑表达的是某些活动完成的关键日期。例如，完成计划阶段可能就是一个项目里程碑事件。

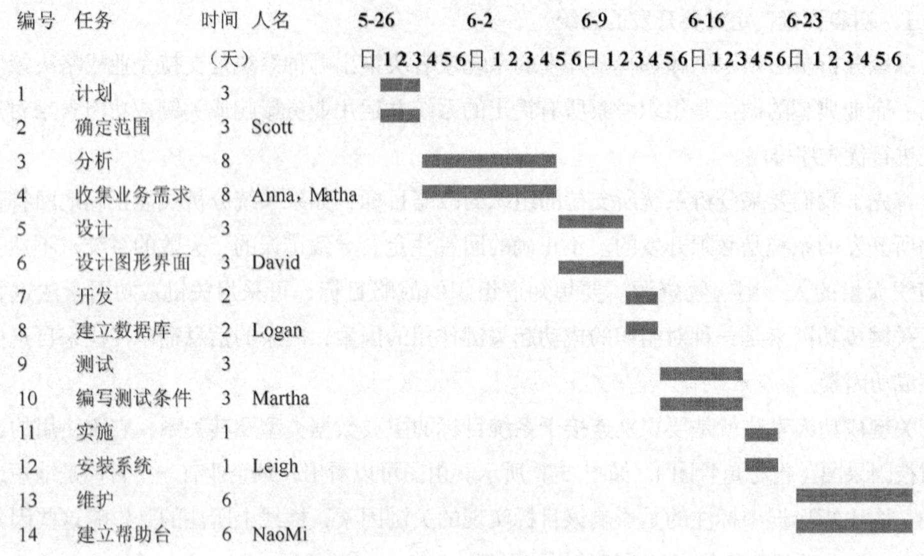

图 5-2 某系统开发的项目计划

3．初步调查，进行可行性分析

可行性分析又称可行性研究（Feasibility Analysis，Feasibility Study），指在当前组织内外的具体环境和现有条件下，分析某个项目投资的研制工作是否具备必要的资源及其他条件。要做到这一点，必须认真了解用户的要求及现实环境，探索若干种可供选择的主要解法，并对每种解法的可行性进行仔细论证。

对于建立信息系统来说，主要从以下三个方面进行可行性分析：①技术可行性；②经济可行性；③运行可行性。

除了上述三个方面考虑之外，还可以从人员可行性、进程可行性、环境可行性等方面进行论证。

可行性分析的结论：如果可行性分析的结果论证系统完全不可行，一般会放弃该系统的开发；反之，结果完全具备立即开发的可行性即会进入下个阶段；若某些条件不具备，则重新进行可行性论证。

5.1.2 第二阶段：系统分析

一旦企业确定了开发哪些系统，我们就可以进入系统分析阶段了。系统开发生命周期的分析阶段指最终用户和信息技术专家共同工作为目标系统收集、理解和表达业务需求。这一阶段有如下两个主要的工作内容。

1．详细调查，收集定义需求

业务需求指的是一份详细的员工需求，为保证系统开发成功，系统必须满足这些需求。业务需求引导和驱动着整个系统。一般而言，业务需求的收集类似于进行一项调查，可以采用面谈、现场参观、问卷调查、联合应用开发会议（Joint Application Development，JAD）等方法进行。其中 JAD 方法是目前采用比较多，也是效率较高的一种方法。此方法有时需要系统用户和信息技术专家花上几天的时间在一起定义或回顾系统的业务需求。

一旦定义了全部的业务需求，就要将它们按业务的重要性进行优先序排列，并且以正式的可充分理解文件（一般称为需求定义文件）确定下来。系统用户对需求定义文件签字认可。签字表明系统用户批准所有的业务需求。一般来说，项目计划最重要的里程碑之一就是系统用户对业务需求的签字。

如果对业务需求掌握得不明确或不充分，那么在评价业务需求时要考虑的关键事情之一就是确定误差的代价。在分析阶段，发现一个错误并进行修正的代价相对而言是较少的，因为实际必须做的事情只是修改一些文字材料和浪费一些人力。然而如果在后续的阶段发现一个错误，修改起来的代价就会变得难以置信的巨大，因为你不得不修改实际系统。图 5-3 显示的是系统开发生命周期中修改错误的成本随发现错误的推迟呈现指数阻尼正弦曲线增长趋势。

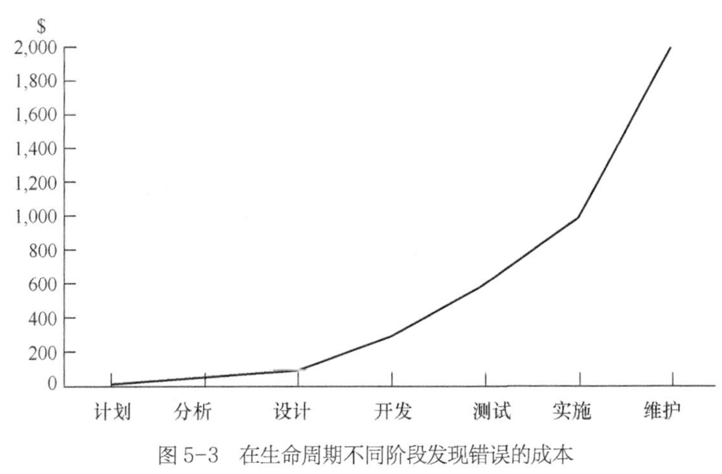

图 5-3 在生命周期不同阶段发现错误的成本

2．建立逻辑模型

在对现有的系统进行充分详细调查的基础上，进行组织机构功能的分析，企业业务流程分析，数据流程分析，建立要开发新系统的逻辑模型，形成综合型的系统分析报告，并提交开发领导小组和用户审核，待确认无误后进入下一阶段的工作。

5.1.3 第三阶段：系统设计

系统开发生命周期设计阶段的主要目标是构建一个如何运行计划的技术性蓝图。在分析阶段，最终用户和信息技术专家一起从逻辑观点出发形成拟开发系统的业务需求。也就是说在分析阶段产生的业务需求文档没有考虑支持系统的技术或技术框架。当进入设计阶段时，项目小组要从物理或技术的观点考虑系统。即接受分析阶段产生的业务需求，并且定义设计阶段中的支持技术框架。以下是在设计阶段将要做的主要工作。

1．设计技术框架

技术框架定义了系统运行所需的硬件、软件和通信设备。大部分系统运行在由雇员使用的工作站和运行应用软件的服务器所组成的计算机网络上。通信上要求可以访问因特网和允许最终用户拨号连接远程服务器。在选择最终技术框架之前，应该探究几种有代表性的不同的技术框架。一般来说，企业所选的技术框架有如下几种。

① 非集中式架构。一个非集中式架构包括信息共享很少或没有信息共享的系统（见图 5-4）。概括地说，这种架构产生于用户或部门开发的独立系统或应用软件，它们没有任何的中央控制。这种架构给用户开发满足他们需要的应用软件以及保持对软件的控制的自由。但是这种架构通常允许数据复写，频繁地导致数据的不一致。另外的一个主要缺点是，因为有太多独立的系统，共享应用程序和信息非常困难。而且，对于组织来说，与许多客户建立保修和服务合同比只与一家或少数几家要贵得多。

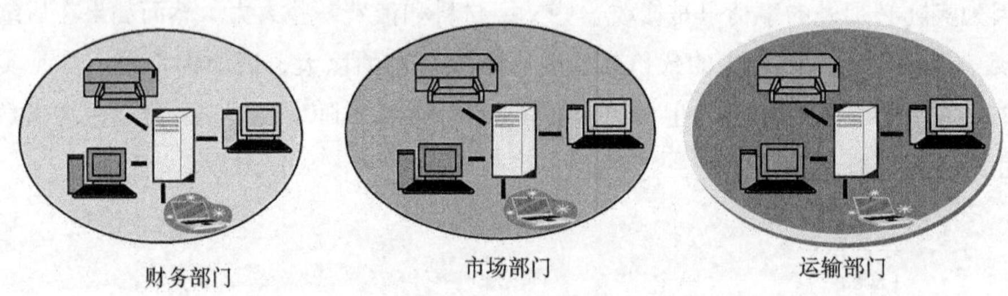

图 5-4 非集中式架构

② 集中式架构。集中式架构是指在一个中心区域或者中心主机中共享信息系统。这种架构决定了信息系统架构是集成的、整合的。因为典型的架构、应用软件和信息被存放在公司单一的主机上，如图 5-5 所示。集中式架构最大的优点就是它给予了高度的控制，使得以下两方面变得很容易：一是高度保持硬件、软件、程序和操作的标准；二是高度控制对信息的存取。其缺点是缺乏灵活性，适应能力低。

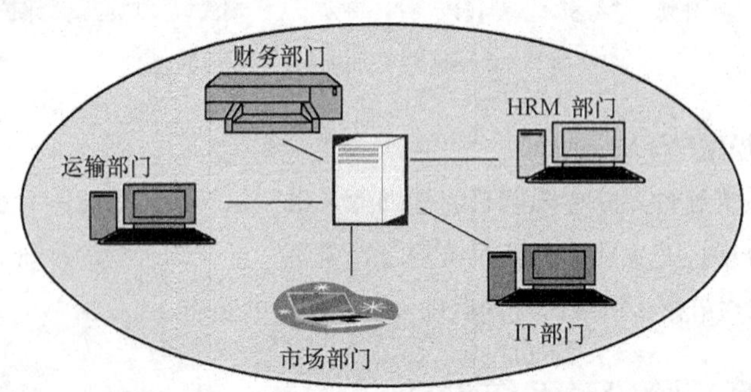

图 5-5 集中式架构

③ 分布式架构。分布式架构是指通过网络分配 IT 系统的信息和处理能力。通过分布式架构将所有的信息系统连接起来，使所有地点都能够共享信息和应用程序，如图 5-6 所示，也称为资源共享式计算模式。分布式架构的主要优点在于处理活动能够分配给最有效率的地点。

客户机/服务器（Client/Server，C/S）模式是分布式架构后来发展起来的一种计算模式。网络系统上的计算机系统分成客户机与服务器两类，如图 5-7 所示。其中服务器可能包括文件服务器、数据库服务器、打印服务器、专用服务器等。网络节点上的其他计算机系统成为客户机。C/S 架构的基础概念是应用程序被分配在客户机和服务器上。网络节点上的其他计算机系统成为客户机。C/S 架构的基础概念是应用程序被分配在客户机和服务器上。

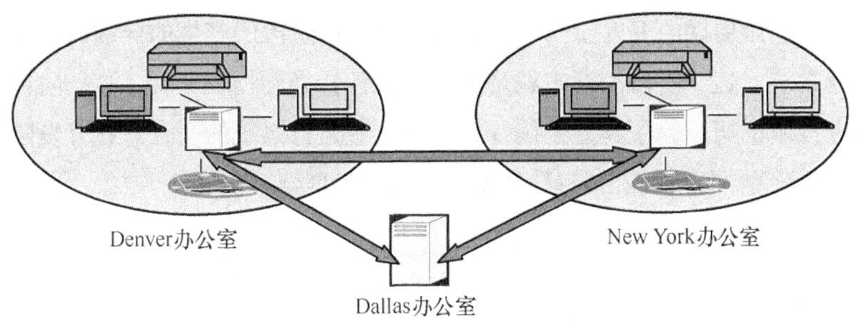

图 5-6　分布式架构

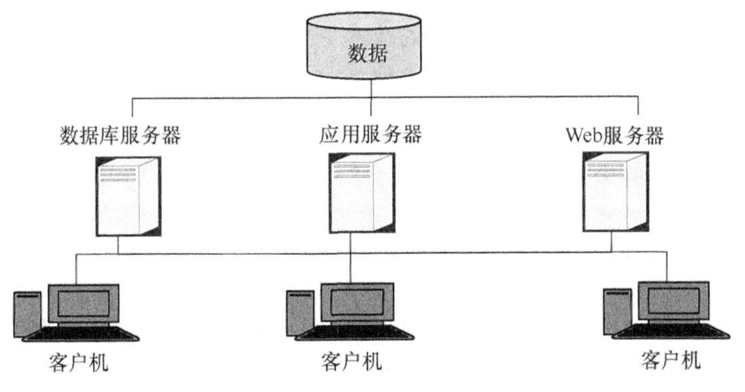

图 5-7　C/S 架构

由图可见，C/S 架构的主要优点就是它从服务器上卸载应用程序和信息。但随之而来的缺点是，因为处理发生在许多客户端，客户机和服务器之间的交互非常频繁，信息必须在服务器和客户端之间快速流动，所以系统的复杂性大大增加，客户机/服务器在网络性能上需要配置很大的承载量。

随着 Internet 的飞速发展与广泛应用，越来越多的组织利用互联网技术来建设自己的管理信息系统。这时一个典型的分布式计算模式即浏览器/服务器（Browser/Server，B/S）计算模式应用越来越广泛。该模式实际上是一种多层客户机/服务器结构，如图 5-8 所示。该模式的优点是由于基于 HTTP，因而可以对 Web 服务器上超文本文件进行操作，使得管理信息系统在技术上实现了集格式化文本、图形、声音、视频信息为一体的高度交互环境，使信息处理的广度和深度大为增加。并且，由于采用统一的与平台无关的通信协议，可独立于计算机的软硬件平台。但不同的站点和部门，对信息技术架构的需求不同，因而应根据企业的实际需要进行选择。

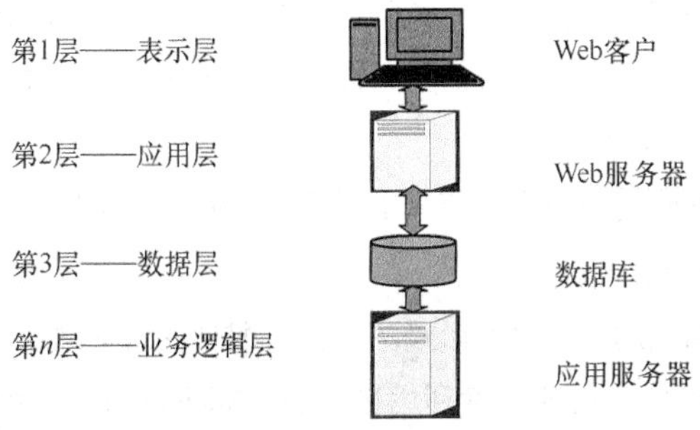

图 5-8　B/S 架构

在系统开发生命周期的开发阶段中，需要利用设计阶段所产生的详细设计资料，并将它们转化为实际系统。这一阶段的标志就是从逻辑设计转换到物理实现。这一阶段包含两个主要活动。建立技术框架。为了建立系统，就必须建立运行系统的平台。在开发阶段，需要购买和装备所需的设备，以支持在设计阶段所设计的技术框架。

2．设计原则：先总体设计，后详细设计

系统设计是建立在系统分析基础上的，主要工作内容包含两个方面的设计：总体设计和详细设计。总体设计是把任务分解成若干基本的、具体的任务：①将系统划分成模块；②决定每个模块的功能；③决定模块的调用关系；④决定模块的界面，即模块间信息的传递。

详细设计是为各个具体任务选择适当的技术手段和处理方法。详细设计包括代码设计、数据库设计、输入设计、输出设计、人机对话设计、处理过程设计等。这两部分的设计工作结束后，给出最终的物理模型和系统设计报告，与前几个阶段一样要提交用户审核，审核无误后进入下一个阶段的开发。

5.1.4 第四阶段：系统实施

系统开发生命周期中的实施阶段是指将系统分配给所有的系统用户，然后他们开始使用系统完成每天的工作。这一阶段包含以下主要活动。

1．编写程序代码

一旦建立了技术蓝图，就应该立即着手建立支持系统的数据库和编写系统所要求的代码。这些任务通常由信息技术专业人员承担，设计和建立数据库以及编写所有的软件代码可能需要花费几个月甚至更长的时间。

2．编写并实施测试用例

生命周期的测试阶段是要验证系统能否运行和是否满足所有在系统分析阶段定义的业务需求。测试是关键的一个阶段，是系统能否顺利运行的前提条件。为了完成一个彻底的测试就必须对测试条件进行细化。测试条件是对系统必须完成的步骤连同每一步的设想结果所进行的详细描述。测试者将执行每项测试条件，并且为了验证系统功能的正确与否，要将设想的结果与实际结果进行比较。一个典型的系统开发工作具有几百个或几千个测试条件，必须测试和验证所有这些测试条件，才能降低整个系统运行风险。当系统测试开始的时候，必须进行不同类型的测试，一般包括 4 种测试类型：单元测试、系统测试、集成测试和用户接受测试。单元测试指测试系统的独立单元或代码段；系统测试是检测支持系统功能所编写的单元和代码段是否正确地集成到整个系统；集成测试是检验独立的系统能否在一起顺利工作；用户接受测试是确定系统是否满足业务需求并能使系统用户正确工作的测试。

3．编写详细的用户说明书

当安装系统时，必须向用户提供一套详细说明如何使用系统的用户说明书。

4．为系统用户提供培训

联机培训和现场培训是两种主要的形式。联机培训是在因特网或利用 CD-ROM 进行的。系统用户可以在任何时间以自己的进度利用自己的计算机进行。这种培训方式较为灵活和方便。现场培训是由专门的老师在现场对系统用户进行一对一的辅导。这种培训方式对系统用户深度掌握系统非常有效。

为了确保项目实施，合适的项目实施方法是必不可少的。当你实施一个新的系统时，可以采取并行实施、直接实施、引导实施和分段实施方法。并行实施指的是同时使用新老系统直到确定新系统能够正确地工作；直接实施是完全丢弃旧系统并立即使用新的系统；引导实施是仅让一小组人使用新系统直到认为新系统能正常工作，然后再将企业的人加入新系统中来；分段实施是分阶段实施新系统直到确定新系统已经能够正常工作，然后再实施新系统的剩余阶段。

5.1.5 第五阶段：系统维护

维护系统是系统开发工作的最后阶段。在系统开发生命周期的维护阶段，需要监测并支持新系统以保证其继续满足业务目标。系统一旦被实施运行，就会随业务的变化而改变。对新系统的持续监控和支持，包括进行细小的修改并评价系统以保证其能持续地使组织完成战略目标。维护阶段的两个主要活动如下。

① 设立为系统用户服务的帮助办公处。帮助办公处是一组对系统用户的问题做出反应的人员。一般有现场办公或电话服务两种形式。

② 提供支持系统变化的环境。当业务环境发生变化的时候，必须成立专门的机构评估这些变化对系统的影响，以做出适当的反应：或升级老系统，或修改老系统，或抛弃老系统采用新系统。

5.2 系统开发方法

管理信息系统的开发是一项复杂的系统工程工作。它涉及的知识面广、部门多，至今还没有一种完全有效的方法来很好地适应各种系统的开发。但每一种方法都有自己的适应面。以下介绍几种系统开发方法。

5.2.1 结构化系统开发方法

结构化系统开发方法（Structured System Analysis and Design，SSA&D）又叫作结构化生命周期法，在 20 世纪 70 年代初期诞生，是系统开发中最经典的一种方法，适合复杂的大中型项目的开发，或者功能比较复杂的系统的开发。该方法是用系统的思想和系统工程的方法，按用户至上的原则，结构化、模块化地自上而下对系统进行分析与设计，自下而上逐步实施的开发方法。该方法首先用结构化分析（Structured Analysis，SA）对软件进行需求分析，然后用结构化设计方法（Structured Design，SD）进行总体设计，最后是结构化编程（Structured Programming，SP）。

1．结构化生命周期法的基本思想

结构化的意思是使开发工作标准化。结构化开发的目标是有序、高效、高可靠性和少错误。在系统工程技术中，控制系统复杂性的两个基本手段是“分解”和“抽象”。对于一个复杂的问题，由于人的理解力、记忆力均有限，因而不可能触及问题的所有方面以及全部细节。为了将复杂性降低到人可以掌握的程度，可以把大问题分割成若干个小问题，然后分别解决，这就是“分解”。分解也可以分层进行，即先考虑问题最本质的属性，暂时把细节忽略，以后再逐步添加细节，直至涉及最详细的内容，这就是“抽象”。

结构化生命周期法的基本思路如图 5-9 所示。对于一个复杂的系统 X，如何理解和表达它的功能呢？结构化方法使用了“自顶向下、逐步求精”的方式。X 系统被分解成三个子系统：1、2、3。如果子系统仍然复杂，就继续分解为 1.1、1.2、1.3 等子系统，如此继续下去，直到子系统（或模块）足够简单，能够清楚地被理解和表达为止。图 5-9 体现了分解和抽象的原则，它使人们不至于一下子陷入细节，而是有控制地、逐步地了解更多的细节，这有助于理解问题。图中顶层抽象地描述了整个系统，底层具体地画出了软件的每一个细节，中间层则是从抽象到具体的逐步过渡。按照这样的方法，无论问题多么复杂，分析工作都可以有计划、有步骤、有条不紊地进行。

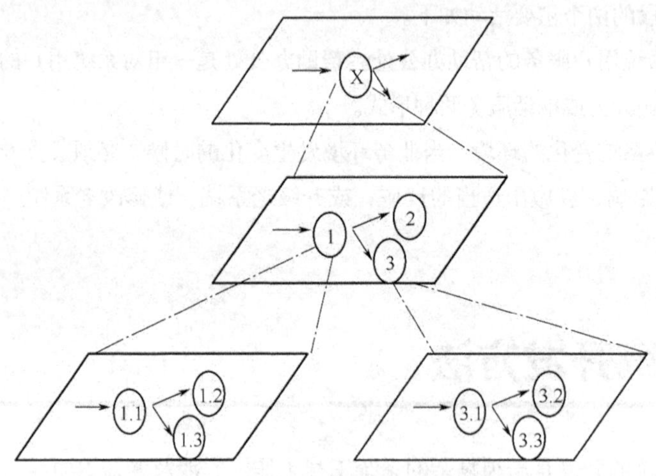

图 5-9　结构化系统开发方法的基本思路

2．结构化系统开发方法的生命周期

利用结构化系统开发方法开发系统，可以将系统开发分为几个首尾相连的阶段，一般称为结构化开发的生命周期（见图 5-10）。生命周期可以详细分为 5 个阶段。以下给出了五个阶段的划分方法。具体每个阶段的工作内容见 5.2 节。

① 系统规划阶段；

② 系统分析阶段；

③ 系统设计阶段；

④ 系统实施阶段；

⑤ 系统运行和维护阶段。

3．结构化系统开发方法的优点

结构化系统开发方法的优点表现在以下 5 个方面。

① 建立面向用户的观点。强调用户是整个信息系统开发的起源和最终归宿，即用户的参与程度和满意程度是判断系统成功与否的关键。

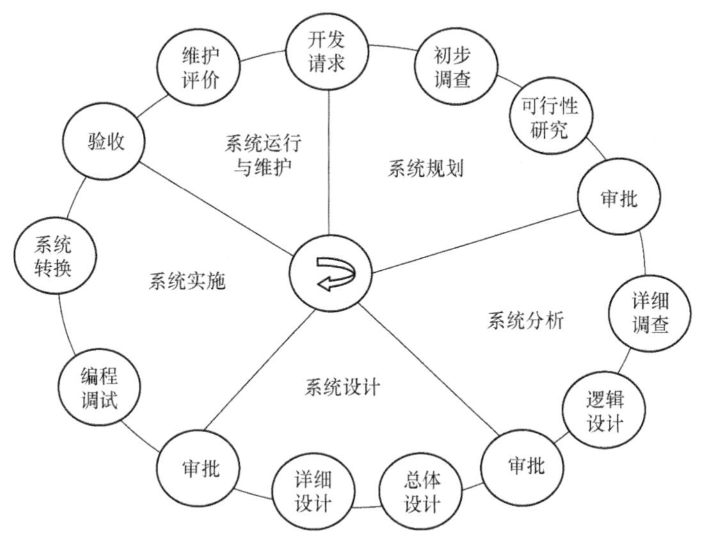

图 5-10　结构化系统开发方法的生命周期

② 严格区分工作阶段。强调将整个系统的开发过程分成若干个阶段，每个阶段都有其明确的任务和目标，以及预期要达到的阶段成果。

③ 自顶向下进行开发。在生命周期的前三个阶段，坚持自顶向下地对系统进行结构化划分。在进行系统调查或理顺管理业务时，从最顶层的管理业务入手，逐步深入最基层。在分析问题时，首先站在整体的角度，将各项具体的业务和组织放到整体中加以考察。在系统设计时，先考虑系统整体的优化，再考虑局部的优化问题。在系统实施阶段，则是自底向上地逐步实施。

④ 工作文件的标准化和文档化。该方法非常重视文档工作，在系统生命周期的每一个工作阶段都要有详细的文字资料记录。工作文档标准化的好处是为研制工作过程中工作的交接和今后的系统维护提供了原始资料，可以避免工作中的一些缺陷和漏洞。

⑤ 采用图表工具描述系统。结构化方法在描述方式上尽量运用图形表示，使系统简明易懂。如使用数据流程图等工具。

4．结构化系统开发方法的不足

该方法也有明显的缺陷，具体表现在以下几个方面。

① 所需文档资料数量大。使用结构化方法必须编写数据流程图、数据字典、系统说明书等大量文档资料。这些文档需要占用大量的人力、物力和时间，同时也需不断修改，在修改过程中也难以保证文档的一致性。

② 人机交互界面表达难。管理信息系统是人机交互的系统，所以人机交互是用户最为关心的问题之一。但是结构化生命周期法在理解、表达人机界面方面的能力明显不足，数据流程图和逐步分解技术都没有较好地表达交互界面的功能。

③ 用户信息反馈慢。结构化开发方法为目标系统描述了一个模型，但这个模型是概念上的，因此，在澄清和确定用户需求方面能起的作用是很有限的。

④ 开发周期长。该方法的开发周期过长，而且一旦用户的需求发生变化，系统将很难做出调整。由于固定顺序，前期工作所出现的误差越到后期修正或纠偏的代价就越大。

5.2.2 原型法

20 世纪 60 年代末至 70 年代初，出现了“软件危机”，为了对软件开发项目进行有效管理，信息系统开发生命周期法诞生了。由于开发过程规范、层次清晰，系统开发生命周期法得到了广泛应用。但这种方法的应用前提是需要在早期就确定用户的需求，而不允许修改，这对于很多应用系统（如商业信息系统）来说是不现实的。用户需求定义方面的错误是信息系统开发中出现的后果最严重的错误。在此背景下，提出了基于循环模型的快速原型法。

1．原型法（Prototyping）的提出背景

“软件危机”表现为：软件开发速度满足不了实际需求，软件成本在计算机系统总成本中所占比例逐年上升，软件产品的质量不可靠，软件难以维护，没有适当的文档资料，开发进度难以控制。

产生“软件危机”的原因在于：用户需求不明确，缺乏正确的理论指导，软件规模越来越大且复杂度也越来越高。那么如何解决“软件危机”呢?人们越来越重视软件开发方法的研究，通过多年的研究和努力，软件开发方法走向两个方面：一方面，着重研究与机器本身相关的软件开发工具，即高级语言及软件开发环境；另一方面，着重研究软件设计和规格说明等。这时系统开发生命周期法应运而生。它是一种用于规划、执行和控制信息系统开发项目的组织和管理方法，是工程学的原理在信息系统开发中的具体应用。

正如前一节所述，生命周期法是一种结构化方法，把信息系统开发视为一个生命周期，把软件看作是人工制品，其必然有产生、成长、成熟、运作、消亡的生命过程。生命周期法把系统开发分为多个阶段，一般分为 5 个阶段：系统规划、系统分析、系统设计、系统实施、系统运行与维护。严格按阶段进行，每个阶段都有明确的目标和任务。每一阶段完成以后，要完成相应的文档资料，作为本阶段工作的总结，也作为下一阶段的依据。这种方法特别强调阶段完整性和开发的顺序性，它要求开发者首先确定系统的完整需求和全部功能。

生命周期法具有明显的优点。它采用系统观点和系统工程方法，自顶向下进行分析与设计并自下而上进行实施。开发过程阶段清楚，任务明确，并有标准的图、表、说明等组成各阶段的文档资料。生命周期法引入了用户观点，适用于大型信息系统的开发，将逻辑设计与物理设计分开。

但是，生命周期法的应用前提是严格的需求定义方法和策略。需求定义（the definition of requirement）方法是一种严格的、预先定义的方法。从理论上讲，一个负责分析设计的项目小组应完全彻底地预先指出对应用来说是合理的业务需求，并期待用户进行审查、评价和认可，并在此基础上顺利开展工作。

这种严谨的需求定义方法是在一定假设的前提下形成的。

（1）所有的需求能被预先定义

这一假设的确切含义是，在没有系统实际工作经验的情况下，所有的系统需求在逻辑上是可以预先说明的。在某种情况下，虽然不能保证项目参加者都能确知系统需求和逻辑模型，但通过大多数人对系统的建议和合理判断，完全可以描述一个明确的系统需求，所有需求都能被准确预先定义。

但实际情况是，需求定义方法假设的有效性是比较脆弱的。现实中，往往提供详细说明材料的人不是本领域的专业权威和职业分析人员，去定义复杂度甚高的事情又是十分困难的，大多数用户并不能面面俱到，只能是有选择性地予以说明。即使预先定义工作做得很好，往往系统仍旧需要进一步修改和经过若干次反复，这是因为以下的事实是经常存在的：①个人对系统的认识往往与实际不完全吻合；②实地观察和使用系统会刺激用户对系统提出新的需求；③观看和经历会修改和取消对系统的事先需求。

（2）项目参加者之间能够清晰而准确地通信

严格需求定义方法的又一项重要假设是：在系统开发的进程中，项目组、项目经理、分析人员、用户开发人员、审计人员、保密分析员、数据管理员、人际关系专家等都能够清晰而有效地进行通信。虽然每个人都有自己的专业、观点和行动，但用图形/描述文档等工具，使得大家可能得到清晰、有效的沟通。

而实际情况往往是复杂的，对于共同的约定，每个人往往会有自己的解释和理解，对规格说明上应该有而尚未有的规定和说明，会有各种意见。而文字叙述，并非是一种准确的通信方式，即使提供了结构化的文字语言，如结构化英语以及判定表、树等较严格的通信的高级方式（当然这较叙述性的文字描述肯定是一种改进，减少了模糊性），但它仍然缺乏技术上的通信语言的"严密性""专业性"和"行业性"。

因此，在多学科、多行业人员之间架起通信的桥梁是困难的。人们早就认识到，相互间通信的有效性的损失乃是开发过程中失败的主要原因之一。

（3）静态描述/图形模型对应用系统的反映是充分的

使用预先定义技术时，主要的通信工具是定义报告，包括工作报告和最终报告。采用的是叙述文字、图形模型、逻辑规则、数据字典等形式，这些具体形式因各自的技术不同而有所不同，但其作用是相似的。

所有技术工具的共同特点是：它们都是被动、静止的通信工具，因而无法体现所建议的应用系统的动态特性，而要求用户根据一些静态的信息和静止的画面来认可系统则似乎近于苛求。

因此，严格定义技术本质上是一种静止、被动的技术，要它们来描述一个"有生命"的系统是困难的。理解和评价一个应用系统的最好方式，应该是去体验它，而不仅仅是去阅读和讨论它。

综合上述各点可见，严格需求定义的合理性在许多情况下并不满足，因此建立在脆弱基础上的开发策略在实施中一旦导致失败就绝非意外之事。为了更好地处理由于缺乏支持严格方法的假设而给项目带来的风险，需要探求一种变通的方法。

解决需求定义不断变化问题的一种思路是在获得一组基本的需求后，快速地加以"实现"，随着用户或开发人员对系统理解的加深而不断地对这些需求进行补充和细化。系统的定义是在逐步发展的过程中进行的，而不是一开始就预见一切，这就是原型法。

原型法是指在获取一组基本的需求定义后，利用高级软件工具可视化的开发环境，快速地建立一个目标系统的最初版本，并把它交给用户试用、补充和修改，再进行新的版本开发。反复进行这个过程，直到得出系统的"精确解"，即用户满意为止。经过这样一个反复补充和修改的过程，应用系统“最初版本”就逐步演变为系统“最终版本”。简言之，原型法就是通过不断地运行系统“原型”来进行启发、揭示、判断、修改和完善的系统开发方法。

2．原型法的开发过程

原型法的开发过程是：针对用户的初步需求，先开发一个原型让用户使用，然后根据用户使用情况的意见反馈，对原型系统不断修改，使它逐步接近并最终达到开发目标。用原型法开发系统可以分为 4 个步骤。

① 用户需求描述。这一阶段不像结构化方法那样要详细定义和描述用户需求，而是要在很短的时间内分析用户的主要功能要求和实现这些要求的数据规范、报告格式、人机交互界面要求等，并用适当的方法描述出来。

② 建立初始原型。借助快速开发工具，在很短的时间内开发出一个系统初始原型。只要求这个原型满足第一阶段用户提出的基本需求，是一个可实际运行的系统。

③ 使用原型系统。用户在开发人员的协助下，运行原型系统，评价系统的优点和不足，进一步明确需求，提出修改原型系统的具体意见。

④ 修改和完善原型。根据用户的意见，尽快修改原型系统，并再次交给用户使用。

原型法开发系统工作流程如图 5-11 所示，最后两步是反复进行的，直至提交出用户满意的系统。

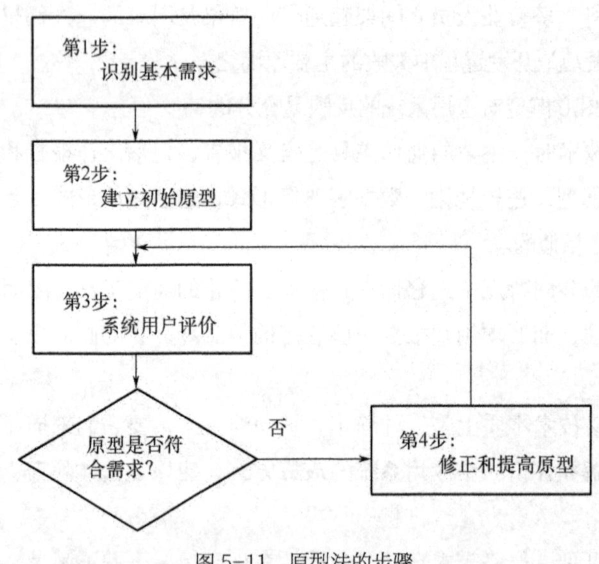

图 5-11　原型法的步骤

3．原型法的优点

① 鼓励系统用户的积极参与。首先，也是最重要的，原型法鼓励系统用户积极地参与开发过程，它允许系统用户考察并使用目标系统的工作模型。

② 有助于解决系统用户之间的差异问题。在原型法开发过程中，有许多系统用户都参与定义需求和评审原型的过程。

③ 能给系统用户一个对最终系统的直观感受。尤其对用户界面，原型法提供了最终系统将怎样运行的直观感受。当用户了解了最终系统将怎样运行时，他们将更容易看到成

功的希望。

④ 帮助确定技术上的可行性。概念检验原型很适合确定系统的技术可行性。

⑤ 有助于推广目标系统的思想。原型有助于破除阻碍推广系统的因素。许多人不想使用新系统是由于老系统看上去仍然运行良好，而且他们害怕新系统不能完全满足自己的期望和工作。如果提供了一个原型能够证明新系统是成功的，那么他们就会接受或者购买它。

4．原型法的缺点

① 导致人们认为最终系统将很快产生。当一个原型完成后，许多人都认为最终系统将很快产生。但这是不现实的，因为原型一般只是局部系统的实现。

② 没有给出系统运行环境的说明。原型法很少考虑可靠的操作条件，因为大部分原型是针对某个模块的，一旦大面积推广，可能会缺少可靠的操作条件。因此，在建立原型时，除了考虑界面和过程外，还要考虑运行环境。

③ 导致项目小组忽略完整的测试和系统文档的建立。很多人认为在使用原型法进行系统开发时，可以放弃测试和建立文档，因为毕竟他们对原型已经进行了测试。但这种想法是错误的。

5.2.3 面向对象方法

1．面向对象方法概述

“对象（object）”一词，早在 19 世纪就有现象学大师胡塞尔提出并定义。对象是世界中的物体在人脑中的映象，是人的意识之所以为意识的反映，是作为一种概念而存在的先念的东西，它还包括了人的意愿。举例说明吧。当我们认识一种新的物体，知道它叫树，于是在我们的意识当中就形成了树的概念。这个概念会一直存在于我们的思维当中，并不会因为这棵树被砍掉而消失。这个概念就是现实世界当中的物体在我们意识当中的映象。我们对它还可以有我们自己的意愿，虽然我们并不需要付诸实现——只要在你的脑中想着把这棵树砍掉做成桌子、凳子等——我们就把它叫作意向。于是，对象就是客观世界中物体在人脑中的映象及人的意向。只要这个对象存在我们的思维意识当中，我们就可以借此判断同类的东西。譬如，当我们看到另外一棵树时，并不会因为所见的第一棵树不在了，失去了供参照的模板而不认识这棵树了。当我们接触某些新事物时，我们的意识就会为这些事物确立一个对象。当然这个过程是怎么形成的，那就不是我们所能讨论的问题了。上面所说的对象研究的是一般意义上的问题，因而它可以外推到一切事物。我们经常所说的“对象”，一般指的是解决信息领域内所遇到问题的方法。特别是应用软件技术来解决问题的方法。如我们经常碰到的面向对象的编程（object-oriented programming）、面向对象的分析（object-oriented Analysis）、面向对象的设计（object-oriented Design）等。应用前面所介绍的关于对象的概念，可以对这些问题做进一步的分析。在面对较复杂的系统时，我们可以将它作为一个对象来进行分析。一个系统（解决某个问题的全套解决方案）作为一个对象，可以由多个部分组成。同样，这个对象也可以由多个对象组成。对于同类的事物，可以用一个对象来表示。这样做的益处是显而易见的，它灵活而高效，可以大大减轻设计人员的工作量，简化实际的模型。举一个例子。在关系型数据库的设计当中，我们可以把一个元组当作对象，给它定义一组操作方法。

这些方法将适用于所有元组，从而使我们不必在更大的范围内去细致地考虑不同的元组（如判断一个元素是否合法）：因为它们有一组公共的面向本身的方法，它们“自己”可以“解决”自己的问题。更上一层的对象可以是一个表、视图等。表对象在元组对象的基础上又有它们自己的方法，如增加、删除等。从这个层面上讲，它也只需要做“自己”的事情，因为有元组对象的支持，它无须去考虑像元素是否合法这类的事情，甚至有时我们还可以将元素或表群当作对象并定义它们自己的方法。这样，更能显示面向对象的优势。

上面所讨论的可以说是面向对象的分析方法。在具体的设计过程当中，还应该采用适当的方式。因为面向对象的思想固然很先进，如果做得不好的话，同样不能达到预期的效果。这主要表现在对象与对象的关系没有处理好，对象与对象的层次不分明。如上面所举的关系型数据库的例子，如果在元组层面上的对象过多地考虑一个表对象的因素，或一个表层面上对象过多地考虑一个元组对象的因素，甚至去考虑元素层面上的因素，这些都不是好的面向对象的设计方法。这一点，在语言实现方面，Java 比 C++更有优势，因为它不允许多重继承，从而使对象之间的关系更明确。谁也不会否认 C++的功能更强大，但是它也要因此付出巨大代价——当代码库发展到一定程度、一定规模时，个对象之间的层次关系将变得异常复杂，给后继使用者的学习、理解带来很大的困难，应用上很难把握。另外，虽然 C++具备面向对象的处理能力，但它还是保留了很多面向过程的东西。用 C++完全可以不用面向对象的思想来进行程序设计，当然人们不会这样去做——除了那些只是把 C++看成是 C 扩充的初学者，这就为以后的发展埋下了隐患。而 Java 的限制更多一点。就这一点还远远不够。做开发的是人，开发方法是由人决定的。要应用面向对象的方法开发出优秀的软件，开发人员必须具有良好的面向对象的思想。好的工程师可以利用适当的工具开发出优秀的软件——而不在乎他所使用的语言工具——Java、C++、Object Pascal、Ada 等。

面向对象方法（Object Oriented Method）是一种把面向对象的思想应用于软件开发过程中，指导开发活动的系统方法，简称 OO（Object Oriented）方法，是建立在“对象”概念基础上的方法学。对象是由数据和容许的操作组成的封装体，与客观实体有直接对应关系，一个对象类定义了具有相似性质的一组对象。而继承性是对具有层次关系的类的属性和操作进行共享的一种方式。所谓面向对象就是基于对象概念，以对象为中心，以类和继承为构造机制，来认识、理解、刻画客观世界和设计、构建相应的软件系统。

2. 面向对象方法的具体实施步骤

① 面向对象分析：从问题陈述入手，分析和构造所关心的显示世界问题域的模型，并用相应的符号系统表示。模型必须是简洁、明确地抽象出目标系统必须做的事，而不是如何做。分析步骤为：

a. 确定问题域，包括定义论域、选择论域、根据需要细化和增加论域；

b. 区分类和对象，包括定义对象，定义类、命名；

c. 区分整体对象以及组成部分，确定类的关系以及结构；

d. 定义属性，包括确定属性，安排属性；

e. 定义服务，包括确定对象状态，确定所需服务，确定消息联结；

f. 确定附加的系统约束。

② 面向对象设计：面向对象的设计与传统的以功能分解为主的设计有所不同。具体设计步骤为：

a. 应用面向对象分析，对用其他方法得到的系统分析的结果进行改进和完善；

b. 设计交互过程和用户接口；

c. 设计任务管理，根据前一步骤确定是否需要多重任务，确定并发性，确定以何种方式驱动任务，设计子系统以及任务之间的协调与通信方式，确定优先级；

d. 设计全局资源，确定边界条件，确定任务或子系统的软、硬件分配；

e. 对象设计。

③ 面向对象实现：使用面向对象语言实现面向对象的设计相对比较容易。如果用非面向对象语言实现面向对象的设计时，特别需要注意和规定保留程序的面向对象结构。

传统的面向功能的方法学中，强调的是确定和分解系统功能，这种做法虽然是目标的最直接的实现方式，但是由于功能是软件系统中最不稳定、最容易变化的方面，因而使系统难以维护和扩展。面向对象设计首先强调来自域的对象，然后围绕对象设置属性和操作。面向对象设计，其结构源于客观世界稳定的对象结构。因而与传统软件设计方法相比，它所设计的软件的生产率、可靠性、易重用性、易维护性等明显更高。

面向对象方法目前得到了普遍的关注，被认为是针对“软件危机”的最佳对策，很多组织都希望把面向对象技术作为解决生产率问题的有效方法，但是实际运用的情况却不甚理想。产生这种现象的原因有很多，但很大一方面是因为人们对面向对象的方法理解有误，在使用面向对象方法之前未将它的优势和局限性与实际使用环境和商业目标进行匹配分析，对可能产生的风险认识不够，从而导致好的方法并未产生合适的作用。

面向对象方法存在潜在的优势，它带来的好处覆盖整个软件生命周期，如提高可复用性和可扩展性，但是同时它也存在一定的局限性，例如：

a. 要求前期在培训、教育和工具上有较大的投资；

b. 效益需要较长的周期才能体现；

c. 多态和聚集的使用增加了系统的复杂度，非常不利于系统缺陷的检查；

d. 面向对象迭代的本质要求更多的测试工作等。

5.2.4 计算机辅助软件工程

早期，人们进行系统开发的主要手段是手工工作方式，系统开发的速度和质量主要取决于系统分析人员、程序设计人员等的个人经验和水平。这种工作方式的弊端是系统开发周期长、工作效率低、质量得不到保证、数据一致性差、文档不规范、系统维护工作量大等。20世纪 80 年代迅速发展起来的软件开发技术——计算机辅助软件工程（Computer Aided Software Engineering，CASE）使得制约信息系统开发的瓶颈被打破，为实现系统开发自动化提供了途径。

计算机辅助软件工程原来是指用来支持管理系统开发的、由各种计算机辅助软件和工具组成的大型综合性软件开发环境，随着各种工具和软件技术的产生、发展、完善和不断集成，逐步由单纯的辅助开发环境转化为一种相对独立的方法论。

1．计算机辅助软件工程的基本思想

CASE 方法解决系统开发问题的基本思想是：结合系统开发的各种具体方法，在完成对目标系统规划和详细调查后，如果系统开发过程的每一步都相对独立且彼此形成对应关系，则整个系统开发就可以应用专门的软件开发工具和集成开发环境（CASE 工具、CASE 系统、CASE 工具箱、CASE 工作台等）来实现。

系统开发过程中的对应关系与所采用的具体系统开发方法有关，大致包括：结构化方法中的业务流程分析，数据流程分析，功能模块设计，程序实现，业务功能一览表，数据分析、指标体系，数据/过程分析，数据分布和数据库设计，数据库系统等；面向对象开发方法中的问题抽象，属性、结构和方法定义，对象分类，确定范式，程序实现等。

在实际开发过程中，上述对应关系不一定一一对应，利用 CASE 方法开发的结果之间可能无法实现平滑的衔接，仍然需要开发人员根据实际进行修改、补充。因此，CASE 方法具有以下特点。

① 实际开发一个系统时，必须根据所采用的开发方法，结合 CASE 工具和环境进行。

② 作为一种辅助性的开发方法，CASE 可以为系统开发过程中的具体工作，如各类图表、程序及文档的生成，提供快速自动化的工具和途径。

③ CASE 环境的使用改变了系统开发中的思维方式、工作流程和实现途径，与其他系统开发方法存在很大差别，因而称为一种方法论。

2．计算机辅助软件工程开发环境

CASE 作为一个通用的软件支持环境，它应能支持所有软件开发过程的全部技术工作及其管理工作。CASE 的集成软件工具能够为系统开发过程提供全面的支持，其作用包括：生成图形表示的系统需求和设计规格说明；检查、分析相交叉引用的系统信息；存储、管理并报告系统信息和项目管理信息；建立系统的原型并模拟系统的工作原理；生成系统的代码及有关的文档；实施标准化和规格化；对程序进行测试、验证和分析；连接外部词典和数据库。

为了提供全面的软件开发支持，一个完整的 CASE 环境应具有的功能包括：图形功能、查询功能、中心信息库、高度集成化的工具包、对软件开发生命周期的全面覆盖、支持建立系统的原型、代码的自动生成等。这些工具可分为以下三种类型：

（1）系统需求分析工具

此工具是在系统分析阶段用来严格定义需求规格的工具，能将逻辑模型清晰地表达出来来。该阶段的工具有原型构造工具、数据流程图绘制与分析工具、数据字典生成工具等。

（2）系统设计工具

设计工具是用来进行系统设计的，如系统结构图设计工具、数据库设计工具、图形界面设计工具等。

（3）软件生产工具

该类工具主要用于最后的软件设计和编程工作。

这些工具集成在统一的 CASE 环境中，就可以通过一个公共接口，实现工具之间数据的传递，连接系统开发和维护过程中的各个步骤，最后在统一的软、硬件平台上实现系统的全部开发工作。

3．计算机辅助软件工程方法的特点

CASE 方法的特点主要有以下几点。

① 解决了从客观对象到软件系统的映射问题，支持系统开发全过程。

② 提高了软件质量和软件重用性。

③ 系统开发具有较高的自动化水平，缩短了系统开发周期。

④ 简化了软件开发的管理和维护。

⑤ 自动生成开发过程中标准化、规范化的统一格式文档，减少了随意性，提高了文档的质量。

⑥ 自动化的工具使开发者从繁杂的分析设计图表和程序编写工作中解脱出来。

5.3 系统开发策略

管理信息系统的开发方式主要有最终用户开发和资源外包两种，这两种方式各有各的优点和缺点，需要根据组织的技术力量、资金情况、外部环境等各种因素进行综合考虑和选择。不论哪一种开发方式都需要使用单位的主管和业务人员参加，并在 MIS 的整个开发流程中培养、锻炼、壮大使用单位的 MIS 开发、设计人员和系统维护团队。

5.3.1 最终用户开发

最终用户开发（End-user Development，EUD）指最终用户开发重要的应用软件所使用的技术和方法的集合。最终用户是指使用系统的个体，他们虽然对各自的领域很熟悉，但却不是 IT 或者计算机专业人士，然而他们具有基础的 IT 技能，他们非常清楚地知道自己从系统中想要得到什么并且能够参与到原型法中来。最终用户开发的前提是有合适的应用软件，组织能得到相应的培训以及组织能为用户自行开发活动提供技术支持和环境。

最终用户开发得以实现主要得益于第四代程序设计语言、报表生成器、应用程序生成器等，利用这些生成器用户可以开发自己的决策支持系统和信息系统。现在的可视化程序语言、生成器等都是最终用户开发的很好工具。要想保证开发的成功，最终用户应建立一个开发计划，并且确定需要得到什么样的外部支持。这一点非常重要。

1．适合最终用户开发的系统

适合最终用户开发的系统具有以下特征：①系统规模比较小，并且在信息技术方面不复杂；②用户的经验对系统开发非常重要；③适合用原型法开发的信息系统；④可以用第四代程序设计语言或者面向对象的技术来开发；⑤系统是归个人使用或者有限的几个人使用；⑥系统对安全性、数据完整性的要求不高；⑦系统是用来支持管理人员的管理活动而不是面向业务处理活动。

2．最终用户开发的优缺点

EUD 有很多优点：首先，它往往效率比较高，可以更快地开发出系统。由于世界范围内的信息技术人员短缺持续存在，所以组织中的信息系统部门总是处于工作饱和状态，由专门的系统开发人员来开发往往要等上好久。其次，由于最终用户自行开发，他们自己清楚地知道需求是什么，这也保证了新系统的成功，同时也因不需要解释给信息分析人员听，而避免了用户和信息技术人员之间的沟通问题。再次，由于是为自己开发，用户的参与兴趣更浓，为自己的系统感到骄傲，会产生一种拥有所有权的感觉。

当然，它也存在许多缺点，组织应针对这些缺点采取相应的对策。

（1）组织资源的浪费

由于最终用户自行开发的系统规模小，组织往往对这些系统缺乏控制，而且这些系统既使用了组织的资金，又占用了用户的工作时间，同时由于开发者缺乏经验，这些系统失败的可能性较大，浪费了组织的资金和人力。组织应对这些开发项目进行一些事前的管理和计划，从组织范围的角度观察这些系统的重要程度，对这些系统对组织的价值进行有效的评估将有助于减少组织这方面的损失。

（2）不恰当地选择软件和硬件

最终用户自行开发的系统往往会因为缺乏经验而可能选择购买不恰当的软件和硬件。如果组织的各个信息系统可以连接在一起工作，组织可以批量购买软件和硬件，那么就可以节约用在信息系统方面的成本，同时由于相同的硬软件平台维护起来也比较方便，也可以为组织节约维护方面的开支。如果不同的用户选择不同数据库管理系统，组织对这些系统的维护就会变得非常困难。如果用户选择不同硬件或者操作系统，那么要想把这些不同硬件、操作系统连接在同一个网络中必须付出许多努力。所以需要为用户制定购买硬软件的组织范围内的标准。如果用户需要的硬软件不符合该标准，必须说明理由。

（3）数据的完整性和安全性存在威胁

由于用户缺乏足够的信息技术的专业知识，在开发中很少考虑数据的完整性和安全性，所以数据的完整性和安全性存在着威胁。

组织需要制定专门的政策，规定用户下载组织数据库中的哪些内容，用户上载数据库的哪些内容。如果用户抽取组织的数据，那么需要为它们提供相对应的更新所抽取数据的应用程序，还要为它们提供规定比较严格的备份程序。在抽取数据时，要严格遵守组织关于数据的安全性和隐私权的规定。

（4）系统分析中往往存在错误

用户在系统分析过程中往往比程序设计更容易出问题：如没有充分定义问题导致了系统没有解决需要解决的问题；对某个问题使用了不合适的分析方法；过于追求完美而导致分析时间过长；选择了错误的开发工具等。

（5）开发出低质量的系统

最终用户开发的系统往往结构比较差，数据缺乏验证和核查，而且这些系统往往缺乏文档支持，从而导致短命系统的出现。

（6）出现私有系统

最终用户开发系统时可能会因所有权而导致的荣誉感带来另一方面的问题，即私有系统的大量出现。用户可能会认为这个系统属于他自己的部门而不愿意其他部门使用，或者拒绝将数据放在组织范围内进行共享。

为用户提供培训、技术支持（使用户随时可以得到信息技术人员提供的咨询）以及适当的管理控制是最终用户自行开发成功的关键。

5.3.2 资源外包

随着社会发展对信息技术的依赖性日益增长，该领域的外包越发成为世界经理人关注的热点。从最初传统的信息技术资源外包（IT Outsourcing）到时下方兴未艾的应用服务外包（Application Service Provider，ASP）到现在正在兴起的软件即服务（Software as a Service，SaaS），资源外包在企业构建核心竞争力、加速信息化建设的进程中发挥着不可忽视的作用。

在系统开发过程中，开发者的另一个策略就是资源外包。资源外包是指将特定的工作按规定的期限、规定的成本和规定的服务水平委托给第三方完成。现在，越来越多的组织选择资源外包，这样组织可以充分利用其他组织的智力资源为自己服务。由于负责开发的公司拥有更多的经验，他们往往会提供更好的服务。

资源外包有三种方式，如图 5-12 所示。第一种是许多组织选择购买现成的商品化应用软件包。第二种是有些组织可能发现现成的应用软件包只能满足他们的某些要求。在这种情况下，这些组织将要求软件制造商进行某些修改。第三种是还有些组织将采用资源外包的方式定制开发一个完整的新系统，对这些组织来说，根本就不存在现成的应用软件包。无论是哪种情况，资源外包都是当今大多数组织战略计划中一个必不可少的组成部分。

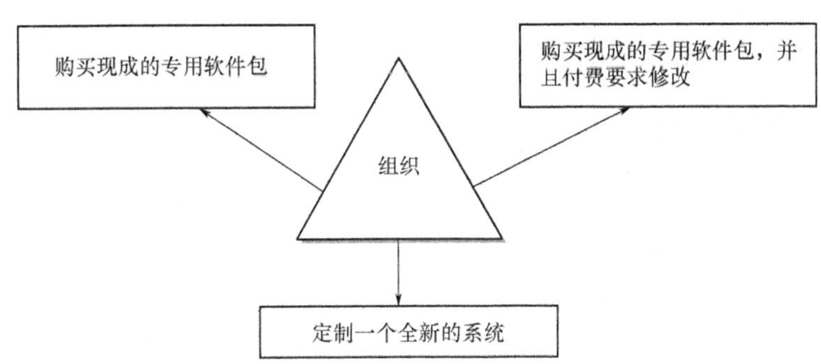

图 5-12 系统开发资源外包的三种主要形式

1．资源外包的过程

资源外包的过程与生命周期法基本类似，只不过组织将大部分的设计、实施和支持阶段交给另一个组织。

（1）选定要外包的系统

根据组织制定的信息系统规划，项目小组对要开发的系统进行初步的可行性分析，评价将开发的新系统在时间、成本和技术上的可行性。如果时间、成本和技术上的可行性存在问题，那么这个系统就可以考虑用外包进行开发。因为资源外包将系统开发交给专业的系统开发公司，会因为该公司的专业性而节约时间和成本。

（2）定义组织的逻辑需求

不管是资源外包还是组织内部开发，组织都要经过生命周期法的分析阶段——定义逻辑需求。系统的逻辑需求是制订方案征询书（Request For Proposal，RFP）的基础。

（3）制订方案征询书

资源外包需要告诉其他组织自己需要的是什么，这也就是系统的逻辑需求。组织将其逻辑需求以 RFP 的形式表达出来。在资源外包中，RFP 是组织对要开发系统的逻辑需求进行说明的正式文档，是邀请其他组织为这个系统投标的招标书。

（4）评价方案征询书的回复，并选择开发商

按照 RFP 中所标明的评价方法对方案征询书的回复进行评价和排序，并确定选择哪一家供应商。一旦选好了供应商，就要与之签订合同了。在合同中应明确规定开发系统的要求、开发的成本、开发的时间框架、验收的标准以及违反合同、解除合同的标准等。

（5）测试并验收解决方案

对所有系统来说，对解决方案进行测试和验收都是至关重要的。一旦供应商安装了新系统，就要对其进行全面测试。这可能需要新系统和老系统同时运行几个月。当一个组织对一个方案表示认可时，就意味着该系统完成了组织所期望的任务，同时也表明，供应商已履行了合同的职责。

（6）监督和重新评估

资源外包的系统和生命周期法开发的系统一样，需要不断监督和重新评估。在资源外包中，最终用户还要重新评估与供应商的关系。供应商能否提供及时的服务与维护？系统能否真正完成所描述的功能？最关键的问题是系统是否满足组织的需求，系统更新的成本有多大。如果对系统更新必须和原来的供应商进行联系和协商，这样组织就对供应商产生了极大的依赖，而且更改的代价往往是非常昂贵的。

2．资源外包的优缺点

资源外包的组织能够从事以下工作。

① 把力量集中到独特的核心能力上。通过把支持非关键业务职能的系统开发工作进行资源外包，组织能够将力量集中在支持主要的、独特的核心能力的系统开发上。

② 利用另一个组织的智力资源。资源外包允许组织通过购买形式从另一个组织获得智力资本。

③ 更好地预测未来成本。当组织进行资源外包时，其成本也相应地清楚可控。

④ 获得前沿技术。尽管组织可能缺乏信息技术专长，但通过资源外包，仍可获得前沿技术。

⑤ 降低成本。对大部分组织来说，资源外包可节省 15%～30%的成本费用。降低成本确实是组织实施资源外包的重要原因之一。

⑥ 改进绩效管理。资源外包将工作按规定的服务水平委托给另一个组织。因此，组织就可以利用合同有效地进行绩效管理。

但资源外包同样也可能为组织带来一些问题，表现在以下几个方面。

① 降低了对未来技术变革的了解程度。资源外包是一种利用另一组织智力的途径。它也意味着组织内部不再拥有这种专长。如果资源外包是因为今天组织不具有必要的技术专长，也许明天将会以同样的理由必须采用资源外包。

② 降低了控制力。资源外包意味着放弃控制，无论是什么原因导致选择资源外包，它都

表明在某种程度上组织正在放弃对该职能的控制。

③ 增加了战略信息的易受攻击性。资源外包开发系统，必然会告诉另外的组织使用哪些信息以及如何使用这些信息。这意味着组织正在泄露战略信息和秘密。

④ 增加了对其他组织的依赖性。组织一旦开始资源外包，就意味着开始依靠其他的组织来完成许多本组织内的业务职能。

5.4 系统开发案例分析

有效的软件开发是当今大多数组织成功的重要支撑因素。为了寻求竞争优势，组织正在扩展那些参与战略软件开发过程的 IT 负责人、企业负责人和开发人员所承担的角色。通过共同工作，这些利益相关者承担着在他们的企业中最大化企业信息价值的任务。

尽管如此，市场研究显示软件开发项目还是有着很高的失败率。许多项目被延期或者超出预算，另有一些没有实现原来设定的项目功能，还有一些被彻底地取消开发。行业专家认为，差劲的项目计划、成本估计、度量、里程碑跟踪、变化控制和质量控制是破坏软件项目的六大问题。这些问题造成的直接后果是——美国经济由于软件错误每年都要浪费近 600 亿美元。

数据显示，2004 年美国的企业花费了 2340 亿美元用于购买或开发软件，其中 37%即大约 860 亿美元花在了自主开发上。因此，公司根本承受不起进行软件开发却注定要延期或完全失败的结果。所以，重新思考软件应该以什么方式构思、设计、开发、交付，从而能在预算内按时满足客户要求的时候到了。

正确地进行软件开发需要付出很多努力来整合开发过程中的人员、过程和技术。因为在一起工作，业务人员、IT 操作人员和程序开发人员必须尽量缩小交流和理解各自专业角色的鸿沟。这些交流的鸿沟只会随着全球化和 IT 更大的复杂性（开发小组被分散以及采购外包和资源外包的增多）而加深。下面我们结合具体案例来思考一下本章所讨论的信息系统开发的各种注意问题。

FDS 公司是中等规模的零售业商店，面临沃尔玛等大型连锁超市的竞争，该公司决定加大信息技术变革的力度。下面我们来看一下该公司如何选择系统开发基础环境的经验。

5.4.1 确定业务需求

FDS 公司的信息系统部门确立了一个项目，其目标是创建一个开发应用系统的新环境。项目以分析研究适用的开发技术作为开端，为了辅助项目小组成员的工作，公司雇用了 D&T 顾问公司。顾问人员建议 FDS 公司不要过早进行开发技术的研究，应该首先对公司的业务需求做调查。理由是：技术方案应该由业务需求决定，技术应服务于经营目标。所以，D&T 建议 FDS 应首先做经营上的决策，然后基于此选择合适的技术。

FDS 公司采纳了这个建议，正如 FDS 公司的首席信息主管大卫所说："我们需要首先决定商业结构，然后我们的技术架构也将随之产生。" FDS 公司认识到决定商业结构需要时间，但这段时间里其他开发流程不能停下来。因此，公司决定先利用临时开发工具，直到确定了终端技术。

5.4.2 决定技术架构

进行业务需求研究的小组从公司管理部门了解到公司未来的经营结构为："中央决策，地方执行"。这种分布式的经营设计使项目组做出了采用客户端/服务器技术架构的决定。在一个客户端/服务器模式中，数据业务流程甚至是应用本身都可以根据业务需要进行分布。FDS 公司决定改进客户的服务质量，实行分布式决策，促使它向采用客户端/服务器技术发展。

客户端/服务器模式一经确定，项目小组随之决定完全脱离原先的主机系统，将所有的应用及数据库移植到客户端/服务器环境。项目小组成员认为，他们应该使用与业务流程紧密相连的架构，以便当业务流程发生变动时，支持它的系统也能相应地做出改动。

5.4.3 确定开发工具的类型

在最基本的决策完成后，项目小组成员又重新对技术问题进行考虑。他们很快认识到不应采用一些小型的客户端/服务器开发工具，因为这样的开发环境将难以管理。他们一致认为应寻求功能全面的软件开发工具，用于开发。

可供项目小组利用的软件开发工具有很多，多得难以对每一个都单独作深入的研究。因此，项目小组接下来的任务是缩小技术工具选择的范围。FDS 公司首先对软件开发工具起码应有的功能列出了清单。清单中包括了一些显然应用的功能，如支持客户端/服务器架构，具有管理主要的客户端/服务器开发环境的能力等。因为项目小组技术将把所有应用移植到客户端/服务器环境（事实上，一些客户端/服务器开发工具只能在大型机上进行）。最终，范围缩小到两种：它们是 Seer Technology 公司的 Seer*HPS 和德州仪器公司（TI）的 IEF5.2。

5.4.4 分析评估

项目小组对剩下的两种工具进行彻底的考察，以决定哪种工具能满足公司的需要。项目小组首先更详细地列出了所需达到的要求，包括：能支持软件再造工程；能支持分布式系统；具有综合式的、支持整个生命周期的、带有信息库的特性；有快速原型开发能力；有合理的价格。FDS 公司还希望能支持定位分析，因为这项功能对开发客户端/服务器应用十分有用。定位分析功能可帮助项目开发小组决定应用接口、数据和业务处理程序的位置（包括地理位置，也包括客户端/服务器的相对位置，即在何处能找到服务器，每一个地点分布多少客户端）。

5.4.5 最后决策

尽管两种可供选择的工具都无法提供定位分析的功能，但 Seer*HPS 具有其中的部分功能。FDS 公司认为 HPS 的数据库性能优越，因为它不但能实时地支持不同服务器上的多个工作小组，而且数据库是用面向对象方法设计的，因而既可以使程序代码重复使用，也可以更有效地维护当前应用。HPS 工具还包括管理变动的功能，这种功能在复杂的客户端/服务器环境易于实现。FDS 公司也看到了 HPS 工具易于管理的特点。这个工具集中在网络上，易于统一管理。而许多其他工具需安装到开发者的个人计算机上，这几乎不可能统一进行管理（该公司员工有 600 人）。项目小组考虑到 IEF 的所有功能并不是完全在一个集中的环境中，而是分散在几个工具中，客户必须人为地将各种工具综合在一起使用。对项目小组来说还有一个重要因素，那就是项目小组的成员都希望能用一个令人印象深刻的新系统，替换原有的 IBM 主机系统。项目小组最终决定选择 Oracle 数据库，而 Seer 公司正准备推出 Oracle 导向的数据库的最新版本。最后，项目小组考虑的是开发工具的费用问题，Seer/HPS 的标价超过 100 万美元，但实际上这比其他的工具都要便宜。

接下来，公司 IT 部门便协助 Seer 公司进行了系统的安装测试工作。实施证明，当时的选择是正确的，所采用的技术获得了较好的效果。

讨论题：

（1）如果你是 FDS 公司的 CIO，你将如何劝说公司有关主管同意一个重新改造公司信息技术机构的项目？

（2）解释 FDS 公司选择 C/S 架构的原因。

（3）解释 FDS 选择 D&T 公司的咨询帮助的影响因素。

（4）评价哪些看起来对这个项目最重要的 SDLC 阶段，同时概括出软件开发过程中值得高度重视的原因。

（5）该组织可以通过哪些方法尽量避免软件开发中出现失败的项目计划、成本估计、度量、里程碑事件、变化控制、质量控制？

本章小结

系统开发生命周期包括计划、分析、设计、开发、测试、实施和维护 7 个工作阶段。每个阶段都有自己独特的工作内容。

系统开发方法常见的有结构化生命周期法、原型法、面向对象法和计算机辅助软件工程 4 种方法。

生命周期法是最传统的一种方法，用在复杂的大中型项目的开发中。该方法是用系统的思想和系统工程的方法，按用户至上的原则，结构化、模块化地自上而下对系统进行分析与设计。该方法首先用结构化分析对软件进行需求分析，然后用结构化设计方法进行总体设计，最后是结构化编程。

原型法是在 20 世纪 80 年代中期为了快速开发系统而推出的一种开发模式，旨在改进传统的结构化生命周期法的不足，缩短开发周期，减少开发风险。原型法的理念是：在获取一组基本需求之后，快速地构造出一个能够反映用户需求的初始系统原型，让用户看到未来系统概貌，以便判断哪些功能是符合要求的，哪些方面还需要改进，不断地对这些需求进一步补充、细化和修改，依此类推，反复进行，直到用户满意为止并由此开发出完整的系统。

面向对象技术是一种按照人们对现实世界习惯的认识论和思维方式来研究和模拟客观世

界的方法学。它将现实世界中的任何事物都视为“对象”，将客观世界看成是由许多不同种类的对象构成的，每一个对象都有自己的内部状态和运动规律，不同对象之间的相互联系和相互作用就构成了完整的客观世界。面向对象方法克服了传统的功能分解方法只能单纯反映管理功能的结构状态、数据流程模型只侧重反映事物的信息特征和流程、信息模拟只能被动地迎合实际问题需要等缺点，构成以系统对象为研究中心，为信息管理系统的分析与设计提供了一种全新的方法。

CASE 方法解决系统开发问题的基本思想是：结合系统开发的各种具体方法，在完成对目标系统规划和详细调查后，如果系统开发过程的每一步都相对独立且彼此形成对应关系，则整个系统开发就可以应用专门的软件开发工具和集成开发环境（CASE 工具、CASE 系统、CASE 工具箱、CASE 工作台等）来实现。

用户可以根据待开发的系统的实际情况确定自己的系统开发策略，包括最终用户开发和资源外包。资源外包又分为 3 种：第一种是许多组织选择购买现成的商品化应用软件包。第二种是有些组织可能发现现成的应用软件包只能满足他们的某些要求。在这种情况下，这些组织将要求软件制造商进行某些修改。第三种是还有些组织将采用资源外包的方式定制开发一个完整的新系统。

本章思考题

1. 简述系统开发生命周期的五步骤及每个步骤的工作内容。
2. 简述几种系统开发方法的异同。
3. 简述几种系统开发方法的优缺点。
4. 试设计将几种方法结合起来的事例。
5. 简述系统开发的几种策略及各自的适用范围。
6. 资源外包过程包括哪几个阶段？

中英文对照

System Development Life Cycle（SDLC）系统开发生命周期

Joint Application Development（JAD）联合应用开发会议

Client/Server（C/S）客户机/服务器

Browser /Server（B/S）浏览器/服务器

Graphical User Interface（GUI）图形用户界面

User Acceptance Testing（UAT）用户接受测试

Structured Analysis（SA）结构化分析

Structured Development（SD）结构化设计方法

Structured Programming（SP）结构化编程

Prototyping 原型法

Object Oriented Method（OOM）面向对象方法

Computer Aided Software Engineering（CASE）计算机辅助软件工程

End-user Development（EUD）最终用户开发

IT Outsourcing 信息技术资源外包

Application Service Provider（ASP）应用服务外包

Request For Proposal（RFP）方案征询书

第6章 管理信息系统实施与管理

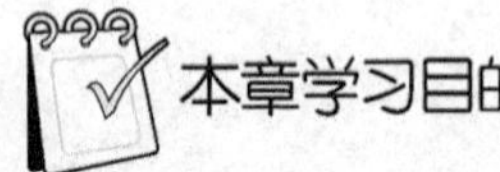

本章主要针对管理信息系统项目的实施过程中的相关问题进行介绍，本章学习目的如下：

（1）信息系统的实施过程涉及规划、选型、测试及转换等工作，要求掌握规划的类型与方法、选型阶段、测试的过程与方法、转换方式等内容。

（2）了解管理信息系统项目、项目管理的概念与范围，掌握在资源、进度、成本的管理过程中的常用方法。

（3）管理信息系统的评价可以为系统的改进和扩展提供依据，要求掌握常用的评价指标与方法。

（4）管理信息系统正式运行后，系统维护成为日常管理工作的主要部分，要求掌握系统维护的类型和内容。

中国邮政财务管理信息系统实施案例

中国邮政作为一家典型的国有大型企业集团，正在进行集团财务管理信息系统的整体规划和实施。中国邮政财务管理信息系统建设的总体目标是建设基于先进财务管理理念，利用信息技术手段进行决策支持和实施有效控制的财务管理平台，实现基础数据规范化、业务流程规范化、管理信息可视化与透明化。财务管理信息系统需要集成的主要功能包括财务会计、收入确认和稽核、采购申请、授权和批准、费用支付控制、全面预算管理、资金资产管理、损益核算、经营分析等。系统要实现财务信息与业务信息的全面融合，推进总部和省两级财务集中管理。

根据邮政财务信息化总体目标，中国邮政确定了邮政财务管理信息系统建设的总体思路："总体规划、分步实施、突出重点、先易后难"。并于 2006 年 8 月全面启动了中国邮政的财务信息化工作。

第一阶段：引入财务会计（总账、报表）搭建起财务管理信息化基础平台，实现财务核算信息化。引入会计核算管理模块及财务报表管理模块，适应执行《企业会计制度》的要求，规范财务会计核算流程和标准，实现集中核算、报表统一自动生成、财务数据共享、远程检查监控等基本功能。解决会计核算的合规性、真实性、准确性、及时性方面的问题，保证会计核算信息质量。同时加强收入管理，考虑与电子化支局、集邮、报刊等业务生产系统的自动对接，实现业务收入数据、往来及库存等数据的自动记账。

第二阶段：在第一阶段实现会计核算数据集中的基础上，对财务管理流程中其他环节实现信息化，优先考虑企业资金和资产管理的信息化，包括工程计划管理、合同管理、工程管理、固定资产管理、资金管理，实现固定资产的全生命周期管理，加强资金的集中管控和运作。构建集团内部银行与集团资金结算管理体系和集团固定资产全生命周期管理体系。根据财务管理信息系统建设的需求，业务部门升级更新相关业务系统，以自动导入业务系统数据的方式采集进行管理会计核算所需业务数据。

第三阶段：搭建起管理会计体系（成本中心会计、作业成本核算、订单和项目会计、产品成本核算、利润中心会计、获利能力分析），实现分专业、分主要产品、分主要生产环节、分区域的损益核算。支持按照虚拟的组织结构、业务范围展示损益核算结果。最后实现全面预算管理、成本费用管理、业务财务一体化、内部控制管理、决策支持的信息化。与人力资源系统、中心局生产作业系统、邮运指挥调度系统及 OA 办公自动化等系统自动对接，从源头开始，整合企业信息系统，建立企业门户，构建起中国邮政的 ERP 系统，实现实物流、资金流、信息流的集成化应用，构造“数字邮政”管理模式。

目前，完成了总账和报表两大模块功能，初步建立起全国联网、统一管理、分层应用，功能扩展灵活，维护方便，运行高效、稳定、安全，数据准确的财务管理信息平台。会计核算数据实现了全国大集中。系统采用基于 B/S 结构的全国大集中方式，所有的数据和业务处理功能都集中在财务系统的全国中心。全国中心、各省公司和地市局的业务处理和查询通过综合网连接到财务系统全国中心进行操作。能够实现省级邮政企业汇总报表的统一自动生成，保证了基层企业报表的准确性和及时性。在信息化建设过程中，同步修订和制定了一系列邮政会计管理规范，修订了《会计核算办法》，制定了《协同业务处理规则》《合并报表管理流程》《财务信息系统管理规范》等。

案例改编自：胡尔纲，陈健. 企业集团财务管理信息系统的构建——基于中国邮政的案例研究[J]. 中国管理信息化，2010，10(13):9-11。

讨论：中国邮政财务管理信息系统经历了哪几个阶段?

6.1 管理信息系统的实施

企业信息化的实施是一个复杂的过程，对系统的灵活性、扩展性提出了更高的要求。系统实施过程是将系统从开发方手中移交到用户手中的过程，这一阶段，不仅需要重视实施的工作质量，还必须兼顾系统的维护性。

软件的开发方向正在向专业化方向发展，一批专门从事信息系统开发的公司已经开发出一批使用方便、功能强大的专项业务信息系统软件。购买信息系统的成套软件或开发平台的策略越来越受到企业的青睐，这也成为信息系统建设的主要策略。

6.1.1 信息资源规划

管理信息系统工程的实质，就是利用现代管理科学和信息技术建立现代信息网络系统，使企业管理活动各个环节通过信息的快捷流通和有效服务，实现资金流、物流和工作流的整合，达到企业资源的优化配置，不断提高企业管理的效率和水平，进而提高企业经济效益和核心竞争能力的过程。而企业现代信息网络的建设，必须以全面、正规的信息资源规划为基础工程和先导工程。

1．信息资源规划的意义

信息资源规划（Information Resource Planning，IRP）是指针对企业的信息采集、处理、传输、使用的全面规划，促进实现集成化的应用开发。它的重要作用在于解决三类问题：

（1）系统集成问题

有些企业已经建立了内部网，或者接入因特网并建立了网站，信息化建设已有相当基础，但是多年来分散开发、引进的信息系统，形成了许多信息孤岛，如何进行信息资源整合与实现系统集成，是 IRP 要解决的第一个问题。

（2）系统重建问题

新建企业需要建立新的信息网络，或者老企业中原有信息系统陈旧落后需要重建，在整套引进新的管理信息系统软件时，企业能否成功，这是 IRP 要解决的第二个问题。

（3）系统选型问题

企业信息化到了中高级阶段，企业领导和 CIO 需要对企业信息系统功能进行总体把握，知道 SCM、ERP、CRM 等应用软件的选型并保证成功实施。特别是当业务发展变化以及管理人员计算机水平提高以后，他们会对现有系统不满意，但对新的系统需求又讲不清楚，这时就面临如何进行应用软件开发或选型的问题。

这三类问题的解决，都有赖于信息资源规划，即在全面树立业务流程，建立企业信息系统功能模型以后，根据各子系统具体情况进行优化、整合、选购、定制或重新开发。

2．信息资源规划的类型

企业各种应用软件系统无论开发或引进，都必须在做好 IRP 的基础上，从实际情况出发分别处理，不能简单照搬“先进软件”。常见的信息资源规划类型有以下 5 类。

（1）整合应用项目

对于已经成熟应用的系统，既要继续使用，又要解决信息孤岛问题，需要建立少量的数据转换接口，与新的数据环境交换数据，即通过数据集成实现新老应用系统的整合。

（2）改造应用项目

对于已经成熟应用的系统，如果建立数据转换接口与新的数据环境交换数据，接口工作量庞大且极其复杂，就应该按新的统一数据模型和数据标准改造老的数据结构，相应修改应用程序。这实际上是不通过接口实现数据集成。

（3）定制应用项目

要求开发商按统一规划建立的功能模型、数据模型、数据标准，为企业开发新系统。

（4）购入应用项目

选购能与统一规划建立的模型、标准都对上号的应用软件，完全相符是比较困难的，通常需要与供应商协商解决部分定制、改制问题。

（5）新开发应用项目

完全按统一规划的结果组织自行开发、联合开发或委托开发。

3．信息资源规划的方法

信息资源规划作为工程技术，包括需求分析、系统建模、支持工具等内容。进行规划的过程就是企业梳理业务流程、搞清信息需求、建立信息标准和模型，用这些来衡量现有的各种系统，符合的就继承并加以整合，不符合的就进行改造优化、选购或重新开发。

（1）重视总体数据规划

企业内部各职能区域间的信息交换，最快捷的机制是访问共享数据库；企业外部的查询请求也是通过检索数据库，以动态页面形式返回。所以要真正实现企业内外信息的流动和共享，最重要的问题就是通过总体数据规划建立结构稳定、信息丰富、更新及时的共享数据库。

（2）建立两种模型和一套标准

两种模型是指系统的功能模型、数据模型，它们是用户需求的综合反映和规范化表达；一套标准是指信息资源管理基础标准，这是进行信息资源开发利用的最基本的标准，最终体现在数据模型中。

（3）加强两类人员的密切合作

信息资源规划需要业务人员和分析人员的密切合作，业务人员对业务流和数据流问题有发言权。业务人员需要分析人员的帮助，以便准确、清楚地表达需求；分析人员需要向业务人员学习，以便了解业务运作机理和管理经验。

总体数据规划和模型、标准的建立实施必须以数据管理标准的建立和实施为基础，否则总体数据规划的成果无法在集成化的系统开发中落实。在进行总体数据规划的过程中进行数据管理标准化工作，从而使总体数据规划更为扎实，其成果更能在集成化的信息系统建设中发挥指导性作用。因此也可以说，将信息资源管理基础标准的建立贯穿于总体数据规划的过程，就是信息资源规划的过程。信息资源规划的实施过程，如图6-1所示。

6.1.2 系统选型

系统选型指用户在拟上新信息系统前，基于客观的需求分析和系统规划，结合信息化投入预算和对市面上主要系统产品和供应商进行的调查、比较、分析、评估，最后选择其中最适合自身需求和特点的产品。包括 5 个阶段的工作准备工作、明确需求、建立评价体系、详细调查和决策，如图6-2所示。

1．准备工作阶段

系统选型的准备工作阶段有三部分。

① 成立项目领导小组。系统选型的第一步工作是成立项目领导小组，项目领导小组成员应包括企业各个重要部门的领导和相关管理人员。项目领导小组负责制订系统的实施计划、各部门的协调工作。

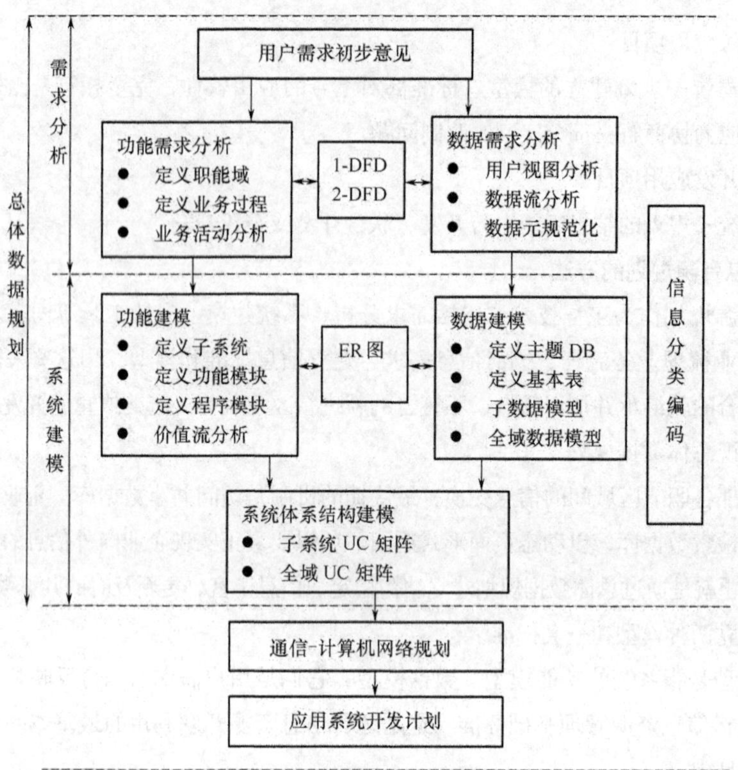

图6-1　信息资源规划实施框图

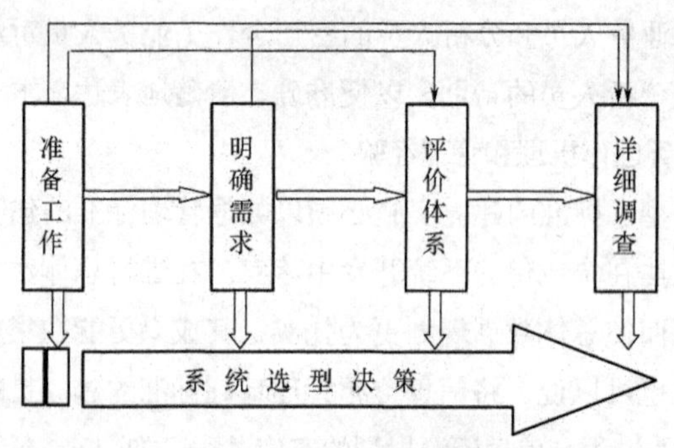

图6-2　系统选型过程

② 充分的ERP知识培训。项目领导小组成立后，应负责制定、实施和监督系统相关的知识培训项目，主要包括原理、应用的计算机技术、系统实施的方法、如何正确地提出需求等内容。

③ 基础管理工作。系统实施将使企业的传统管理方式受到很大的冲击，然而，先进管理的观念不是短期内就能转变的，如果企业的基础管理远不能达到系统实施的基本条件，ERP系统实施失败的概率就会大大提高。

2．明确需求阶段

明确的需求才能保证系统选型有据可循，明确需求有以下3个步骤。

① 评估管理现状。在企业的领导和管理人员掌握了应用的正确思想后，应详细准确地评估企业目前的管理现状：一是基础管理的规范化程度，企业有没有建立较为合理的组

织结构，制定的规章制度的可行性如何，业务流程是否合理；二是产品数据、设计图纸、工艺文件等基础数据的完善程度及准确性如何；三是人员配备及素质，目前的计算机硬件等资源情况。

② 提出需求。明确的需求是系统选型的关键环节，要想选择合适的系统，必须清楚地认识到自身的需求。内部的需求分析，首先要弄清楚各个部门目前管理的现状，存在些什么问题，希望改进的方向及目标；其次从总体上考虑业务流程的合理性如何，软件的功能需求，大致的人员及计算机硬件的配置需求等。

③ 资源预算。在需求了解的基础上，制订项目的财务和资源预算方案，为系统的选型确定预算的限度和范围。

3．制订系统选型的评价体系阶段

在明确需求的基础上，可以从系统功能、企业的经营特点、需求、资源计划等方面综合确定系统的评价体系。系统的评价指标体系包括以下几个方面。

① 系统软件的功能指标，主要包括系统的管理思想的先进性、功能完备程度、系统的集成性、可操作性、可维护性、安全性、开放性、二次开发等分指标。

② 系统服务商评价指标，主要包括资金与技术实力、信誉、系统价格、项目管理水平、提供的培训、顾客服务、版本的升级服务等分指标。

③ 系统软件与企业资源的匹配性指标，主要包括企业的生产经营特点、管理的规范程度、人员素质及配备、硬件资源、资金预算与系统价格等分指标。

4．详细调查阶段

仔细分析软件公司提供的系统的功能和技术，企业对软件系统的功能最好能进行现场演示和实际操作。调查软件厂商的信誉、资金实力、人员素质、是否有长期经营战略计划等，最好能亲自去拜访和了解一下重点考虑的软件公司。调查软件公司的项目实施水平，企业可以根据软件公司提供的成功案例，去已经实施的与本企业生产经营特点相似的企业进行实地考察，充分了解其项目实施的情况。考虑软件厂商是否能提供足够的培训、软件文档的齐全程度、相关技术支持、软件的版本升级服务等，很多中小企业往往会忽略这一点，其实软件的服务是非常重要的。综合考虑软件的性能、价格以及存在的相关风险。

5．系统选型的科学决策阶段

系统的选型是受众多变量因素影响的复杂决策问题，必须采取科学有效的决策方法来进行。主要的科学决策方法有两种：层次分析法和人工神经网络模型。

① 层次分析法（Analytic Hierarchy Process，AHP）。层次分析法是由美国学者 T. L. Satty 在 20 世纪 70 年代首先提出的用于处理复杂的社会、政治、经济、技术等决策问题，对项目方案进行优劣排序和筛选的多目标决策分析方法，是解决系统选型决策的有效方法。（后 6.4 节将做详细说明）

② 人工神经网络模型（Artificial Neural Network，ANN）。人工神经网络是人工智能的一个分支，近些年显示出强大的生命力。它是在现代神经科学基础上通过对大脑的某些特性的模拟，建立由大量神经元互相连接而成的神经网络模型，使计算机模拟了部分人脑的对复杂信息的处理能力和很强的学习能力。人工神经网络应用于系统选型的基本方法是：首先建立

系统选型的评价指标体系，将基础指标中的属性值作为神经网络的输入向量，将评价目标的评价指数值作为输出变量，然后用足够数量的样本来训练神经网络模型，使神经网络模型得到学习而加强自组织适应的能力。

6.1.3 管理信息系统测试

系统测试不仅检测系统的整体行为表现，也是对系统开发设计的再确认，是对集成后的产品和解决方案进行测试。系统测试的目标是验证系统是否满足需求规格说明书的要求。

1．系统测试的目的

G. Myers 对测试目标做出了如下归纳：测试是为发现程序中的错误而执行程序的过程；好的测试方案是很可能发现迄今为止尚未发现的错误的测试方案；成功的测试是发现至今尚未发现的错误的测试。

系统测试的目的是以找出错误为目的，不是要证明程序无错，而是要精心选取那些易于发现错误的测试数据，以十分挑剔的态度寻找程序的错误。实践证明，由于人类思维的严密性是有了如指掌，加上开发中的主观的、心理的、经验等方面的因素影响，大型软件程序开发后，是不可能没有错误的，因此系统测试的目的就是发现程序的错误。

2．系统测试的步骤

由于系统测试的目的是验证最终软件系统是否满足产品需求并且遵循系统设计，所以在完成产品需求和系统设计文档之后，系统测试小组就可以提前开始制订测试计划和设计测试用例，不必等到集成测试阶段结束，这样可以提高系统测试的效率。系统测试的流程，如图 6-3 所示。

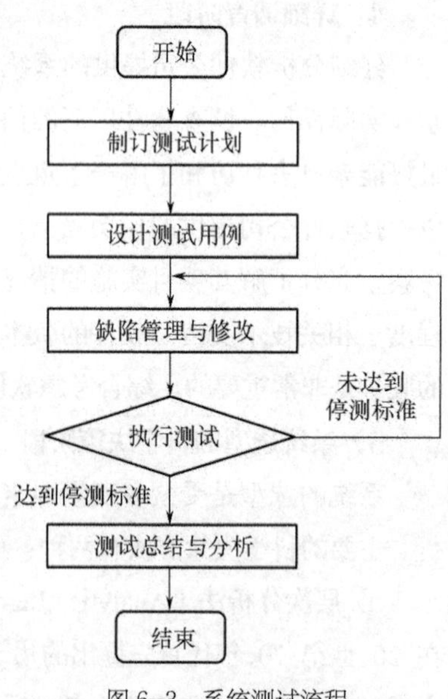

图 6-3　系统测试流程

（1）编写系统测试计划

在计划测试工作中，小组成员应该就如下问题达成一致：产品质量目标是什么，测试任务/作用是什么，测试人员在哪里、如何联系，里程碑的定义；团队之间的责任；哪些功能需要测试，哪些不需要；测试阶段的划分，测试阶段的进入/退出标准；确定测试结束标准（退出机制）；测试度量；风险如何规避。

（2）设计系统测试用例，设计测试步骤

测试设计步骤如下：

理解软件和测试目标；设计测试用例；运行测试用例并处理测试结果；评估测试用例和测试策略。

（3）执行系统测试

执行系统测试就是运行测试用例并处理测试结果的过程。执行系统测试的任务有：运行测试用例并记录结果；评估测试结果并记录缺陷；处理缺陷直至缺陷关闭。缺陷种类有：修改、延迟处理、不修改、不是错误。执行过程是：选择测试用例库中的测试用例运行；选择新设计的测试用例运行；录制或者记录中间步骤和结果；分析测试结果，并尽量重现和优化错误步骤；详细填写缺陷报告并提供尽可能多的信息，尽可能提供错误分析和修改建议；认真审核错误处理结果并及时关闭缺陷报告。

（4）撰写缺陷报告

缺陷报告要素包括编号、测试软件、版本号、测试环境、测试人、测试日期、标题、重现概率、重现步骤、附件、缺陷分析、修改建议（优先级别、严重程度、错误分类）、测试经理、提交日期。

3．系统测试的过程

一般按照自底向上的原则分模块测试、子系统测试、系统总体测试 3 个阶段进行系统测试工作。

（1）模块测试

目的是保证每个模块本身能正常运行，在该步测试所发现的问题大都是程序设计或详细设计中的错误。

对于模块测试，一般分为人工走通和上机测试两步进行。人工走通就是打印出源程序，然后参照详细设计阶段的资料的要求把程序在纸上“走一遍”。程序的错误可分为语法错误和逻辑错误两种情况，一般来说，只要认真检查就可以发现绝大部分的语法错误和部分逻辑错误。当人工走通以后，就可以上机测试了。上机测试即用计算机进行交互测试。

（2）子系统测试

子系统测试又称为分调，是在模块测试的基础上进行的。它把经过测试的模块放在一起形成一个子系统来测试。它主要是测试各模块之间的协调和通信，即重点测试子系统内各模块的接口。

将若干个模块连接成一个可运行的子系统通常有两种方法：①非渐增式测试。即先分别测试每个模块，再把所有模块按设计要求连在一起进行测试。②渐增式测试。即把下一个要测试的模块同已测试好的那些模块结合起来进行测试，测试完成后再把下一个应该测试的模块结合起来进行测试。

（3）系统总体测试

系统总体测试是将经过测试的若干个子系统组装在一起来测试，以发现系统设计和程序设计中的错误，验证系统的功能是否达到设计说明书的要求。

系统总体测试的关键是“真实”和全面，需要将现行系统手工作业方式得出的结果正确的数据作为新系统的输入数据“真实”运行。应该注意以下几点：①测试用例应该是由有实际意义的数据组成的，可以请用户参与测试用例的设计；②对于用户特别感兴趣的功能，可以增加一些测试；③应该设计并执行一些与用户使用步骤有关的测试。

4．系统测试的基本方法

系统测试方法一般分为静态测试和动态测试两种方法。

（1）静态测试

静态测试是在程序上机运行前，通过阅读程序和人工运行程序的方法，发现程序中的语法错误和逻辑错误。上述人工走通就是静态测试方法。

（2）动态测试

动态测试就是模块上机运行测试。在人工运行程序走通以后，就可上机调试。设计测试用例是开始程序测试的第一步，也是有效地完成测试工作的关键。

按照在设计测试用例时是否涉及程序的内部结构，可以分为白盒测试和黑盒测试两种方法。

白盒测试时，测试者对被测试程序的内部结构是清楚的。他从程序的逻辑结构入手，按照一定的原则来设计测试用例，设定测试数据。由于被测程序的结构对测试者是透明的，因此有些书本又称这类测试为玻璃盒测试或结构测试。

黑盒测试的情况正好相反。此时，测试者把被测程序看成一个黑盒，完全用不着关心程序的内部结构。设计测试用例时，仅以程序的外部功能为根据。一方面检查程序能否完成一切应做的事情，另一方面要考察它能否拒绝一切不应该做的事情。由于黑盒测试着重于检查程序的功能，所以也称为功能测试。

6.1.4 系统实施的设备与转换

制定策略讲究的是目标的合理性和计划的可行性，目标庞大，没有重点，计划不完整或操作性差，都是实施中的常见问题。

1．数据的准备

数据准备工作是整个系统实施过程中头绪最多、工作量最大、耗时最长、涉及面最广、最容易犯错误且错误代价极大的一项工作，数据准备阶段所花的时间占整个系统实施时间的50%～85%。数据准备是系统实施过程中一个重要的阶段，应尽可能提早进行数据准备并认真对待。以企业信息系统数据为例，企业原有的各种管理信息，一般需要经过收集、整理、转换才能符合软件系统运行要求。系统的运行依赖数据的准确、及时和完备。数据准备包括：

① 经营资料准备：包括各种物品资料目录、商品资料目录准备；现有客户资料准备；现有供应商资料准备；存货资料准备；商品价格资料准备；财务、出纳资料准备。

② 编码资料准备：包括确定编码规则，然后对下列资料进行编码：对企业所有物料进行编码，确保物料编码的准确性（生产部门）；对所有客户进行编码，整理出客户清单（销售部门）；对所有供应商进行编码，整理出供应商清单（采购部门）；对所有仓库进行编码（仓管部门）；对每个仓库进行货位编码（仓管部门）；整理会计基础资料、期初余额、期初收付款（财务部门）；整理员工资料、部门资料（行政部门）；操作员权限划分（企业管理人员）。

数据准备的注意事项：数据收集的前期准备工作要完备，数据格式标准化和规范化，要有统一组织、严密分工，并且统一准备数据的平台。

2．人员培训

人员培训是成功实施系统的重要因素。因为实施信息系统不只是单纯地使用与掌握一套计算机软件系统，而是实施一个以计算机为工具的人机交互的管理系统。

在整个项目的组织机构中，实施领导组、实施小组和软件公司项目组在整个项目的进展过程中，分别担负不同的责任和扮演不同的角色。基于各个小组的职责不同，生产企业信息系统实施人员构成情况如下。

① 实施领导组构成：实施领导组组长由总经理担任，副组长由副总经理与信息主管共同担任，组员是由各部门的部门经理或副经理组成。

② 实施小组构成：实施小组组长是信息主管，副组长是各业务部门的主管，由业务部门具有丰富工作经验，协调能力强并熟悉本部门业务的管理人员以及计算机开发、维护人员组成实施小组成员。

参与系统开发与维护的技术人员应由以下几类人员组成：系统分析及管理人员；应用系统维护人员；软件开发人员；网络和硬件及数据库专职管理人员；计算机操作和数据录入人员；除此之外，各部门都应配备相应的操作人员。

通过培训使下列人员达到如下目标：

技术人员：了解系统原理，理解系统中产品结构的组成和作用；会运用计算机熟练地输入、查询、修改产品的组成等。

生产管理人员：懂得系统运行原理，会操作菜单查询工单状态，熟悉工作规范，对工单从领料到加工、汇报整个过程清楚，了解缺料、拖期工单的原因，并能进行处理。

数据维护人员：理解自己维护的基础数据在系统中的来源和用途，能熟练操作菜单进行数据维护。

系统管理人员：深刻理解系统运行原理和各模块间的关系，能够为各业务部门提供咨询与培训，并能对系统进行日常维护。

操作员：对系统的基本概念和原理有一定了解；会正确使用菜单上的功能进行数据输入；熟悉数据输入的具体注意事项和规定；熟练地操作计算机。

其他管理人员：根据自己的业务和权限，熟练操作菜单。

3．系统转换

系统转换是指系统开发完成后新老系统之间的转换。系统转换主要有三种方式。

（1）直接转换法

直接转换法就是在确定新系统运行准确无误时，立刻启用新系统，终止老系统运行，这种方法可以节省人员、设备费用（见图 6-4）。考虑到系统测试中试验样本的不彻底性，这种方法一般只用于老的系统已完全无法满足需要或处理不太复杂、数据不很重要的场合。

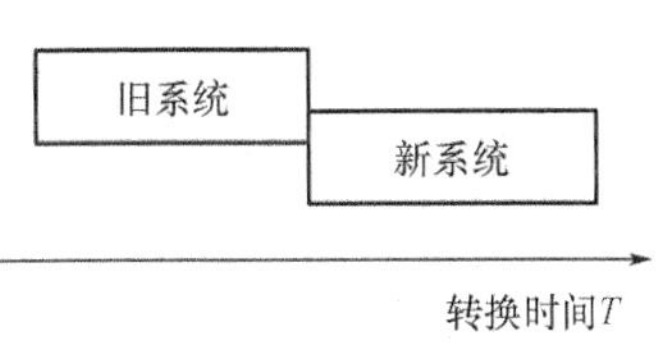

图 6-4 直接转换法

（2）并行转换法

这种方法是新老系统并行运行一段时间，经过一段时间的考验以后，新系统正式替代老系统。在此期间，对照两个系统，利用老系统对新系统进行检验，对新系统以各种方法进行考查和评价。由于是新旧两个系统同时运行，消除了不能正常工作的一些因素，特别是在银行、财务和一些企业的核心系统中，这是一种常用的转换方法。其主要特点是安全可靠，但费用和工作量都很大。这是因为在一段时间内必须有两套人员同时工作，或者一套人员要做两份工作。

一般并行转换法分为两步进行：第一步以原系统作业为正式作业，新系统作校核用；第二步，就是在经过一段时间运行，在验证新系统处理准确可靠后，以新系统处理作为正式作业，原系统的结果作为校验用，直到最后原系统停止运行。并行处理的时间视业务内容而定，短则 2～3 个月，长则半年至一年，转换工作不应急于求成（见图 6-5）。

（3）分段转换法

分段转换又称为逐步转换。这种方式实际是上述两种方式的结合，新系统一部分一部分地替代老系统。那些尚未转换的部分，可以在一个模拟的环境中继续试运行（见图 6-6）。这种方法的优点是既保证了可靠性，又不至于费用太大。缺点是已转换的新系统和正在运行的老系统之间存在信息交换困难。另外这种分段方式对系统的设计和实现都有更高的要求，例如数据的传递等，否则无法实现分段转换。

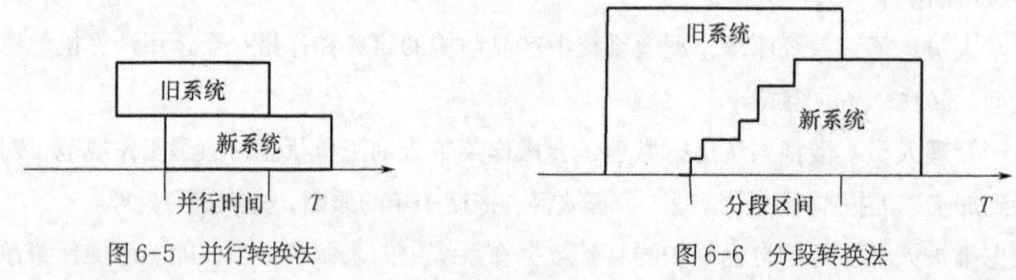

图 6-5 并行转换法　　　　图 6-6 分段转换法

无论采用哪种转换方法，在系统的转换过程中，都应注意以下问题。这些问题解决得好，将给系统的顺利转换创造条件。

① 新系统的投运需要大量的基础数据，这些数据的整理与录入工作量特别庞大，应及早准备、尽快完成。

② 系统切换不仅是机器的转换、程序的转换，更难的是人工的转换，应提前做好人员的培训工作。

③ 系统运行时会出现一些局部性的问题，这是正常现象。系统工作人员对此应有足够的准备，并做好记录。系统只出现局部性问题，说明系统是成功的；反之，如果出现致命的问题，则说明系统设计质量不好，整个系统甚至要重新设计。

归纳三种新旧系统转换方式可见：直接转换方式简单但风险大，万一新系统运行不起来，就会给工作造成混乱，适合在系统小且不重要或时间要求不高的情况下使用；并行转换方式无论在工作安全上，还是在心理状态上均是较好的，这种方式的缺点就是费用高，所以适合于系统安全性要求特别高的管理信息系统中；分段转换方式是为克服并行转换方式缺点的一种混合方式，因而属于一种很灵活的方式，可以通过控制各个分段区间的大小来满足各种不同要求的管理信息系统。

6.2 管理信息系统的项目管理

管理信息系统的开发工作是智力密集型的项目，难以量化，要求开发人员既懂管理又懂技术，但是实际情况通常是管理专家不懂技术，开发人员又对管理知识不了解，因而信息系统的项目管理难以进行。因此有效的项目管理是项目获得成功的重要条件，信息系统的项目管理具体包括开发项目的范围、可能遇到的风险、需要的人力资源、要实现的任务、工作量的估计以及进度的安排等设计。项目管理贯穿于信息系统开发的全过程，从系统构想到实现，以及系统的持续运行，直至信息系统终止运行为止。

6.2.1 项目及项目管理

1．项目的概念

项目是在一定的组织机构内，在限定的资源条件下，在计划的时间里，按满足一定性能、一定质量与数量的要求去完成的一次性任务。简单地说，建一幢楼房、为企业设计一套财务管理系统、策划一场文艺演出都可以称为一个项目。项目是一项有待完成的任务，是一个过程，而非过程终结后所形成的成果，具有特定的环境与要求。任何项目的实施都会受到一定的条件约束，这些条件来自多个方面，如环境的约束、资源的约束和理念的约束等。项目实施的结果必须满足预定的性能、质量、数量和技术指标等各项要求。为了达到预期目标，项目包含 5 个要素：项目的界定范围、项目的组织机构、项目的质量、项目的费用、项目的时间进度。

2．项目管理

项目管理是为实现项目目标，有效地组织和利用各种资源，严格地控制项目进度，以满足用户及有关方面需求的管理工作的总称。具体而言，项目管理就是将知识、技能、工具和技术应用于项目活动，以满足项目的需求。

将管理信息系统实施确立为项目以后，整个实施过程应该成为一个项目管理过程，其基本特点如下。

① 项目管理是一项复杂的工作，一般由多个部分组成，工作跨越多个组织，需要运用多种学科的知识来解决问题，执行过程中有许多未知因素，每个因素又经常带有不确定性；

② 项目管理是一项具有创造性的工作，总是带有探索性质，会有较高的失败率；

③ 项目管理需要集权领导和成立专门的项目组织，项目越大越复杂，涉及的学科技术种类愈多，项目进行过程多半贯穿于各组织部门，要求这些部门做出快速且相互关联依存的反应。传统的职能组织不能尽快与横向协调的需求相配合，因此需要建立围绕专一任务进行决策的机制和相应的专门组织，其成员由不同专业、来自不同部门的专业人员构成。

项目管理的基本内容如下。

① 项目目标管理。主要任务是明确为什么实施该项目，项目必须达到什么样的结果，如何实施该项目，项目工作的具体内容是什么，以及如何定义项目完成、项目目标和项目范围的确定。

② 项目进度计划管理。项目进度计划是确定项目如何进行的路标，也是一种制定决策的工具。一个完善的项目进度计划必须清楚地说明整个项目将完成什么、每项具体工作如何去做、由谁来做、在何时做、将在什么地方做、各自需要一些什么资源等。

③ 项目执行。包括项目资源管理、项目跟踪控制、项目风险管理等内容，是执行项目进度计划的具体措施。

④ 项目终止。当一个项目实现的目标已经实现，或是已经明显看到该项目的目标不再需要或不可能实现时，该项目即达到了它的终点。

6.2.2 确定项目范围与制订项目计划

1．确定项目范围

项目计划的第一个任务是确定系统范围，项目经理在开始阶段与客户进行项目需求讨论时，双方应该一起明确需求，就项目解决的具体问题及对应措施达成一致意见，满意的说明书是这个阶段的结果。大多数情况下，协议不会在第一轮就达成，而会反复很多次，直到双方都满意。

说明书不是静态文件，而是动态文件，是整个项目监控过程的一部分。在整个项目生命周期中，情况不断变化，客户的需要同样也在不断变化，说明书也将随之修改。在每次主要项目状态评审时，要重新评审说明书，看说明书是否仍然适用，如果不适用就要修正说明书，并相应修正项目计划。

2．制订项目计划

应将信息系统的开发视为一个工程项目予以管理，其主要内容是运用系统工程方法制订开发工作计划，并对计划的落实进行组织、监督与控制，以保证项目按时按质完成。

编制项目计划首先要确定的内容是：开发阶段、子项目与工作步骤的划分；子项目之间的依赖关系与系统的开发顺序；各开发阶段、子项目与工作步骤的工作量。在此基础上，根据项目的总进度要求，用某种或多种工程项目计划方法（如甘特图、网络计划图等）制定出具体工作内容与要求，落实到具体的人，限定完成时间的行动方案，即项目工作计划。

开发的每个阶段都要有明确的成果，开发阶段的细化就是工作步骤，每个步骤都要完成一项具体的工作。按系统的构成划分子项目，分析子项目之间的依赖性，确定开发顺序。信息系统开发阶段、子项目及工作步骤、工作量的核定一般只能依据经验估计。

项目经理制订的项目计划包括以下一些内容。

① 组建与管理项目团队，与项目团队一起进行项目初步研究，识别商业问题、要求、范围和收益。

② 划分项目阶段，确定关键的项目成果与接收标准。

③ 制订项目计划，根据系统的构成和子系统的先后顺序进行工作分解，并与项目团队及客户沟通。

④ 确定需要的资源，包括考虑到客户的参与。

⑤ 估算时间和阶段。

⑥ 与开发组一起确定适当的技术方法。

6.2.3 资源估算

项目计划的第二个任务是对完成该项目所需的资源进行估算，对每种资源都应说明 4 个特性：资源的描述、资源的有效性说明、资源在何时开始需要、使用资源的持续时间。项目开发中所需资源主要有两类：人和工具（硬件和软件）。

1．人力资源

在各种开发资源中，人力资源是最重要的资源。首先要考虑的就是人员的技术水平、专业、数量以及在开发过程各阶段中对各种人员的需求。

在需求分析阶段，主要参与者是管理人员和项目经理，初级技术人员参与较少；在具体设计、编码、测试时，参与开发工作的管理人员逐渐减少，大量工作由初级技术人员去做；在开发后期，需要对系统进行检验、评价、验收，管理人员和高级技术人员将投入大量精力。

2．硬件资源

项目开发过程中一般考虑三种硬件资源：宿主机，项目开发时使用的计算机及外围设备。目标机，运行项目时所需的计算机及外围设备。其他硬件设备，专用软件开发时所需的特殊硬件资源。

6.2.4 工期估算与进度安排

1．工期估算

工期估算与开发人员的技术水平和开发经验等因素有关，具体估算方法有以下几种：

（1）利用与其他活动的相似性估算

某些活动可能与其他项目中完成的活动相似。可以利用这些活动及其工期，来估算目前项目活动的工期。在有些情况下，也许需要从其他活动外推到现在需要估计的活动。如历史数据估算法，即根据其他项目手册中记录的工期数据，估算本项目的工期。

（2）专家建议

如果项目要采用突破性的技术或首次使用的技术，在本组织中就很可能缺乏与这些技术相关的经验及专业人员。在这种情况下，就需要外部权威专家来估算工期。

（3）Delphi 技术

这是种团队技术，在缺乏专家的情况下能做出非常好的估计。它通过总结集体智慧来进行估计，在团队成员听取完项目简报和活动特征之后，每个成员对工期做出猜测，然后将结果列出，让列出最大工期和最小工期的成员说出原因，然后进行第二轮和第三轮的猜测。

（4）三点技术

这种方法要求对活动做三种估计——乐观的、悲观的、最可能的，最后确定活动最终完成的工期。

（5）扩展 Delphi 技术

将 Delphi 技术与三点技术相结合，就得到扩展 Delphi 技术。它包括一个小组，但每个成员不是只做一种估计，而是要做出三种估计，然后汇总结果删除极端数据，对三种估计分别去平均值。

2．进度安排

对信息系统开发项目的进度安排有两种方式：一是系统最终交付日期已确定，系统开发部门必须在规定期限内完成；二是系统最终交付日期只确定了大致的时限，最后交付日期由系统开发部门确定。实际工作中常采用前一种方式，即项目必须在规定的期限内，合理地分配人力和安排进度，保证项目完成。常见的进度安排方法有甘特图和 PERT（计划评审技术）法。

（1）甘特图

这是较早采用的一种方法，在简单、短期的项目中得到了有效的应用。首先用长方形横条来表示项目的各项活动，长度代表活动的工期。项目经理依据活动完成的顺序沿水平方向在时间跨度上布置横条，有时几项活动可以同时进行。活动进行的次序主要受资源可利用性的约束，如表 6-1 所示。

表 6-1 甘特图

项目代码	工作项目	进度安排								主要承担小组
		2015				2016				
		9	10	11	12	1	2	3	4	
1	系统规划									分析设计组
2	系统分析									分析设计组
3	系统设计									分析设计组
4	硬件安装调试									硬件组
5	设计调试子系统									软件组
6	人员培训									分析设计组
7	系统转换									所有小组
8	系统评价									所有小组

甘特图隐藏了很多次序信息，只反映了项目经理想完成工作的时机，不能分辨出活动的先后。项目经理不能根据甘特图判断资源是否被有效利用。

（2）PERT 图

PERT 图使用一些节点和线路代表项目活动的相互关系，节点代表事件，线路代表活动，线路上的数字代表活动所需时间，节点上面的方框里有两个数字，分别表示最早和最晚结束时间。

PERT 图画好后就要确定关键路线，这是一条由起点到终点的线路，所需时间最短，所以如果这条线路上的活动不能及时完成，整个项目就要延期，由于这个原因管理人员应该特别注意加强关键流程的管理。图 6-7 表示系统开发过程的 PERT 图。

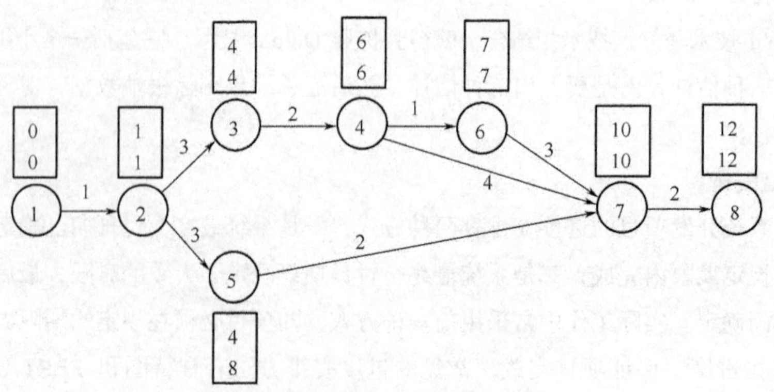

图 6-7 系统开发的 PERT 任务网络图

事件代号：

1——硬件系统的实现；2——软件系统的实现；3——人员培训；4——基础数据整理；5——试运行；6——系统切换；7——系统评价与审计；8——正式运行。

PERT 图揭示出各项任务的相互依赖关系，并能帮助回答三个普遍的管理问题。

① 在一个活动开始之前，必须完成哪些先行活动？

② 当一个活动正在进行中，还有哪些活动可以同时去做？

③ 在一个活动完成之前，哪些活动不能开始？

④ 在绘制 PERT 图之前，先要确定每个活动的任务、开始时间、持续时间，再确定各活动的次序，即活动之间的先后关系。

在分析项目进度时，需要知道下列问题。

① 事件最早开始时间；

② 在不影响项目进度的前提下，事件最迟什么时候开始。

6.2.5 项目开发成本估算

信息系统的成本由四项构成：硬件成本、软件成本、维护和维修成本、使用成本。

① 硬件成本指购置计算机系统的一次性购置费用或租赁费用；

② 软件成本是外购软件和自行开发软件所需投入的费用；

③ 维护和维修成本不根据每月的实际发生额来核算，因为这样会有很大波动；

④ 使用成本包括操作、运行、管理人员的费用，每项具体应用耗费的机时，其他辅助材料（如打印纸、光盘等）。使用成本是与用户最为密切、最直接的成本，用户会明确看到自己对系统进行不同数量访问时的耗费，也会发现由于自己输入数据的差错或重复而导致成本发生的直接影响。

在信息系统成本分析中，又可按成本性态分为固定成本、可变成本和半可变成本，如表 6-2 所示。统计研究表明，硬件成本所占比例正逐步下降，而人力、服务成本所占比例正呈上升趋势。

表 6-2 成本性态

成 本	短期内性态
1. 数据输入	
设备	固定
人员	半可变
服务	可变
2. 计算机操作	
硬件	固定
人员	半可变
服务	可变
3. 系统分析与程序设计	可变
4. 行政管理	固定

6.2.6 风险管理

环境变化会给项目带来很多不确定的因素，风险管理就是事先估计可能会发生的事件发生的可能性并采取措施，进行有效的控制。项目经理通过选择应对方案，降低风险和减少可能发生的损失。风险管理一般涉及以下一些问题。

① 有哪些风险可能发生？

② 风险带来损失的可能性有多大？

③ 风险带来的损失有多大？

④ 有什么替代方案，会产生别的风险吗？

⑤ 如何减少或消除损失？

Standish Group 就项目失败的原因调查了 1000 多位 IT 经理，显示的 10 条最主要的原因如下：需求不完整；缺少用户参与；缺少资源；期望不能实现；缺少执行支持；需求和规范不断变化；缺少计划；对项目的需求不复存在；缺少 IT 管理；技术缺乏。

为了增加项目成功的可能性，项目团队必须有一套程序以处理风险，它应包括以下 7 个步骤。

① 识别风险区域及风险因素；

② 评估这些风险因素及其发生的可能性、潜在的危害；

③ 分配合适的资源，减少风险因素；

④ 识别并分析减少风险因素的替代方案；

⑤ 为每种风险因素选择最佳替代方案；

⑥ 为选出的替代方案制订实施计划；

⑦ 获取反馈以确定采取的风险规避行动是否成功。

6.2.7 质量管理

信息系统的质量包括两个方面：系统的建设质量（即开发的产品质量、服务质量）和系统的运行质量（即系统运行过程中提供的服务能否充分发挥功能、特性）。

1．质量保证体系

按照 ISO 9004 的规定，信息系统的质量管理体系由组织机构、职责、质量管理活动程序（过程）这 3 部分组成。

（1）组织机构

组织机构是质量体系的组织保证，组织结构要合理，纵向做到统一指挥和分级管理，横向做到部门分工协作，联系渠道畅通，并有较强应变能力。

（2）职责

职责即组织中各部门、各人的任务和责任都要落实，这样才能保证管理有效。

（3）质量管理活动程序（过程）。

质量管理活动程序主要包括确定目的、范围、职责、实施步骤、文件和记录。

2．质量保证模式

ISO 9002 质量保证模式的标准包括以下内容。

（1）组织模式

企业指定一名信息系统的管理代表，其权力如下：

① 确保按 ISO 9002 标准建立并运行信息系统；

② 向有关领导报告系统的质量，保证体系的运行情况以改进体系；

③ 就质量保证体系的有关问题与外部机构联系。

（2）各质量要素的权限分配

① 管理评审——对质量保证体系运行进行监督和评价；

② 合同评审——当系统委托外单位开发时签订的合同的评审；

③ 文件和资料的控制由专人负责；

④ 质量控制记录的手机、编目、保管、借用等由专人负责；

⑤ 内部质量审核——由与审核对象无关的人员执行；

⑥ 培训——由专人负责培训、考核、记录培训情况；

⑦ 服务。

（3）评审

由企业领导组织有关部门定期、独立地评审，确保质量体系持续有效。

6.3 管理信息系统的维护

系统交付使用投入运行后，维护工作正式开始。系统维护的主要任务就是对系统的运行过程进行控制，对运行状态进行记录，并对系统进行必要的修改、调整、完善、扩充。

6.3.1 系统维护的类型

一般有 4 种类型的维护。

1．正确性维护

正确性维护是改正系统在开发阶段已经发生的而测试阶段尚未发现的错误。一般来说，这类故障是由于遇到了以前从未有过的数据输入组合，或者是软件和硬件有了不正确的界面而引起的。在软件交付后发生的故障，有些不太重要，有些则很重要，甚至影响企业的正常营运，必须进行修改，而且要复查和控制。

2．适应性维护

这是为了适应外界环境变化而进行的修改。一方面是适应企业外部环境变化的维护，例如政府政策法令的变化、竞争对手的变化等；另一方面是计算机技术的迅速发展，如采用新设备、新技术可以扩大系统功能、改善系统性能时进行的维护，如操作系统版本变更、数据环境变动时都要进行这类维护。

3．完善性维护

这是为了扩充功能、改善性能而进行的修改，即对已有的软件系统增加一些在需求规范书中没有规定的功能与性能特征，还包括对处理效率和编写程序的改进。例如，将几个小程序合并成一个单一的程序，从而提高处理效率；有时因系统内存不够，希望把一个占用整个机器容量的大程序分成几个只占小容量内存而且运行时间相同的小程序段，优化软件设计。总之完善性维护是在应用软件系统使用期间，为了不断改进和加强系统的功能与性能，以满足用户日益增长的需求进行的维护工作。

4．预防性维护

这是基于维护人员不应被动等待用户提出要求再进行维护的思想，应该选择寿命较长、目前可以运行但不久就需要调整的系统进行维护，目的是减少以后的维护工作量、时间和费用。

6.3.2 系统维护的内容

1．程序维护

因为业务处理的变化使系统业务出现故障时，需要修改部分程序，之后还要验证，填写修正表，主要原因包括：①为适应外部业务环境变化；②管理人员要求变化；③信息中心工作人员要求维护。

2．数据文件的维护

因为业务处理的变化，需要建立新文件，或者对现有数据文件进行修改。数据文件的维护主要有3类。

（1）数据文件的安全性、完整性控制

保护数据库，防止非法使用造成的数据破坏、泄露、更改，在系统中安全措施是逐级逐层设置的。

（2）数据库正确性保护、转储与恢复

数据库正确性保护、转储与恢复包括定期备份数据库，做好应用数据库记录以便查找错误来源，每次修改都备份修改前后的内容以便查阅，系统故障时用备份文件恢复数据库等工作。

（3）数据库的重组织与重构造

数据库运行一段时间后会使物理存储变差，降低存储空间利用率和访问效率，所以需要对数据库进行重新组织。有时实际业务情况发生变化，原设计不能很好地满足业务需求，也需要改变数据库的逻辑结构。这种维护只能做部分修改，如果环境变化太大就不能满足要求，只有重新设计数据库，才能适应系统需求。

3．代码维护

随着系统变化，需要修改旧的代码或制订新的代码体系。代码维护的困难在于新代码的贯彻，除了代码管理部门外，其余部门管理人员都要负责贯彻使用新代码。

4．设备维护

设备维护包括日常保养和发生故障的修复工作，这是一项长期的技术性工作，关系到信息系统的运行效率和使用寿命。

6.4 管理信息系统的评价

管理信息系统在运行过程中除了不断进行大量的管理和维护工作外，还要由系统分析人员、开发人员、管理人员共同参与，定期对系统的运行状况进行评价，为系统的改进和扩展提供依据。

这种评价的主要目的是评价系统对于企业的运行是否仍处于有效的适用状态：

如果评价结果是系统基本适用但需要改进，则要做好维护工作；

如果评价结果是系统已经不能满足管理需求，不能适应组织发展，则说明系统的生命周期已经结束，必须进行升级或新的开发。

系统评价一般从 4 个方面进行考虑：系统是否达到预定目标，目标是否需要修改，系统的适应性、安全性，系统的社会经济效益。

6.4.1 评价指标

管理信息系统投入运行后，它的工作质量、经济效益、资源利用程度、对组织的影响等方面都是领导关心的问题，在做系统评价时，首先要建立评价指标体系。

1．系统质量的评价

信息系统的质量是指在特定的工作环境下，系统在一定范围内提供信息的好坏。评价信息系统的质量通常使用以下指标。

① 用户对系统及业务需求的满意程度。指系统是否满足了用户和管理业务对系统的需求，用户对操作过程和运行结果是否满意。

② 系统的开发过程是否规范。指系统开发各个阶段的工作过程以及文档资料是否规范等。

③ 系统所提供信息的质量和实用程度。包括系统采用的推理、分析及结论的有效性、准确性、被管理人员引用的比率；系统功能的先进性、有效性、完备性；系统运行结果的有效性、可行性、完整性，以及提供信息的准确程度、精确程度、响应速度。

④ 对信息资源利用率的提高程度。考查系统是否最大限度地利用了现有的信息资源并充分发挥了它们在管理决策中的作用，包括对控制库存、减少储备资金方面的贡献，对提高资金利用率、加速资金周转、分析和控制资金流动状态方面的贡献。

⑤ 对管理模式、管理方法的改变和提高。包括对生产经营的影响程度，对提高组织对市场适应能力和竞争力方面的贡献，对管理决策提供的信息支持程度，对组织管理科学化、规范化方面的作用，对组织工作效率、工作质量和劳动生产力的提高程度。

⑥ 系统自身的投入产出比率。系统的性能、成本—效益综合比，用于综合衡量系统质量，集中反映信息系统质量的好坏。

2．系统运行的评价

系统运行一般从以下几个方面进行评价。

① 系统开发预定目标的完成情况

系统开发预定目标的完成情况包括系统实现目标与开发目标的对比，各级管理人员对系统的满意程度，系统功能和成本是否符合期望，开发过程和文档是否规范、齐全，系统的可维护性、可扩充性、可移植性如何，各种资源利用情况如何。

② 系统的实用性

系统的实用性包括系统运行是否稳定可靠，安全保密措施是否有效，用户是否满意，系统的容错能力和恢复能力如何，运行结果是否支持管理活动。

③ 系统运行的效率

系统运行的效率包括硬件利用率如何，数据处理与传输是否匹配，各工作站负荷是否均衡。

6.4.2 评价方法

1. 多因素加权平均法

这是一种比较简单易用的综合评价方法，利用系统评价理论中关联矩阵法的思想，把各项评价指标排列成表格，请专家对每个指标按重要性给出权重，范围为 0～1，各权重之和为 1，再请专家针对被评价的系统给各指标打分，分值范围为 0～10，如表 6-3 所示。

表 6-3 多因素加权平均评价法

指标 / 系统	指标 1	指标 2	……	指标 *n*	加权平均分
权重	*W*1	*W*2	……	*Wn*	
系统 1（评分 *X*1）	*X*11	*X*12	……	*X*1*n*	
系统 2（评分 *X*2）	*X*21	*X*22	……	*X*2*n*	
……			……		
系统 *m*（评分 *Xm*）	*Xm*1	*Xm*2	……	*Xmn*	

可用的评价指标如重要性、实用性、准确性、及时性、友好性等，根据具体情况设置。

（1）确定专家权重

专家权重代表专家的权威性，由评价者根据专家知识面和经验丰富程度决定。

（2）确定指标权重

所有专家针对某指标权重进行打分，结合专家本人的权重，求得每个指标的权重值。

（3）确定指标评分值

所有专家对某个系统的各项指标进行打分，结合专家权重计算得到。

（4）确定某个系统的得分

根据某系统各项指标的评分值，结合各项指标权重计算得到。

显然专家数越多，评价越接近实际；综合评分越高，说明系统越好。可以规定：综合评分达到 9 分以上的为极好的系统，8～9 分为良好系统，4～6 分为一般系统，2～4 分为差系统，0～2 分为极差系统，所有系统得分进行排序，就得到系统好坏的相对顺序。

2. 层次分析法

1973 年美国运筹学家 T. L. Satty 针对现代管理中存在的很多复杂、模糊不清的相关关系如何转化为定量分析的问题，提出了一种层次权重决策分析方法（Analytic Hierarchy Process，AHP）。

这种方法针对系统特征，是应用网络系统理论和多目标综合评价方法发展起来的，是一种多准则决策方法，用于解决难以用其他定量方法进行决策的复杂系统问题。它将定量与定性相结合，充分重视决策者和专家的经验和判断。将决策者的主观判断用数量的形式表达和处理，能大大提高决策的有效性、可靠性和可行性。因此 AHP 方法非常适合信息系统的评价，尤其多个系统的比较。

使用 AHP 方法进行评价，大体分为 5 个步骤进行。

（1）建立层次结构模型

在深入分析面临的问题之后，把问题中包含的因素划分为不同层次，如目标层、准则层、指标层、方案层、措施层，用框图形式说明层次的递阶结构与因素的从属关系。某个层次包括因素较多时，可将该层次进一步划分为若干子层次。

根据系统的内在联系，找出上层元素和下层元素间的因果关系，将有关系的元素之间用直线连接。如果某元素与下一层的所有元素都有联系，称为全层次关系，否则为不完全层次关系。

（2）构造判断矩阵

为了将上下层相关元素的相关程度转化为定量的相对值，就需要构造判断矩阵，矩阵元素值反映人们对因素相对重要程度的认识，采用数字 1～9 及其倒数形式来表示，如表 6-4 所示。如果是 B 与 A 相比，判断值就用倒数表示。这个数值一般采用专家调查法获取。

表 6-4　判断矩阵元素值的含义

元素值	含义
1	表示两个因素相比，具有相同重要性
3	表示两个因素相比，前者比后者稍重要
5	表示两个因素相比，前者比后者明显重要
7	表示两个因素相比，前者比后者强烈重要
9	表示两个因素相比，前者比后者极端重要
2 4 6 8	表示上述相邻判断的中间值
倒数	若因素 i 与因素 j 的重要性之比为 a_{ij}，那么因素 j 与因素 i 重要性之比为 $a_{ji}=\frac{1}{a_{ij}}$

（3）层次单排序及其一致性检验

通过判断矩阵 A 的特征根求解（$AW=\lambda_{\max}W$）得到解 W，经归一化后即为同一层次相应因素相对重要性的排序权值，这一过程称为层次单排序。

为进行层次单排序的一致性检验，需要计算一致性指标为 $CI=(\lambda_{\max}-n)/(n-1)$。

对于 1～9 阶判断矩阵，平均随机一致性指标 RI 的值如下：

n	1	2	3	4	5	6	7	8	9
RI	0	0	0.58	0.90	1.12	1.24	1.32	1.41	1.45

当随机一致性比率 $CR=CI/RI<0.10$ 时，认为层次单排序的结果有满意的一致性，否则需要调整判断矩阵的元素取值。

（4）层次总排序及其一致性检验。

计算同一层次所有因素对于最高层（总目标）相对重要性的排序，称为层次总排序。这一过程是从最高层次到最低层次逐层进行的。

设上一层次（m 层）包含 $A_1,\cdots,A_m$ 共 m 个因素，它们的层次总排序权重分别为 $a_1,\cdots,a_m$。又设其后的下一层次（n 层）包含 n 个因素 $B_1,\cdots,B_n$，它们关于 Aj 的层次单排序权重分别为 $b_{1j},\cdots,b_{nj}$（当 Bi 与 Aj 无关联时 $b_{ij}=0$，）。现求 B 层中各因素关于总目标的权重，即求 B 层各因素的层次总排序权重 $b_1,\cdots,b_n$，计算公式即 $b_i=\sum_{j=1}^{m}b_{ij}a_j$，$i=1,\cdots,n$。

对层次总排序也需作一致性检验，检验仍像层次总排序那样由高层到低层逐层进行。这是因为虽然各层次均已经过层次单排序的一致性检验，各成对比较判断矩阵都已具有较为满意的一致性。但当综合考察时，各层次的非一致性仍有可能积累起来，引起最终分析结果较严重的非一致性。

设 B 层中与 Aj 相关的因素的成对比较判断矩阵在单排序中经一致性检验，求得单排序一致性指标为 $CI(j)$，（$j=1,\cdots,m$），相应的平均随机一致性指标为 $RI(j)$ ［$CI(j)$、$RI(j)$ 已在层次单排序时求得］，则 B 层总排序随机一致性比例为

$$CR=\frac{\sum_{j=1}^{m}CI(j)a_j}{\sum_{j=1}^{m}RI(j)a_j}$$

当 $CR<0.10$ 时，认为层次总排序结果具有较满意的一致性并接受该分析结果。

3．数据包络分析法

数据包络分析方法的 CCR 模型可以看作是处理具有多个输入（越小越好）和多个输出（越大越好）的多目标决策问题的方法。它是根据一个关于输入/输出的观察值来估计有效的生产前沿面。在经济学和计量经济学中，统计有效生产前沿面通常使用统计回归及其他一些统计方法。具体来说是使用数学规划模型比较决策单元之间的相对效率，对决策单元做出评价。

在企业管理信息系统的评价中，可以根据投资项目的输入数据和投资后管理信息系统的输出数据来评价。输入数据是指投资项目在投资过程中需要耗费的某些量，如投入项目资金总额、投入的专业人数及素质情况等。输出数据是指建设项目经过一定的输入后，所产生的表明该管理信息系统活动成效的某些信息量，根据输入数据和输出数据来评价信息系统规模效益的优劣，即所谓评价信息系统间的相对有效性。

4．经济效果评价方法

建立企业管理信息系统的目的在于提供完整、准确的信息，提高管理工作效率和经营决策水平，减少管理中的失误，使生产经营活动获得最佳经济效益。评价经济效果可以从直接经济效果和间接经济效果两方面分析。

（1）直接经济效果

直接经济效果是可以计量的，它取决于应用计算机管理后，由于合理利用现有设备能力、原材料、能量，使产品产量或提供的服务的增长，由于劳动率提高，物资储备减少，产品或服务质量提高，非生产费用降低，使生产或服务的成本降低。直接经济效果主要通过四项经济指标来表示：

① 年收益增长额 P。

$$P=[(A2-A1)/A1]\cdot P1+[(C1-C2)/1000]\cdot A2$$

$A1$、$A2$——应用管理信息系统前/后年产品销售总额（千元）；

$P1$——应用管理信息系统前产品销售的收益总额（千元）；

$C1$、$C2$——应用管理信息系统前/后每千元产品的成本费（元）。

② 投资效果系数 E。

$$E=P/K\geqslant En$$

K——管理信息系统的投资总额（千元）；

En——国家规定的定额系数。

如果 E 大于或等于 En，就认为管理信息系统应用是有益的。

③ 投资总额 K。

$$K=Kd+Kk+\Delta Oc$$

Kd——系统开发和转换费用（千元）；

Kk——设备购置、安装和厂房建设费用（千元）；

ΔOc——系统实施后流动资金的变化。

④ 投资回收期 T。

$$T=K/P$$

（2）间接经济效果

间接经济效果反映在企业管理水平的提高上，主要表现在管理体制合理化、管理效果最优化、基础数据完整统一，管理人员摆脱繁杂的事务性工作，真正把主要精力放在信息的分析和决策等创造型的工作，提高企业管理的现代化水平。

总之衡量企业管理信息系统投资回报的核心就是“物有所值”，投资回报更多地反映在节约企业运作成本、缩短资金偿还周期、职工收入提高和生产力提高等方面。

除了上述评价方法以外，还可以采用关联矩阵法、模糊综合评价法、主成分分析评价方法、基于 BP 人工神经网络的评价等方法。这些方法都有它们各自的特点和适用范围，目前对评价方法的研究主要集中在对信息系统经济效益的评价与预测、对信息系统本身质量的评价和对信息系统进行多指标评价等方面。

系统评价工作结束后应该及时完成一份完整的系统评价报告，以此作为系统进一步改进和完善的依据，其中包括 3 方面的内容。

① 系统的目标、结构、功能是否合理，是否满足实际工作的需要。

② 系统的各项指标及综合评价结果。

③ 系统改进方向。

本章小结

企业现代信息系统的建设，必须以全面、正规的信息资源规划为基础工程和先导工程，它的重要作用在于解决系统集成问题、系统重建问题、系统选型问题，信息资源规划根据具体情况分为 5 种类型，进行规划的过程就是企业梳理业务流程、搞清信息需求、建立信息标准和模型。为了确保系统实施质量需要进行系统测试工作、基础数据的准备工作、相关人员的培训工作及系统转换工作。实施过程中要注意解决客户需求、资源需求等方面的变化问题。

有效的项目管理是项目获得成功的重要条件，信息系统的项目管理具体包括确定开发项目的范围、评估可能遇到的风险、确定需要的人力资源及要完成的任务、工作量的估计以及进度的安排等。项目管理贯穿于信息系统开发的全过程，从系统构想到实现，以及系统的持续运行，直至信息系统终止运行为止。项目管理过程中有一些常用的规范的管理工具和技术，为管理人员提供重要的辅助作用。

管理信息系统在运行过程中除了不断进行大量的管理和维护工作外，还要由系统分析人员、开发人员、管理人员共同参与，定期对系统的运行状况进行评价，为系统的改进和扩展提供依据。系统评价一般从 4 个方面进行考虑：系统是否达到预定目标，目标是否需要修改，系统的适应性、安全性及系统的社会经济效益。

本章思考题

1. 信息资源规划分为几种类型？
2. 信息资源规划包括哪些主要内容？
3. 系统选型有几种策略？
4. 系统测试的过程包括哪些阶段？
5. 系统测试的方法有哪些？
6. 系统转换的方式有哪几种？
7. 信息系统实施过程中常见问题有哪几类？
8. 项目管理中的工期估算有哪几种方法？
9. 甘特图和 PERT 法的原理是什么？
10. 信息系统的评价指标有哪些，评价方法有哪些？

中英文对照

Information Resource Planning（IRP）信息资源规划

Analytic Hierarchy Process（AHP）层次分析法

Program Evaluation and Review Technique（PERT）计划评审技术

第7章 管理信息系统的未来发展

本章介绍了信息技术的发展趋势，以及信息技术带来的关于信息安全和伦理道德的思考。通过本章的学习，要求：

1. 了解信息技术前沿的发展现状及未来趋势，理解云计算、大数据的概念、特点及其对管理信息系统未来发展带来的影响。

2. 了解信息安全的现状及各国政府为了保障信息安全做出了哪些贡献。

3. 学习哪些事件威胁着信息系统安全，通常应采取什么措施来保障信息系统安全。

4. 了解信息安全的发展对伦理道德和国家立法的影响，思考我国信息安全立法的未来发展之路。

麦德龙的"未来商店"

麦德龙"未来商店"坐落于德国杜伊斯堡市的郊区，面积约4000平方米，经营近4万种商品，可停放300辆汽车，拥有120多名员工。在麦德龙的"未来商店"中应用的射频及其他科技设备种类很多，能够为顾客带来全新的购物体验。

1. 顾客参与

作为顾客，只需要知道自己要买什么就可以了，其他的事情都可以交由"未来商店"解决。麦德龙的智能购物车上安装了RFID的读取器，而商品上都贴有RFID标签。只要将这个商品从货架上放入购物车中，RFID标签中的信息就直接被读取，并显示在购物车附带的显示器上。顾客不再需要依据自己的"专业知识"和判断力来决定是否购买。

2. 创意服务

在今天的商店，你能够获得的服务只是提供商品，而在未来的商店，服务将延伸到与商品相关的内容。例如在"未来商店"中，顾客从货架上取下一瓶红酒，当走到货架尽头时，只要把酒瓶上的RFID标签在自助销售终端上一扫，就不但可以看到这瓶酒的品名、产地、年份、酒精度等常规信息，还会看到一份"厨师的建议"，告诉你适合与这瓶酒搭配的菜肴，以及这道菜的制作方法。顾客可以打印这份菜单或者通过短信将其发送到自己的手机上，在家慢慢享受这购自"未来商店"的美酒与美食，更享受这贴心的创意服务。

3. “0”等候支付

智能的自助支付不需要专门的结款台，也不需要收银员，不需要把每一件商品都拿出来扫描，然后再重新放回购物车的烦琐劳动。顾客只要推着装满商品的购物车通过装有 RFID 读取设备的支付通道，每一件商品的价格会同时被获取、核算总价、打印账单，并且直接从顾客的信用卡账户中扣除价款。整个支付过程的等候时间为“0”。零售称重也不需要排队等候，麦德龙使用的智能秤，不仅可以像一般电子秤那样计价，还可以自动根据果蔬的表皮特征、外观形状、颜色、大小等，识别它是西红柿还是苹果，并按该商品来计量、计价和打印小票。

麦德龙的“未来商店”为顾客带来了全新的购物方式，这是依托于信息技术发展的结果。可以想象，未来将更多的技术引入其中必会带来更加便利的服务，但同时也给人们带来关于信息安全的思考，你是否放心自动从信用卡中付款，这样会不会对你的财产及个人隐私造成威胁？

（案例来源：北方网 http://economy.enorth.com.cn/system/2004/10/25/000888674.shtml）

讨论：你会放心使用这种自动付款的服务吗？

7.1 信息技术的扩散和渗透

技术每天都在革新。新技术的发展为社会进步和人们的生活会带来巨大的影响。特别是近些年兴起的云计算、大数据、无线技术及基于人因学的生理交互技术的发展，与管理信息系统的未来发展息息相关。

7.1.1 云计算

从 20 世纪 60 年代到现在，企业信息化的应用经历了 MRP、MRPⅡ和 ERP 三个显著演变阶段。从发展的角度来说，信息技术的每次变革都给企业带来革命性的变化。但从目前来看，由于 ERP 系统、商务智能系统以及决策支持系统构建成本高，同时也需要各种内外部资源的配合，总体上在企业中的应用还比较低，尤其在中小规模企业中应用更低。据统计，建立并能成功使用的企业只有 1/3 左右，而云计算（Cloud Computing）的出现极有可能改变这一现状。

云计算是网格计算（Grid Computing）、分布式计算（Distributed Computing）、并行计算（Parallel Computing）、效用计算（Utility Computing）、网络存储技术（Network Storage Technologies）、虚拟化（Virtualization）、负载均衡（Load Balance）等传统计算机技术和互联网技术发展融合的产物。它旨在通过互联网技术把众多成本相对较低的计算实体整合成一个具有强大计算能力的系统中，并借助 SaaS（Software as a Service，软件即服务）、PaaS（Platform as a Service，平台即服务）、IaaS（Infrustructure as a Service，基础设施即服务）等先进的商业模式进行普及应用。

云计算的概念由 Google 在 2008 年提出，短时间内其核心理念在全球范围内迅速传播并发展起来。2010 年在国内开始流行，各大 IT 互联网商业巨头将目光聚焦在云计算。到目前，云计算依然是产业界、学术界、政府等各界均十分关注的焦点。不同行业和领域看待云计算的视角也有所不同。截止目前，关于云计算并没有一个统一认可的概念。通常，可以从狭义和广义两个角度来认识云计算。从狭义角度来说，云计算是指 IT 基础设施的交付和使用模式，通过网络以按需、易扩展的方式获得所需的资源（硬件、平台、软件）。提供资源的网络被称为“云”。“云”中的资源在用户看来是可以无限扩展的，并且可以随时获取，按需使用，随时扩展，按使用付费。这种特性经常被称为像水电一样使用 IT 基础设施。从广义角度来说，云计算是指服务的交付和使用模式，通过网络以按需、易扩展的方式获得所需的服务。这种服务可以是 IT 和软件、互联网相关的，也可以是任意的其他服务。

SaaS、PaaS、IaaS 是云计算模式中 3 种基本的服务模式，用户可以通过这些服务模式来获得云计算的服务。

SaaS 是将应用软件作为服务提供给客户。通过 SaaS 这种模式，用户只需要接入互联网，并通过浏览器或者客户端，就能直接使用在云端上运行的各种应用，而不需要考虑类似安装、配置等琐事，并且还可以免去初期高昂的软硬件投入。在 SaaS 模式中，厂商将应用软件统一部署在自己的服务器上，客户可以根据自身实际需求，通过互联网向厂商定购所需的应用软件服务，根据订购的时间和功能向厂商支付费用，从而不再需要购买各种企业应用软件，也不需要进行各种后续的维护工作。SaaS 面对的主要是普通用户。对于许多中小型企业来说，SaaS 提供了一个接入先进技术的最佳途径，它通过利用第三方厂商解决了企业购买、构建和维护基础设施和应用程序的需要。

PaaS 是把服务器平台或者开发环境作为一种服务提供的商业模式。其主要客户是程序开发人员。通过 PaaS 这种模式，用户无需下载和安装服务器环境以及软件开发工具包，只需要通过该服务将自己的应用程序打包部署以及运行在云中。通过该模式，用户无需考虑服务器、操作系统、网络和存储等资源的管理，这些烦琐的工作都由 PaaS 供应商负责处理。

IaaS 是一种将计算机基础设施作为服务的一种商业模式。系统管理员是这种服务的一类用户。通过该模式，用户可以使用云端的所有计算机基础设施，包括 CPU、内存、存储、网络和其他基本的计算资源，用户能够部署和运行任意软件，包括操作系统和应用程序。在该模式中，服务商往往是为用户提供一个虚拟化的基础设施，用户可以将自己的操作系统、各种各样的中间件产品以及应用程序部署到一个虚拟机中，像使用一个独立主机一样使用虚拟机，并且几乎感觉不到和使用本地主机的差别。

云计算的系统结构，如图 7-1 所示。

随着云计算的发展和普及，云计算在商业中的应用也会日益普及。在云计算技术的帮助下，企业和个人不再需要购买和配置复杂的各种系统和环境，只需要根据需要向云计算提供商购买需要的服务即可。云计算不仅适用于大型企业，也适用于中小企业。对于众多的中小型企业而言，云计算直接提供了一个各种先进信息技术可快速落地的服务平台，从而使得成本和资源再也不是困扰各种管理信息系统实施的主要阻碍。

云计算为企业信息化带来了广阔的应用前景，尤其是对于中小企业，既想要利用先进信息技术带来的优势，同时又无法承担和维护成立单独信息化运营部门的负担，毫无疑问，云计算提供了一个非常理想的平台。尽管如此，目前，在企业信息化中，依然有部分问题在困扰着云计算的实施和推广。其中，云计算标准、安全和隐私问题是最为突出的两个问题。

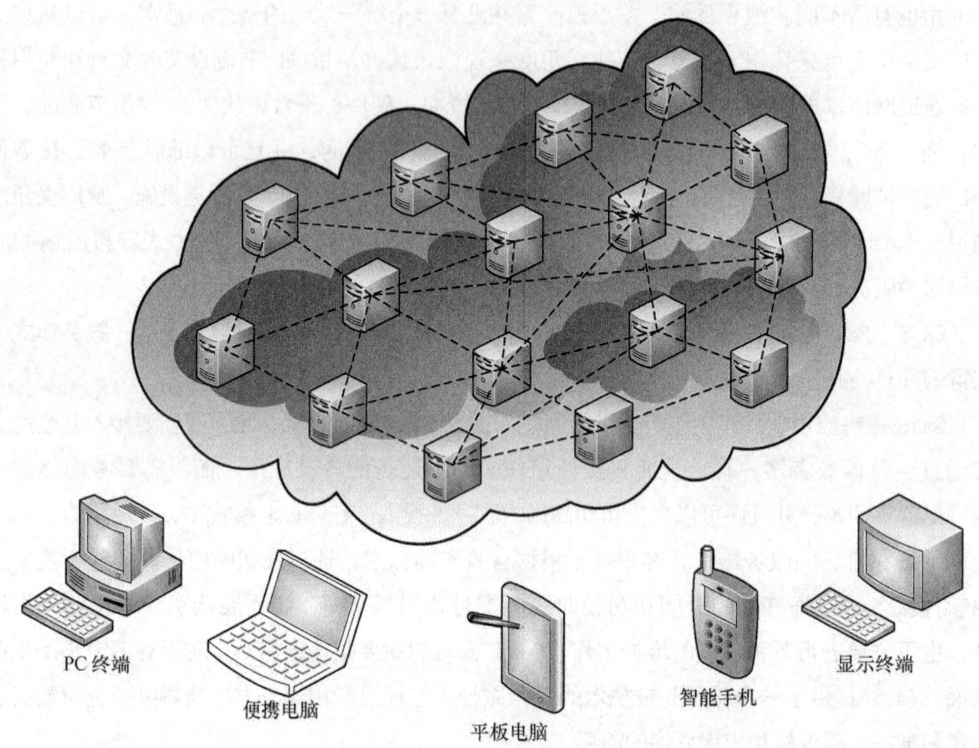

图 7-1　云计算的系统结构

云计算标准：标准化是云计算所面临的众多问题中的关键所在。目前，各国政府机构和研究组织正在积极着手研究相关问题。2014 年，由中国等国家成员体推动立项并重点参与的两项云计算国际标准——ISO/IEC 17788:2014《信息技术　云计算　概述和词汇》和 ISO/IEC 17789:2014《信息技术　云计算　参考架构》正式发布，这标志着云计算国际标准化工作进入了一个新阶段。这两项云计算国际标准，规范了云计算的基本概念和常用词汇，并从使用者角度和功能角度阐述云计算参考架构，不仅为云服务提供者和开发者搭建了一个基本的功能参考模型，也为云服务的评估和审计人员提供相关指南，实现了对云计算的统一认识。但到目前为止，尚未有关于云计算服务的相关标准，不论是个人用户还是企业用户，更多地从使用的角度来看待云计算和云服务，对于不同的云服务提供商来说，要想持续稳定地开展这样的商业服务，也需要一套成熟的标准和规则体系。

安全和隐私保护问题：云计算发展面临许多关键性问题，而安全问题首当其冲。当前，随着云计算的不断普及，安全和隐私保护问题已经成为制约其发展的最主要障碍。Gartner 2009 年的一份调查显示，70%以上受访企业认为近期不采用云计算的首要原因在于对其存在数据安全性与隐私性的忧虑。目前，云计算安全问题已受到越来越多的关注。著名的信息安全国际会议 RSA 2010 也将云计算安全列为焦点问题。在商业领域，信息安全和隐私保护更是一个无法回避的问题。一个企业显然不愿意把公司的各项运营数据放到一个没有足够安全保障的第三方云平台上。不论是对于个人还是企业，安全和隐私保护问题对云计算的普及应用都是个巨大的挑战。

7.1.2 大数据

数据已渗透到当今每一个行业和业务职能领域，成为重要的生产因素。对于“大数据”（Big Data），研究机构 Gartner 认为，大数据是需要新处理模式才能具有更强的决策力、洞察发现力和流程优化能力的海量、高增长率和多样化的信息资产。大数据科学家 John Rauser 提出一个简单的定义：大数据就是任何超过了一台计算机处理能力的庞大数据量。虽然认识有差异，但目前人们的共识是：大数据是指无法用现有的软件工具提取、存储、搜索、共享、分析和处理的海量的、复杂的数据集合。“大”是指数据规模，大数据一般指在 10TB（1TB=1024GB）规模以上的数据量。业界通常用 4 个 V（即 volume、variety、value、velocity）来概括大数据的特征。

① 数据体量巨大（volume）。从 TB 级别，跃升到 PB 级别。典型个人计算机硬盘的容量为 TB 量级，截止到 2012 年，人类生产的所有印刷材料的数据量是 200PB，而一些大企业的数据量已经接近 EB（1PB=1024TB）量级。

② 数据类型繁多（variety）。数据常被分为结构化数据和非结构化数据，相对于以往便于存储的以数字为主的结构化数据，非结构化数据越来越多，包括网络日志、音频、视频、图片、地理位置信息等，如此多类型的数据对数据的保存、分析和处理能力提出了更高要求。

③ 价值密度低（value）。价值密度的高低与数据总量的大小成反比。以视频为例，在连续不间断的监控中，一个一小时的视频，有用数据可能仅有一秒。随着物联网的广泛应用，信息感知无处不在，信息海量，但价值密度较低，如何通过强大的机器算法更迅速地完成数据的价值“提纯”，是大数据时代亟待解决的难题。

④ 处理速度快（velocity）。这是大数据区分于传统数据挖掘的最显著特征。已有的技术架构和路线，已经无法高效处理如此海量的数据。

随着信息技术在企业各项业务中的广泛渗透，企业所拥有的数据不论是在容量上还是在多样性上，都是在传统条件下无法相比的。这些大数据全面考验着现代企业的数据处理和分析能力；同时，也为企业带来了获取更深入和更准确地洞察市场行为的宝贵机会。大数据时代的企业需要基于海量数据进行探索和分析，以发现有意义的商务行为模式和规则。如何从大数据中发掘出有价值的知识是一个现实的挑战。

对企业而言，大数据的作用主要体现在以下两个方面。

① 大数据利用将成为企业提高核心竞争力的关键因素。目前，各行各业的决策正在从“业务驱动”转向“数据驱动”。举例来说，通过对大数据的分析，可以使零售商实时掌握市场动态并迅速做出应对方案，可以为商家制定更加精准有效的营销策略提供决策支持，可以帮助企业为消费者提供更加及时和个性化的服务。

② 大数据对企业决策产生了重要的影响。首先，对于企业高层管理者而言，传统的决策因为数据稀缺，重要的决策过多地依赖企业领导者的经验，而大数据时代下数据缺失以及数

据量的不足再也不是困扰“数据决策”的障碍。其次，对企业而言，决策主体从“精英式”过渡到“大众化”。传统的营销决策的核心都是精英式的企业管理层，而非员工和社会公众。这些决策的依据均是相对静止的、确定的结构化数据。随着大数据时代的来临，企业决策主体也从“精英式”转向“大众化”。针对大数据的特征挖掘其价值并做出决策，成为企业在大数据环境下进行决策的重要依据。

7.1.3 无线技术

无线技术的发展能够灵活方便地为用户提供随时随地的通信服务。它不需要预先架设线路，能够轻易地覆盖有线网络不能覆盖的地方。由于它具有有线网络不可比拟的优点，因此近 10 年来，无线技术不论在商业应用上还是军事应用上均得到了巨大的发展。特别是射频识别技术和全球定位系统，将管理信息系统的发展引入一片蓝海。

1. 射频识别技术

射频识别技术（Radio Frequency Identification，RFID）使用标签或商标上的条码存储信息，当标签或商标被正确频率的无线电波射到时，信息就被发送或写入。

最常见的 RFID 工具是无源 RFID 芯片。无源 RFID 芯片本身没有电源，并且一直处于无效状态，直到从发射无线电波的读卡器前穿过为时，电子标签从阅读器发出的射频能量中提取其工作所需的电源。然后，芯片将信息发送给读卡器，这个读卡器与存有账户信息和类似信息的某种计算机系统相连。而芯片在发送信息后重新回到无效状态。这就是无源 RFID 最突出的一个特点，即不接触识别。除此之外，无源 RFID 还可识别高速运动物体，同时识别多个对象。

在现实中，RFID 的应用很多，可用于高速公路收费、仓库管理、物品监视识别、防伪等领域。例如：

① 超市购物——顾客在超市购物付款时，需要在收银台逐一扫描商品的条码，因此往往要排队。使用 RFID 技术后，在商品上安放 RFID 芯片，顾客只需推着购物车走过装有读卡设备的收银台，就可以在瞬间完成结算，与读卡器连接的计算机系统会自动打印购物清单，非常方便。

② 图书跟踪——RFID 芯片取代条码，存储 ISBN 信息。图书将更容易被借出和归还。过去图书馆陈旧的清单整理过程需 30 天，而使用无线手提式 RFID 读卡机的新型清单，整理过程只需要一天。

③ 防偷盗的车钥匙——放在车钥匙里面的是一个 RFID 芯片。当你将车钥匙插入发动机时，RFID 芯片将与发动机系统中的读卡机进行通信，让车启动。因此，配制车钥匙对盗车者没有任何好处。

④ 供应链——目前，几乎每一个供应链过程中的主要参与者都委托对方以 RFID 芯片给商品贴标签，进行包装，装箱托运等。

⑤ 护照——美国护照中即含有 RFID 芯片。这种芯片将存有个人护照信息和一个用于生物测定的特征——指纹。

如今，几乎每一件商品都利用通用产品代码（UPC）进行识别。但是，相似的商品拥有相同的 UPC 代码。例如，两听可口可乐就拥有完全相同的 UPC 代码。这样只能识别出商品是可口可乐，却不能识别出是哪一听。但是若使用 RFID 技术，每件商品都会具有唯一的电子产品代码（EPC）。EPC 包括 UPC 的设计，并且给每听不同的可口可乐饮料分配了唯一的号码，这个号码和截止日期、供应链活动以及你所能想象到的任何事物连在一起。RFID 技术被认为最终将会取代条码技术。

2．全球定位系统

全球定位系统（Global Positioning System，GPS）是目前世界上应用范围最广、最实用的授时、测距、导航定位系统。GPS 使用美国国防部的 24 颗卫星和多个地面接收器来确定支持 GPS 设备的准确位置。卫星发射的低功率无线信号，允许任何人以 GPS 接收器查明他们在地球上的任何位置。

GPS 系统具有以下三大特点。

① 全球，全天候工作：能为用户提供连续的、高精度的七维信息——三维位置、三维速度、一维时间，并且不受天气情况的影响。

② 定位精度高：单机定位精度优于 10 米，采用差分定位，精度可达厘米级和毫米级。

③ 功能多，应用广：现在，许多行业已成功应用 GPS。如通信行业用 GPS 做时间同步；交通、运输部门用 GPS 及相关集成技术营建智能运输系统和监控系统；地理信息系统数据提供商用卫星导航定位技术采集与地理信息相关的数据，并提供位置信息相关服务；电子商务领域，卫星导航定位技术甚至应用于客户关系管理和物流配送体系中。

实际上，GPS 为人们带来的便利远不止这些。新兴的导航产品不断追求个性创新，人们尝试将这种技术与日常用品相融合，引领未来的 GPS 发展。

① GPS 高尔夫球帽——在帽檐处装有集成的 GPS 模块，能通过发球者位置和球场地图进行对比，分析出合适的击球路线。

② GPS 手表——在手表中加入 GPS 设备，不仅可以提示时间、行程，还可以通过 GPS 的定位信息，指引用户如何到达目的地及所需的时间，方便用户出行和制订外出计划。

③ GPS 鞋子——能够设计制造出指路的鞋子，这样在步行的时候无需看路，拐弯时鞋子会自动向路口方向倾斜进行提示。

而 GPS 技术本身的发展也更加人性化。从显示方式来说，GPS 由黑白到现在的彩色三维图像显示器，使导航功能更加完备逼真。另外，引入更简洁的人机交互技术也是 GPS 发展的必然趋势。目前多数 GPS 车载导航系统采用触屏式输入与语音识别让导航过程更安全、方便。这就涉及基于人因学的人机交互技术的发展与应用。

7.1.4 基于人因学的人机交互技术

人与计算机的交互方式主要通过物理界面，包括键盘、鼠标、显示器、打印机等输入/输出设备进行。生理界面则是能捕获和应用人的真实身体特征，如呼吸、声音、身高和体重，甚至眼内视网膜。生理交互方式的变革包括自动语音识别、生物测定、虚拟现实和许多其他技术。

1．自动语音识别

语音识别是一种将人说话发出的声波转换成能够表达说话内容的符号序列的技术。

自动语音识别（Automatic Speech Recognition，ASR）系统不但能识别语音单词，还能识别组成句子的词组。通常 ASR 按照以下 3 个步骤完成这项工作。

① 特征分析：系统获取你对着话筒说的话，消除背景噪音后，将你的语音数字信号转化成音节。

② 模式匹配：系统将你的语音音节数码信号和存储在声学模型数据库的某音节序列进行匹配。

③ 语言处理：系统通过将步骤①产生的音节同语言模式数据库进行比较，构建你所说的话。

现在，ASR 系统已经应用于计算机环境中，你可能只需要对着话筒说几句话，就可以实现那些隐藏在 Windows 层层菜单后面的功能。微软公司早期推出的 Office XP 和 Office 2003 软件，在内容及命令输入方面就提供了易用的语音识别功能。重要的是 ASP 系统允许你不用敲击鼠标和键盘，以正常的发音与计算机交互。

从教育领域来说，语音识别技术最直接的应用就是帮助用户更好地练习口语技巧。事实上早已有美国公司开发出一套《Talk to Me》软件，当用户跟着计算机说完一句话后，计算机会同时显示标准发音和用户发音的波形比照图，并给出分数。用户可以通过反复对比练习提高口语水平。不难想象，将语音技术应用于教育方面的空间是极其巨大的。

在娱乐方面，同样可以激发出许多新应用。例如，观众在通过电话进行电视音乐点播时，只需说出是哪个歌手的哪首歌，电视台就接受语音输入，直接播放相应的曲目。

随着网络技术的进一步发展，将语音识别技术与电子商务结合在一起，能创造一种全新的交易方式。我们可以做到足不出户就能够“逛”商场，购买到我们所需要的东西。而且，这种语音交流的方式比起网上购物更具有亲和力，同时也为我们的工作和生活带来极大的便利。

2．生物特征识别技术

生物特征识别是利用计算机技术将人体所固有的生理特征收集起来并进行处理，从而实现个人身份认证的技术。与传统的身份鉴定手段——用户名/密码机制相比，生物特征具有“人各有异、终生不变、随身携带”3 个特点，以生物特征作为识别方法，其安全性更高，不易伪造或被盗。

要保障信息安全，通常依靠 3 个方面的内容（见图 7-2）。

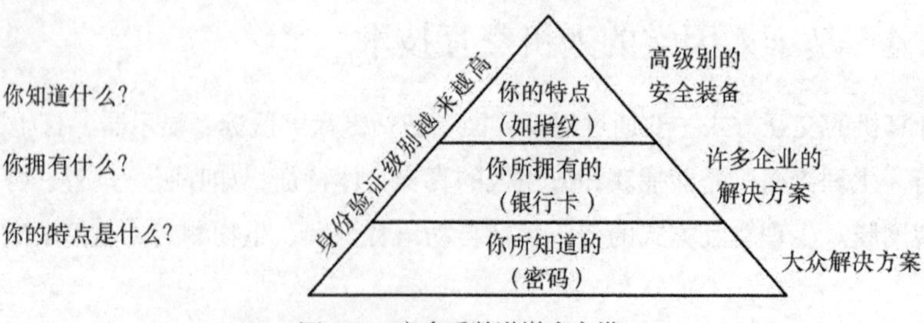

图 7-2　安全系数递增金字塔

其中“你知道什么”，是像密码一样的东西，每个人都可以创造和拥有。而“你拥有什么”，是类似信用卡一样的物理卡片，如你在 ATM 机前使用的银行卡（连同你的密码“你知道什么”一起使用）。这也是目前绝大多数信息系统采用的安全措施。但是实际上，这种模式并不安全，像密码很容易被盗窃者获得，而信用卡，只需要复制其中的信息即可。因此，更加安全有效的保障机制——利用个人特点（“你的特点是什么”）来实现信息安全保护成为研究的热点。

可用于生物识别测定的特性包括指纹、脸形、手形、耳朵、眼部虹膜、视网膜等。据统计，世界上两个指纹相同的概率为 1/109，两个虹膜图像相同的概率为 1/1011，而每 1000 万人中可能只有 8 个人的手部静脉分布会有所相似。

① 指纹识别——通过比较不同指纹的细节特征来进行鉴别。由于每个人的指纹不同，就是同一人的十指之间，指纹也有明显区别，因此指纹可用于身份鉴定。而在我国古代早就利用指纹（手印）来签押。

② 手形静脉识别——由于手部静脉和周围组织温度的差别，造成静脉对红外光的折射率与周围组织不同。

③ 耳朵识别——耳朵具有独一无二的特征，特别是耳廓与耳垂部分，在人 8～70 岁形状基本保持不变。目前主要有 3 种方法用于耳朵身份鉴别：耳廓图像、耳纹及耳廓温谱图。

④ 虹膜识别——是目前生物识别中准确性最高的方法。虹膜是瞳孔与巩膜间的环形可视部分，由随瞳孔直径变化而拉伸的复杂纤维状组织构成。虹膜总体上呈现一种由里到外的放射状结构，表面有高低不平的隐窝和辐射状的隆起褶皱，具有清晰的纹理。

⑤ 视网膜识别——视网膜是位于眼球后部十分细小的神经，它是人眼感受光线并将信息通过视神经传给大脑的重要器官。在采集视网膜数据时，扫描器发出一束光射入被检测人的眼睛，并反射回扫描器，系统会将视网膜血管里的结构录入数据库中。

另外，在实际应用中，由于客观条件变化的不可预测性，单生物特征识别技术往往会遇到难以克服的困难：譬如在使用指纹认证时，相当一部分人不能采集到清晰的指纹；随着时间的流逝或者光照变化，人脸图像会发生变化；虹膜、DNA 等识别方式又会使人感到不舒适，甚至会产生受侮辱的感觉。因此可以采用多模态生物特征识别技术，利用多种生物特征，结合数据融合技术进行识别。这样不仅可以提高识别的准确性，还可以扩大系统覆盖的范围，降低系统的风险，使之更实用。

3．虚拟现实

虚拟现实是从英文 virtual reality 一词翻译过来的。虚拟现实系统按其功能高低大体可分为以下四类。

① 桌面虚拟现实系统，也是我们最为熟悉的一种。它可以通过桌上型机实现，所以成本较低，功能也最简单，主要用于 CAD、CAM、建筑设计、桌面游戏等领域。

② 沉浸式虚拟现实系统，如各种用途的体验器，使人有身临其境的感觉，各种培训、演示以及高级游戏等均可用这种系统。

③ 分布式虚拟现实系统，它在因特网环境下，充分利用分布于各地的资源，协同开发各种虚拟现实的利用。它通常是沉浸式虚拟现实系统的发展，也就是把分布于不同地方的沉浸

虚拟现实系统，通过因特网连接起来，共同实现某种用途。美国大型军用交互仿真系统 NPSNet 以及因特网上多人游戏 MUD 便是这类系统。

④ 增强现实系统，又称混合现实系统。它是把真实环境和虚拟环境结合起来的一种系统，既可减少构成复杂真实环境的开销（因为部分真实环境由虚拟环境取代），又可对实际物体进行操作（因为部分系统即真实环境），真正达到了亦真亦幻的境界，是今后发展的方向。

这里我们所说的虚拟现实技术就是第四类。利用虚拟现实技术可以模拟任何你希望经历的场景，建立使你身临其境的三维空间（3D），通过融入视、听、力、触、动和嗅等行为，实现高度逼真的模拟环境。在一个虚拟现实系统中，使用特殊的接口设备捕获你的运动生理信号，并且将响应生理信号发送给你，即虚拟现实是动画的、交互式的系统工程。多种接口设备可用于使用者在虚拟环境中导航或与虚拟对象进行交互，包括以下 3 种。

① 传感手套——一种输入设备，能够获取并记录手和手指的运动以及运动的强度。

② 头盔显示设备——输入和输出相结合的设备。①能够截获和记录头部的运动；②有一个可以覆盖你整个视野的屏幕，显示基于运动的不断变换的场景。

③ 步行靴——一种输入设备，用于获取和记录你走路或转换方向时脚步的运动。

BOOM 和 CAVE 是虚拟现实环境的开发的两个可选原理。来自 Fakespace 实验室的 BOOM（Binocular Omni-Orientation Monitor，双目并用全方位监控）是一个连接头部的立体显示设备。将屏幕和光学系统收藏在一个带有多个连接臂的盒子里，用户通过两个小孔看到盒子里的虚拟世界，并能通过连接臂的传感器将盒子引导到虚拟环境中的任何一个位置。

CAVE 则是由芝加哥伊利诺斯大学的 Electronic Visualization 实验室提出的一个特殊的三维虚拟现实环境。CAVE 系统的工作方式是：你进入一个 CAVE 环境，在同一时间，另外一个人将进入位于其他地方的 CAVE 环境。多个数码摄像机开始对参与的双方进行拍录，经过重新创作后，各自将拍录的全息图像发送到对方的 CAVE 环境，然后你就能够看到对方，并可以相互交谈。你会觉得那个人好像和你在同一个地方。

虚拟现实技术正被广泛应用于社会的各个方面：在医学领域，虚拟现实技术被用于手术培训、手术预演、临床诊断等方面；在建筑领域，建筑师利用 VR 模拟建筑的结构，便于修改和完善；在军事领域，可以模拟战场环境，进行异地协同与对抗战术仿真演练；在娱乐方面，市场上目前有很多虚拟现实的游戏，如滑雪、赛车、高尔夫球、空战和射击等。

7.1.5 应用 1——可穿戴计算机

可穿戴计算机（Wearable Computer）是伴随着计算机向超微化发展产生的一种移动信息系统。之所以称为可穿戴计算机，是希望它可以像衣服一样穿在身上，或是像饰品一样佩戴在身上，这样可以腾出双手去做其他事情，并且可穿戴计算机应能保证可以随使用者的移动而正常工作。

总的来说，可穿戴计算机主要具有以下特点。

① 移动性：允许使用者在移动中正常工作。

② 解放双手：可穿戴计算机采用遵照执行操作或语音操作等方式，尽量减少双手的占用率。

③ 持续工作性：能够长时间处于工作状态，使用者随时可用。

④ 无线通信能力：可穿戴计算机一般都不是孤立地进行工作的，而是应当能够实现网络互联的。

⑤ 同使用者浑然一体：可穿戴计算机不应仅仅是使用者的附属品，而是要同使用者的衣服成为一体。

早在 20 世纪 50 年代，人们对于可穿戴计算机就有了设想，并进行了一系列研究。直到 20 世纪 70 年代，加拿大的 Steve Mann 研制出第一台“可穿戴计算机”。这台计算机的显示器像眼镜一样架在眼睛前面，输入设备是一个可以用单手控制的开关和定点设备。“穿”着这套系统可以边走路或边干其他事情边操作计算机。1994 年，Mann 又发明“可穿戴摄像机”，它是一副装有微型摄像机和显示器的眼镜，微型摄像机拍摄景物的同时可将图像传送到显示屏上。目前，许多国家在这一方面有所成就。2001 年，IBM 公司与日本西铁城公司共同研制出的手表型计算机。整个计算机长 5 厘米，宽 4.5 厘米，厚度仅有 1.5 厘米。需要指纹识别验证才能进入系统，可以使用触摸屏作为输入方式，或者是采用语音输入方式。这款手表型计算机可以用于上网和收发电子邮件。2009 年，据美国《连线》杂志报道，美国麻省理工学院媒体实验室的研究人员研发出一种可穿戴计算机系统，这个系统可以捕捉人的动作指令，并能利用投影设备把任何表面转换成一个交互式显示屏。穿戴了这套系统，人们只需要用手指凌空画个@符号，眼前便会出现一个浏览器界面，甚至不用掏出手机，便能随时随地上网冲浪。

一个基本的可穿戴计算机系统主要包括微型计算机、显示器、微型摄像头、定位器、耳机、话筒、无线通信、手写输入板、电池等。无线技术、生物识别技术及虚拟现实技术的发展与可穿戴计算机的发展是不可分割的。为了满足移动计算的需要，可穿戴计算机通常采用单眼、双眼头戴式显示器或前臂式显示器，这样可在行走过程中一边注视虚拟世界，一边关注真实世界。为尽量减少使用者双手的占用率，可以采用语音控制、眼球跟踪控制、姿势控制（包括静态和动态的姿势）信号等输入方法。目前先进的摄影装置不仅可以摄影、摄像，还可以进行面部识别、表情识别、手势信号输入及手指跟踪。传感手套、步行靴等同样可用于对于人体形态的识别。GPS 定位装置主要用于军事、导航、探险等特殊用途的可穿戴计算机。

我们可以想象未来可穿戴计算机在各个领域的应用如下。

① 工业领域是目前最有潜力的应用领域之一，特别是在室外、野外、水下等一些特殊的工作场所，可穿戴计算机可发挥出非常重要的作用。美国波音公司将可穿戴计算机用于飞机的安装。它还可用于机动环境下的巡视与检查，例如在飞机起飞前的例行检查中提供检查任务指南。

② 军事领域是可穿戴计算机另一个最具潜力的应用领域，可用于侦察、作战指挥、通信、复杂武器系统的操作与维护及仿真演习等。根据不同的用途，可穿戴计算机的种类也是多样化的，分别有侦察兵、炮兵、装甲兵、步兵、后勤人员及飞行员等专用的可穿戴计算机。在未来的战场上，充分利用信息的能力可使士兵更好地攻击、防御，便于指挥官指挥士兵作战。利用 GPS 设备可以确定每个士兵的具体位置，便于组织合作进攻。野心勃勃的美国军队早已开始这项技术的研究，花费了近亿美元设计可穿戴式计算机，期望利用包括可穿戴

式计算机在内的先进设备，培育“高科技特种兵”。

③ 医疗领域中，在可穿戴计算机上配上各种微型生物信号传感器，就是一个可穿戴式医疗监测系统，可方便地监测行动病人的心律、血压及呼吸等，还可及时提醒病人并给出指导。

可穿戴计算机还将广泛用于日常生活，它可集随身听、手机、摄像机、数码相机、掌上计算机、电子导游、医疗监测及其他一些特殊功能为一体，成为新概念的个人信息电子产品，可给人们的日常生活带来更多的方便和乐趣。

7.1.6 应用2——移动商务

网络技术、通信技术的迅猛发展和融合，使人们不再满足于个人计算机的连线上网，越来越多的人希望能真正实现移动互联，如随时随地地收发电子邮件、查看新闻及股市信息等。集成了商务活动、英特网和无线网络技术三部分内容的移动商务遂成为信息时代新的宠儿。

移动商务是利用移动设备和移动通信技术，随时随地存储、传输和交流商业信息，进行商业活动的创新业务模式。目前常见的移动设备有手机、掌上计算机、便携式计算机等。企业移动电子商务不仅是技术的创新，也是企业管理模式的创新。移动通信设备与企业后台连接，通过无线通信技术进行网上商务活动，使移动通信网与因特网有机结合，突破了Internet的局限，能更加高效、直接地进行信息互动，节省人力成本，使企业能及时把握市场动态和动向。移动电子商务充分运用其移动性，消除了时间和地域的限制，为电子商务活动提供便利，使随时随地进行信息传输和商业交易成为可能。

“移动性”“即时性”“私人性”“方便性”构成了移动电子商务独一无二的特点。这四大特点使得移动电子商务相对传统商务模式具备了如下优势。

① 移动商务开拓更大自由尺度的商务环境：任何人在任何地点、任何时间都可以进行商务活动，大大突破了传统电子商务时间、空间的局限，对商务环境的要求进一步降低。

② 移动商务人群覆盖面更广：移动商务的用户基数远远大于互联网，更广泛的消费者基础将电子商务的疆界成倍扩张。

③ 移动商务更高效、更准确：商务信息直达用户提高了商务的准确性和针对性，使得任何商务活动都可以及时得到响应。它在给予消费者更多使用便利的同时，为企业创造了更多商业机会。

④ 移动商务以贴近用户的沟通实现更紧密的用户对位关系，使信息沟通的有效性和商业价值得以提升。

移动商务的前景非常诱人，其中一个重要原因就是移动商务具有丰富的应用内容。如即时通信、移动电邮、移动支付、移动搜索、移动股市、移动CRM、移动营销等。

① 移动商务信息服务——由通信服务向企业商务活动和业务管理领域发展的一种创新产业。主要应用于移动搜索信息服务、移动门户信息服务、多语种移动信息服务、移动商务信息定制服务和移动图书馆信息服务等。

② 移动定位服务——指通过无线终端如手机、PDA等利用GIS技术、空间定位技术和网

络通信技术，获取目标移动终端用户的准确位置信息（经纬度坐标数据）和方向相关信息，并在手机屏幕上的电子地图上显示出来的一种增值服务。依照移动定位服务的用途，移动定位应用服务可分成安全服务、信息服务、导航服务、追踪服务、休闲娱乐与商业服务六大类型。

③ 移动商务支持服务——是直接围绕商务活动的能够提供各种便捷、及时、多维的支持性服务的一个过程。它主要的服务对象就是商务活动中的移动工作者。移动工作者是一类特殊的用户，他们具有时间、位置相关性和不确定性，在动态环境中工作，并且要应对各种不可控因素，他们工作的特殊性需要移动商务支持。移动商务对移动工作者的支持主要集中在移动办公、信息和知识的移动或远程接入以及其他的一些特殊的、无法使用固定通信设备的领域中。目前移动工作者支持在医疗、货物跟踪、售后服务等领域的应用已经获得成功。

④ 移动支付——是移动商务主体使用移动终端，如手机、掌上计算机、笔记本计算机等现代通信工具，通过移动支付平台在动态中完成的一种支付行为，或对网上支付行为进行手机确认后，再实现在线支付的一种新型的支付活动。移动支付既包括无线支付行为，也包括无线和有线整合支付行为。移动支付应用的领域非常广阔，目前极具前景的手机增值业务有手机金融（手机钱包）、手机游戏、手机电视等。

⑤ 移动娱乐——移动娱乐的需求可能是促进移动商务应用普及最为可能的因素，越来越多的人会选择在移动环境中进行娱乐休闲。移动娱乐内容涵盖很广，包括图铃下载、视频点播、移动电视、星象占卜、虚拟服务、音乐下载、在线游戏等。iMode 的统计数据表明，娱乐是移动商务所有应用中最成功、利润最丰厚的业务，其中移动游戏就是非常受欢迎的一种。随着手机的日渐普及，手机游戏已经成为整个视频游戏领域发展速度最快的部分。

7.2 风险与安全问题

信息技术像一把双刃剑，在给人们的工作生活带来便捷的同时，也产生了大量不容忽视的信息安全问题。为了解决这些问题，各国政府及组织主要从两个方面开展研究：一是建立信息系统安全测评的标准；二是发展信息安全措施应对来自组织内外的威胁。

7.2.1 信息安全的内涵

国际标准化组织（ISO）对信息安全的定义是：为数据处理系统建立和采取的技术和管理的安全保护，保护计算机硬件、软件数据不因偶然或恶意的原因而遭到破坏、更改和显露。可见，信息安全的问题不仅涉及信息本身的安全，也包含构成信息系统的软、硬件的安全，以及信息系统所处的物理环境的安全。

信息安全的本质是保护信息系统中有形和无形的信息资产拥有者的合法权益不受侵害，关系着一个信息系统是否能正常工作、发挥效益，为一个企业或组织乃至整个国家提供正常的信息服务。保障信息安全就是要保障信息的保密性、完整性、可用性、可控性及不可否认性。保密性是指阻止非授权主体阅读信息。完整性是防止信息被未经授权的篡改。可用性是指授权主体在需要信息时能及时得到服务的能力。可控性是指对信息及信息系统实施安全监控管理，防止非法利用信息及信息系统。不可否认性则是在网络环境中，信息交互的双方不能否认其在交互过程中发送信息或接收信息的行为。

计算机及网络改变了人们的生活方式、工作方式，乃至整个社会的协作模式，涉及政治、经济、国防、教育等方方面面，深刻影响着人类社会的发展进程，但也产生了大量新的、不容忽视的信息问题：黑客对网络信息系统的大肆攻击破坏；网络上各种信息真伪难辨，数据的真实性、可靠性难以保证；计算机病毒肆虐，网上信息良莠不齐；不法分子利用网络从事危害社会安全的行为……

面对信息安全形势的严峻性，要保障信息系统安全，各国政府应重视对信息系统安全标准的研究。

7.2.2 信息安全标准

信息安全标准是确保信息安全系统及信息安全产品在设计、研发、生产、建设、使用测评中解决其一致性、可靠性、先进性和符合性的技术规范、技术支持。研究信息安全标准是必要的，它对于信息安全计划的制订、信息安全策略的实施以及信息安全产品的开发具有指导作用。经典的信息安全标准包括 TCSEC、ITSEC、CC 标准等。

1．美国可信计算机系统安全评价标准

在 20 世纪 70 年代，美国国防部就致力于信息安全标准的研究，相继制定了包括 20 多个文件的一组计算机安全标准。由于每个文件使用了不同的封皮颜色，因此统称为“彩虹系列”（Rainbow Series）。其中影响最大的是 1983 年公布的《可信计算机系统安全评价标准》（Trusted Computer System Evaluation Criteria，TCSEC）橘皮书。TCSEC 最初只用于军事领域，后来才发展应用到民用领域。该标准将信息安全分为四个方面——安全政策、可说明性、安全保障和文档；将计算机操作系统的安全级别划分为四档（A、B、C、D）七个级别（A1、B3、B2、B1、C2、C1、D）。

① D 级（最小保护级），只为文件和用户提供安全保护，整个计算机是不可信任的，硬件及操作系统极容易被入侵。系统不要求用户进行登录验证，任何人都可以自由使用计算机系统。D 级系统最普遍的形式是本地操作系统，或者一个完全没有保护的网络。

② C 级能提供审慎的保护，并为用户的行动和责任提供审计功能。包括 C1 和 C2 两类。

a. C1 级（酌情的安全保护），要求硬件有一定的安全保护措施（如硬件安装带锁装置，必须有钥匙才能使用计算机），并且用户在使用计算机系统时必须先进行登录验证。另外，系统管理员可以为一些程序或数据设立访问权限。但是由于 C1 级不能控制系统的用户访问级别，用户可以将系统中的数据任意移走。用户还可以通过控制系统配置，获取比系统管理员所允许的权限更高的权限。

b. C2 级（访问控制保护）在 C1 级基础上，引入了受控访问环境，即加入了用户身份认证级别。不同级别的用户有不同的执行命令或访问文件的权限。另外，C2 级系统对发生的事件还加以审计，并写入日志中，如何时开机，何人在何时从何地登录等。通过查看日志，可以清楚知道用户使用信息系统的情况，发现入侵的痕迹，对于多次连续登录失败可以推测为非法用户意图强行闯入系统。

③ B 级系统具有强制性保护功能，这就意味着如果用户没有与安全等级相连，系统就不允许用户存取对象。B 类安全等级按级别高低可分为 B1、B2、B3 三类。

a. B1 级（被标签的安全性），支持多级安全。“标签”是指网上的一个对象，该对象在安全防护计划成本中时刻被识别和保护。“多级”是指这一安全保护可设置在不同级别（如网络、应用程序或工作站等）上，系统对网络控制下的每个对象都进行灵敏度标记，准确表示其所联系对象的安全级别。每个用户都有各自的一个许可级别，任何对用户许可级别和成员分类的更改都受到严格的控制。

b. B2 级（结构化保护）不仅要满足 B1 级的要求对系统中所有对象添加标签，还要给设备（如工作站、终端和磁盘驱动器）分配安全级别，保证系统具有较好的抗渗透能力，访问控制对所有的主体和客体都能提供保护，并且为管理员提供一个明确的、文档化的安全策略模式。

c. B3 级（安全域机制），在符合 B2 级系统的所有安全需求后，还要求具有很强的监视托管访问能力及抗干扰能力。B3 级系统必须有一个可读的安全列表，对每个被命名的对象提供无访问权的用户列表说明；无论进行任何操作，都要求先进行用户身份验证，同时还会发送一个取消访问的审计跟踪消息；设计者必须能够区分可信任的通信路径和其他路径；可信任的通信为每个被命名的对象建立安全审计跟踪。

④ A 级（核查保护）的安全级别最高。A 级包括了前面提到的各级别的全部特性。系统设计者要保证系统的可验证性，可以从数学角度对秘密通道和可信任分布进行分析。系统管理员必须从开发者那接收到一个安全策略的正式模型，对于所有的安装操作都必须亲力亲为，并且每一步安装操作都必须有正式文档。

从 D 级到 B1 级是以非形式化定义的安全策略模型；从 B2 到 A 级则是更加严格的形式化定义，甚至引用了形式化的验证方法。

TCSEC 是针对建立无漏洞和非侵入系统制定的分级标准，仅仅提供防护安全，对于如何检验防护功能的效果以及检查出了漏洞又如何弥补等问题并没有涉及。并且 TCSEC 只是对单一计算机，特别是小型计算机和主机结构的大型计算机制定的测评标准，对于互联网络和商用网络则缺乏成功实践支持。目前，TCSEC 已逐步停止使用。

2．其他国家的信息安全标准

（1）欧洲信息安全标准

继美国之后，西欧四国（英、法、德、荷）于 1990 年联合制定了信息技术安全保密评估准则（Information Technology Security Evaluation Criteria，ITSEC）。由于 TCSEC 存在只是关注计算机系统保密性的局限性，ITSEC 引入了信息安全的完整性、可用性因素，将可信计算机的概念提高到可信信息技术的高度上来认识。

ITSEC 将信息安全定义为从 E0 到 E6 7 个等级：E0 级为不能充分满足安全保证，E1 为功能测试，E2 为数学化测试，E3 为数学化测试和分析，E4 为半形式化测试，E5 为形式化分析，E6 则是形式化验证。同时 ITSEC 预定义了 10 种功能，其中 f1 ~ f5 功能与橘皮书的 C1 ~ B3 级基本相同，而 f6 ~ f10 的 5 个功能分别为系统完整性需求、系统可用性需求、交换期间系统数据保密性需求、交换期间系统数据完整性需求以及信息被交换时网络完整性和保密性需求。

1997 年，欧盟发布了 ITSEC 评估互认可协定，并在 1999 年修改发布了新的互认可协定。目前，英、法、德三国签署双方承担义务并相互承认，接受这三国的测评结果的有芬兰、荷兰、希腊、挪威、西班牙、瑞典以及瑞士等国。

（2）加拿大信息安全标准

加拿大信息安全评价标准（Canadian Trusted Computer Product Evaluation Criteria，CTCPEC）是专门针对政府需求设计的，将信息安全分成功能需求和保证性需求两部分。其中功能性需求要保证信息的机密性、完整性、可用性和可控性。在每种安全需求上又分成很多小类，实现安全性的差别标准。

（3）国际通用标准

1996 年，美、加、英、法、德、荷 6 个国家在 TCSEC、ITSEC、CTCPEC 基础上，提出了信息技术安全评价的通用标准（The Common Criteria for Information Technology Security Evaluation，CC）。CC 综合了国际上已有的评测准则技术标准的精华，提出了信息安全的框架及基本原则。

CC 全面地考虑了与信息技术安全性相关的所有因素，以“安全功能要求”和“安全保证要求”的形式提出了这些因素。其中特别突出了“保护轮廓”（Protect Profile，PP）的概念，每个轮廓都包括功能、开发保证和评价三个部分。强调将安全的功能和保障相分离，即把安全要求分为规范产品和系统安全行为的功能要求以及如何正确有效地实施这些功能的保证要求。

CC 定义了 11 个公认的安全功能类，即安全审计类、通信类、加密支持类、用户数据保护类、身份识别与鉴别类、安全管理类、隐私类、安全功能件保护类、资源使用类、安全产品访问类和可信路径或通信类；定义了 7 个公认的安全保障需求类，分别是配置管理、分发和操作、开发过程、指导文献、生命期的技术支持、测试和脆弱性；并且还定义了 7 个安全确信度等级 EAL1 ~ EAL7。

与早期的评估标准相比，CC 具有三大优势。其一，开放的结构使得 CC 提出的安全功能要求和安全保证要求在具体的保护轮廓和安全目标中进一步细化和扩展，这样的结构更适合信息技术和信息安全的发展；其二，CC 使用通用的表达方式，易于用户、开发者、评估者之间相互沟通与理解；其三，CC 的结构和表达方式具有完备性和实用性的特点，通过保护轮廓和安全目标的编制体现出来。

但是 CC 也有其局限性。它重点关注人为的威胁，并没有考虑其他的威胁，而且对于组织、人员、环境、设备、网络等方面的具体安全措施也没有涉及。

3．我国的信息安全标准

相较于国外信息安全标准的研究，我国的相关研究工作起步较晚，但是发展迅速。最初主要是采用国际标准的原则，根据我国国情转化了许多国际信息安全的基础技术标准。2001 年开始实施的《计算机信息系统安全保护等级划分准则》是我国自制的关于实施安全等级管理的重要基础性标准。该项准则将信息安全分为以下五级。

① 第一级：用户自主保护级。通过隔离用户与数据，对用户实施访问控制，保护用户和用户组的信息，避免其他用户对数据的非法读写和破坏。

② 第二级：安全审计保护级。除了具备自主保护能力外，第二级提高了自主访问控制能力。通过登录规程、审计安全性记录相关事件发生的日期、时间、用户事件类型等信息及隔离资源，使所有用户对自己的行为负责。

③ 第三级：安全标记保护级。第三级的计算机系统提供有关安全策略的模型，通过对访问者及访问对象标记安全级别，控制访问者的访问权限，实现对访问对象的强制保护。这一级不仅要求具备准确的标记信息输出能力，还要求能够消除测试中发现的任何问题。

④ 第四级：结构化保护级。这一级要求将自主和强制访问控制扩展到所有主体和客体。结构化定义关键保护元素和非关键保护元素，其中关键保护元素直接控制访问者对访问对象的存取。明确定义接口，加强鉴别机制，使系统具有相当的抗渗透能力。

⑤ 第五级：访问验证保护级。在具备第四级安全功能的基础上，第五级计算机信息系统还要满足访问监控器的需求。通过访问控制仲裁主体对客体的全部访问。因此要求信息系统构造时要排除那些对实施安全策略来说不必要的代码，将系统的复杂度降到最低。应能支持安全管理员的管理，当发生与安全相关的事件时可以发出警报。

目前我国已经颁布了适应各行各业的信息安全标准，涉及网络与信息系统安全、信息内容安全、信息安全系统与产品、保密及密码管理、计算机病毒与危害性程序防治等多个领域。并且随着信息技术的发展，新技术带来信息安全问题的同时又为信息安全标准引入了新的内容。如 2007 年发布的《信息安全技术——虹膜识别系统技术要求》，对用于身份鉴别的虹膜识别系统的设计、实现及管理过程建立了统一标准。

7.2.3 信息安全技术

信息安全技术是保障信息安全的另一个重要方面。

1．信息系统面临的威胁

信息安全技术的发展是用于应对各种威胁的。信息安全威胁是指对公司或组织信息资源带来潜在危害的个人、组织、机制或事件。谈到信息安全威胁，我们很自然地想到是由于某一企业或组织外部的个人或组织对内部资源进行攻击的故意行为。实际上，威胁可能来自外部，也可能来自组织内部。图 7-3 显示了处于互联网中的信息系统受到的最常见的威胁，这些威胁可以分为三类：信息系统实体、组织内部管理及组织外部攻击。

（1）信息系统实体

信息系统实体所受的威胁一般是由各种自然灾害（如水灾、火灾、雷电）、恶劣的场地环境、电磁干扰和电力故障等事故引发的网络中断、系统瘫痪、数据被毁等。自然灾难的破坏，会对系统造成巨大的破坏，某些数据文件甚至可能无法恢复，因此，对于应用信息系统的企业或者政府，必须具有应对灾难的能力和措施。

（2）组织内部管理

目前大多数公开的报告都是关于企业计算机系统受到来自外来攻击的。但是实际上，企业内部行为不轨的员工造成的经济损失比来自外部的破坏大得多。据估计，75%的计算机犯罪都是企业内部人员犯下的，虽然这不是受限于计算机误用的问题。

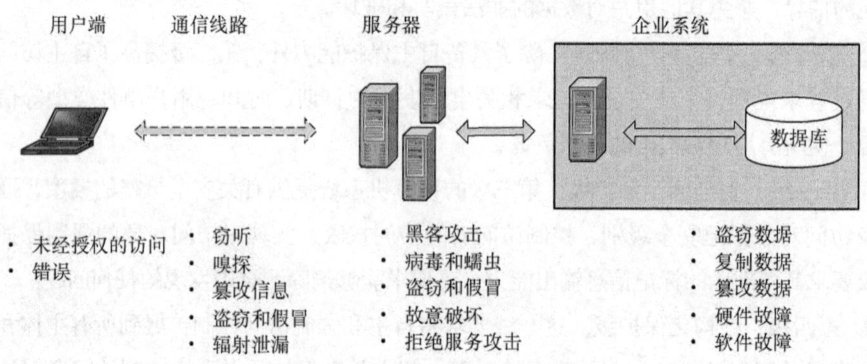

图 7-3 信息系统面临的风险

计算机犯罪中有以旧有的犯罪形式犯罪的，例如买主诈骗（向一个根本不存在的买主付款或者向根本没有交货的商品付款），向虚构的员工支付工资，为根本没有发生的费用退款等。现在又出现了新的犯罪形式，如窃取密码、信用卡号码、个人资料等。非物质资产是企业内部人员犯罪最热衷的目标。生产计算机监控软件的厂商指出，购买和安装这类监控软件的公司多将其用于监控公司的非物质资产，如产品设计草图、各种报表，而不是大量用于监控其员工。

企业内部职业犯罪的检查人员流传着一个"搭便车"理论，即一个企业中有 10%的员工是诚实的，有 10%的肯定会偷东西，剩下的 80%其行为就取决于环境。大多数的职业犯罪都发生在员工陷入经济危机、员工有机会接触防范不严的资金或员工自认为犯罪行为被发现的可能性不大等情况下。

（3）组织外部攻击

来自组织外部的攻击多种多样，主要包括以下几种。

① 系统穿透：未经授权而不能接入系统的人通过一定手段对认证性（authenticity）进行攻击，假冒合法人接入系统，实现对文件进行篡改，窃取机密信息，非法使用资源等。一般采取伪装（masquerade）或利用系统的薄弱环节（如绕过监测控制）、收集情报（如口令）等方式实现。

② 违反授权原则：一个授权进入系统做某件事的合法用户，他在系统中做未经授权的其他事情，威胁系统的安全。

③ 通信监视：是指在通信过程中，依靠软硬件的帮助从信道搭线窃取信息。硬件可通过无线电和电磁泄漏等来截获信息；软件则是利用信息在 Internet 上传输的特点对流过本机的信息流进行截获和分析，即所称的嗅探器（sniffer）。

④ 拒绝服务（Denial of Service，DoS）：是指黑客计算机向网络服务器或 Web 服务器发送大量请求，使服务器来不及响应，从而无法正常工作。分布式拒绝服务（Distributed Denial of Service，DDoS）的危害更大，因为黑客可以通过操纵成千上万台计算机集中进行 DoS 攻击，最终导致服务器瘫痪。

⑤ 植入：一般在系统穿透或违反授权攻击成功之后，入侵者为以后的攻击提供方便，会

在系统中植入恶意软件。恶意软件包括计算机病毒、蠕虫、特洛伊木马、间谍软件等。

计算机病毒（computer virus）是指编制或者在计算机程序中插入的破坏计算功能或者毁坏数据、影响计算机使用，并能自我复制的一组计算机指令或者程序代码。

蠕虫（worm）与病毒不同，它不需要依赖其他程序而可以独立存在，并能够自我复制和传播，因此蠕虫比计算机病毒传播得更快、更广。蠕虫不仅可以破坏数据和程序，甚至消耗网络资源使网络不能正常运行。

特洛伊木马（Trojan horse）从严格意义上讲不是病毒，但它经常会把病毒和其他恶意程序带入计算机。实质上，特洛伊木马是一个网络客户机/服务器程序，使被安装的计算机成为被控制端。被控制端相当于一台服务器，可以为入侵者所在的控制端提供服务，如盗窃账号、密码、发动拒绝服务攻击等。

间谍软件（spyware）通常也表现为恶意软件，会监控计算机用户的上网记录并用于广告用途。

正是由于信息系统面临着如此多的威胁，一旦出现数据破坏、信息泄露的问题，将会给企业带来巨大的损失。因此，实施安全控制，降低威胁事件发生的概率是企业普遍使用的手段。

2．安全控制技术

企业可以应用多种工具和技术来防止或尽可能减少信息威胁，如使用备份、防病毒软件、防火墙、身份认证、加密技术、入侵探测和安全审核软件等。

（1）备份

要防止信息丢失，最简单的方法就是把全部文件进行备份。备份就是把存储在计算机上的全部信息进行复制的过程。没有什么方法比定期复制重要文件更基本更有效的了。由于丢失信息而造成的经济损失中，有2/3以上是源于员工的粗心大意。

（2）防病毒软件

安装防病毒软件是非常必要的。防病毒软件是扫描、消灭或隔离计算机病毒的软件。新的计算机病毒每天都在出现，而且一代更比一代危害性强。你至少定期检查如下病毒：

① 特洛伊木马病毒（隐藏在良性软件中的病毒）和后门程序（打开系统的通路，为以后的攻击做准备）；

② 病毒变种或蠕虫病毒，它们很难被防病毒软件发现，因为这些病毒会在传播过程中不断变换；

③ 在ZIP文件或其他压缩文件中的病毒；

④ 在电子邮件附件中的病毒。

安装防病毒软件的要点：一是防病毒软件能够杀灭病毒，但是同时不能破坏藏匿病毒的文件。二是新病毒随时出现，必须有规律地更新升级防病毒软件。

（3）防火墙

防火墙是网络互联环境下一种必需的安全设备，用于控制进入和流出网络的数据流的硬件和软件。通常放置在内、外部网络之间，对进出网络的信息和服务进行隔离和分析，保护内部网资源和信息。也可以用于内部网络，把某个部分与其他部分分隔开来（见图7-4）。

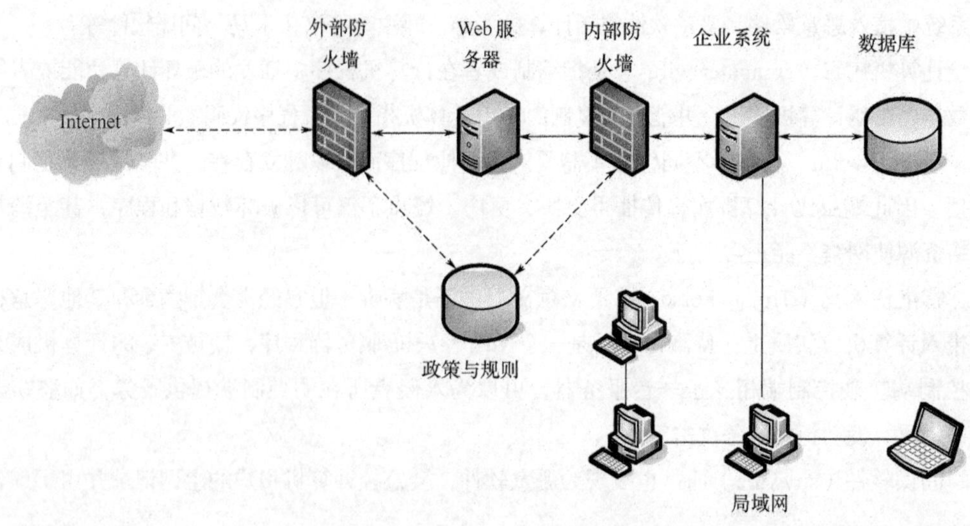

图7-4　企业防火墙

防火墙过滤技术主要包括静态分组过滤、状态检测、网络地址转换和应用代理过滤等。

分组过滤用于检查在安全的内联网和不安全的外联网之间传输的数据包的特定的头字段，过滤非法数据，可以避免多种类型的攻击。状态检测通过检测数据包是否是正在进行合法对话的发送方与接收方之间的数据来进一步加强安全检测。网络地址转换则是在分组过滤和状态检测的基础上进行进一步的安全防护，通过隐藏企业内部主机的 IP 地址，防止外部的嗅探器程序侵入和攻击企业内部计算机系统。应用代理过滤用于检查应用程序内容的分组数据包。外部数据进入内部计算机前先通过代理服务器的检查后，才传给内部的目的计算机。无论是由外部向内部发送信息，还是由内部向外部发送信息，都必须经过中间的应用代理服务器。

（4）身份确认

防火墙把外部人员拦在外面，但是没有把自己人也挡住。换句话说，没有得到授权的员工会尝试进入计算机系统或者某些文件。企业保护计算机系统的做法就是使用确认系统，查清楚来者是谁，然后放行。

自计算机问世以来，密码就被广泛使用。访问控制就是一种普遍使用的认证工具，包括企业用来防止非授权的内部访问与外部访问的所有政策和程序。用户若要访问系统中的信息，必须得到授权和认证。认证是指确认用户真实身份的能力。通常是通过只有用户知道的密码来认证用户身份，但有时用户会忘记密码，或者密码设置得过于简单，系统依然存在安全隐患。生物认证技术，如指纹识别、视网膜识别、面部识别等，能够克服密码认证的缺点，有效确认用户的真实身份。但由于成本较高，还尚未普及。

（5）加密技术

通过一组秘密的数字代码（即加密密钥）对信息进行加密，使传输的数据以混乱无意义的字符形式进行传输，要阅读加密的信息必须用与加密密钥相匹配的解密密钥进行解密，从而保证信息的完整性及认证问题。

目前，公钥加密的方法被普遍应用。公钥加密（见图 7-5）采用了两把不同的密钥：一把是公钥，一把是私钥。数据经公钥加密后，以混乱无意义的字符形式传送到接收方，只有经过私钥解密才能够阅读。

图 7-5　公钥加密

加密技术可用于解决消息完整性和认证的问题。消息完整性是指保证传输的消息未经复制和修改到达正确目的地的能力。数字签名和数字证书可用于认证过程。数字签名是在传输消息上附加的一串用于验证消息来源和内容的数字代码。数字证书是用来建立用户身份和电子资产的数据文件，需要通过一个具有公信力的第三方认证授权机构（certificate authority）验证用户身份。CA 认证授权机构首先收集数字证书用户的个人信息，并储存到 CA 服务器中，生成一份加密的数字证书，其中包括用户身份及公钥。当用户将加密消息发送给接收方时，接收方用 CA 公布在互联网上的公钥解密附加的数字证书，验证发送方的身份。接收方同样可以应用这种方法回复发送方。这种使用公钥密码系统和数字证书认证的方法，被称为公钥基础设施（Public Key Infrastructure，PKI），是目前最主要的安全认证方式。

（6）入侵探测和安全审核软件

安全软件包的另两种形式就是入侵探测和安全审核软件。入侵探测软件（IDS）的功能就是在网络系统上寻找不速之客或者形迹可疑的人。例如，某些人可能反复试验不同的密码希望进入某个系统。“蜜罐”软件是一种入侵探测系统，它会用凭空创造的很多诱人的但是不存在的目标吸引黑客，结果黑客的按键会被记录下来。

安全审核系统检查你的计算机或网络的潜在隐患，目的就是找出黑客可能攻击的薄弱环节并加以弥补。

7.3　道德、伦理和法律

随着信息技术的发展，利用计算机和网络侵犯个人隐私权以及在商业领域侵犯版权的问题比比皆是。在信息时代，我们应当清楚什么是道德的、合乎伦理的、合法的行为。

7.3.1　信息技术与隐私权

隐私权（privacy）是保证当事人按照个人意愿不受别人干扰，或者独立控制个人财产而不受他人随意查看的权利。随着信息技术的发展，个人隐私权的问题从现实社会延伸到网络空间。网络在给人们的生活带来便利的同时，也打破了时间、空间的界限，使作为隐私屏障的时间、空间在很大程度上失去了意义，给人们的生活方式和价值观带来了巨大的冲击。

1．隐私权与政府

政府是公民信息的最大数据收集者，政府的各个部门需要大量的私人信息来支持其工作，如社会保障、福利事业、助学贷款和执法等。大多数公民希望执法部门监视坏人，以保障公众的安全，但是，守法公民的信息在不知不觉中也被截获监听了。

2．隐私权与员工

工作中的隐私也是一个十分重要的问题。组织为防止员工做出不利于组织的事情或者是因私人原因使用组织的网络资源而影响正常工作，通常在工作场所安装摄像头，检查员工电子邮件，监听员工电话等。更有甚者，使用计算机监视系统，利用特殊的计算机程序跟踪员工的操作，可以监测到员工正在输入什么，什么时候不使用键盘或计算机系统，浏览什么网页，使员工的个人隐私受到极大的威胁。

3．互联网中的隐私问题

若不采取适当的预防措施，当你在互联网上浏览信息时，或通过互联网在线处理银行业务、网上购物时，你的个人信息及财务信息就有可能在因特网上被截取。这种监视和追踪网站到访者的行为都发生在系统背后，使用者并不知情。并且用来监视访问者在互联网上的行为的工具十分普遍，Cookie 就是网络监控的基本工具之一。Cookie 是一些小文件，当使用者浏览网站时，这些小文件便经由网站传送并存储在使用者的计算机硬盘中。这样 Cookie 就可以监控并记录使用者登录了什么网站，停留了多长时间，浏览了哪些网页，从什么站点链接到什么站点，等等。当然，从好的方面来说，网站可以通过发展推送技术为用户提供个性化服务，但更坏的情况是私人信息被黑客拦截或窃听。

同样，电子邮件也是毫无安全性可言的。随着因特网的发展，E-mail 已经在通信中广泛使用。但是 E-mail 在网络传送过程中，很可能要经过不同的网络。由于并不是所有的网络都使用相同的电子邮件格式，所以要由网关将电子邮件信息的格式转换为下一个网络系统可以识别和理解的格式。每个网关都要读出电子邮件信息中的收件人地址来选择传送路径。因此，一封电子邮件往往要在至少三四台不同的计算机上复制和存放（见图 7-6），而电子邮件中所包含的大量个人隐私存在着安全隐患。

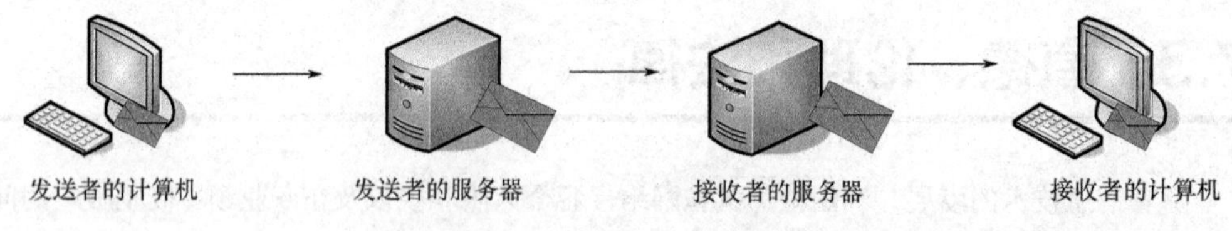

图 7-6　E-mail 在网络中的传送

除此之外，对隐私权的侵害还以新的形式表现出来，如“人肉搜索”。“人肉搜索”就是利用现代信息科技，变传统的网络信息搜索为人找人、人问人、人碰人、人挤人、人挨人的关系型网络社区活动，变枯燥乏味的查询过程为“一人提问、八方回应，一石激起千层浪，一声呼唤惊醒万颗真心”的人性化搜索体验。是通过人们之间的资料提供与汇集来寻找所需信息。当网上出现为广大人民所痛斥的行为或言论，在极短时间内，网民就可以通过“人肉搜索”找到源头，并将其人的详细信息曝光在互联网。

7.3.2 信息技术与知识产权

知识产权是指个人或公司所发展的无形资产，包括软件、音乐、视频、图像、文章、书籍及其他书面作品。信息技术使得知识产权的保护变得愈加困难，这是由于计算机化的信息在网络上很容易被复制和传输。例如，你可以通过互联网下载 MP3 音乐，还可以通过电子邮件的形式传播。这种非法复制和传播数字媒体的行为就是对知识产权的侵犯。盗版软件也是一个极端严重的问题。据估计美国的商业软件中有 1/4 是盗版的，而在世界的某些地方，超过九成的商业软件涉嫌盗版。作为软件业龙头的微软公司每年都收到超过 25000 件关于盗版的举报。网络知识产权涉及网络版权和域名两方面的内容。

1．网络版权

网络版权是信息技术发展、互联网普及带来的另一个伦理道德问题。在版权领域，传统的版权法主要是规范版权作品在有形空间中的创作、发行和销售问题，即“复制”行为。但是网络的无边界性却将这种复制行为发展到无形的空间进行。

利用信息技术侵犯版权，表现出了高科技的特点。

常见的 10 种网络版权侵权行为有：

① 未经作品权利人许可，擅自发表其作品；

② 未经合作作者许可，将与他人合作创作的作品当作个人单独创作的作品发表；

③ 为谋取个人利益，在他人作品上署名；

④ 歪曲、篡改他人作品；

⑤ 剽窃他人作品；

⑥ 未经许可擅自以复制、展览、发行、放映、改编、翻译、注释、汇编、摄制电影和类似摄制电影等方式将作品用于网络传播；

⑦ 将他人作品用于网络传播，未按规定支付报酬；

⑧ 侵犯版权邻接权的行为；

⑨ 规避或破坏保护作品版权的技术措施；

⑩ 破坏作品的权利管理信息。

2．域名

域名是因特网主机的地址，由它可转换为该主机在因特网中的物理位置。在实际应用中，许多企业都是以其名称或主要产品的商标作为域名，因其代表着企业的商誉和在虚拟社会中的市场商业机会，为企业带来的商业价值是不言而喻的。

受利益的驱使，加上域名管理制度上还有薄弱环节，近几年出现了以专门注册他人公司名称、商标等为域名，并以高价出售这些域名获利的单位和个人，从而引发了关于网络域名的争论。注册域名与注册商标是相似的，采用抢先原则和唯一性原则。一旦被恶意抢注，会给企业带来不可估量的损失。据称美国麦当劳公司就曾被人抢注了域名，最后竟花了 800 万美元从抢注者手中将域名买回。

域名抢注是域名侵权中危害性最大的一种行为，对域名的侵权行为还包括：

① 擅自使用他人注册商标、单词、字母注册域名的行为；

② 擅自运用他人注册商标的图形、图像并入自己的网页，或将他人商标的图形设计成自己网页的图标的行为；

③ 在自己的网页上使用他人商标建立连接，足以使消费者产生混淆的行为；

④ 将他人商标埋置在自己网页的原代码中的行为。

对于隐私权和知识产权等的侵权行为，必须出台相关法律进行规范。

7.3.3 信息安全立法

1966 年，美国一家银行的程序员通过修改程序，使他的信用卡可在系统无法觉察的情况下处于透支状态，这样他就可以在账户亏空的情况下持续消费。由于当时法律上还没有这方面的规定，所以只能按照输入错误来惩罚他。由此可见，信息安全立法是必要的。欧美国家在信息安全立法方面最为先进且最富经验，对我国信息安全立法具有借鉴意义。

1．美国信息安全立法

美国的信息安全立法侧重于规定公民或组织对数据获取权利的限制，尤其是信息卡数据和政府数据。隐私权、软件版权及计算机犯罪都是立法的重点。

1966 年美国出台了第一部计算机立法《信息自由法案》，主要是保障公民的个人自由，允许公民或组织获取政府所拥有的数据。但是并不是所有的数据信息都可以为个人获取，该法律规定了 9 种例外情形，包括：国家安全保密问题；政府机构的关于人事及活动的内务材料；法律规定的豁免材料，如人口普查档案、公共设施信息等；商业秘密；个人隐私文件；执法档案；金融机构材料；地质数据。这些信息都受法律保护，可不被公开。

《信息自由法案》是美国最重要的信息法律，也是其他信息安全保护法律的基础。在随后的几十年里，美国又出台了一系列保障信息安全的法律法规。如保护个人隐私权的《个人隐私保护法》《儿童隐私保护法》《电子隐私条例法案》等；保护知识产权方面的《千禧年数字版权法》《反域名抢注消费者保护法》；预防计算机犯罪的《计算机欺诈及滥用法案》《电信诈骗法》《网上电子安全法案》《反电子盗窃法》《经济间谍法案》等；维护信息基础设施的《国家信息基础设施保护法案》等。美国不仅关注信息安全带来的伦理道德问题，同样注重在打击计算机和网络犯罪方面加强国际合作的必要性，同欧洲委员会近 30 个成员国签署了《计算机犯罪公约》。这也是第一个用于国际社会合作打击网络犯罪的国际性多边公约。

美国信息安全立法有以下几个显著特点。

① 强调政府信息公开的优先性。如《信息自由法案》，政府信息的保护范围是通过“例外”的方式来规定的。

② 信息安全立法比较完善，层次分明。既有联邦层次立法，还有州级立法；既有立法机构的立法，还有行政机关的法规条例。

③ 美国信息安全倾向于行业自律，针对特定行业信息立法，如金融信息、医疗信息等。

2．欧盟信息安全立法

欧盟自成立以来，就以超级大国的形式制定了一整套关于构建信息安全框架的政策规范。1992 年（此时欧盟称作欧洲经济共同体）出台的《信息安全框架决议》目的就在于保护一般用户、行政管理部门和工商业界存储的电子信息。另外还包括《欧洲电子商务提案》《关于数据库法律保护的指令》《关于内部市场中与电子商务有关的若干法律问题的指令》《协调信息社会中特定著作权和著作邻接权指令》《软件保护指令》等。同时欧盟的各成员国在欧盟统一的法律规范指导下，依据各自的实际情况还制定了促进本国信息化发展的法律法规，如英国的《电子通信法》、爱尔兰的《电子商务法》、德国的《信息与通信服务法》等。因此，欧盟的信息安全法律规范体系是由统一的法律规范和各成员国各自的法律规范两个层面的内容构成的。

欧盟信息安全立法的特点是：

① 采取注重欧盟整体信息化推进、法制统一与充分发挥各国特长和优势相结合的原则，全面推进信息化的发展。

② 利用欧洲一体化的优势，协调各国的法制环境，为信息化与贸易、交流创造无障碍的法制环境。

③ 重视对信息服务内容的管制和净化，如针对互联网服务提供商（ISP），很多欧洲国家都采取了较为严格管理的态度。特别是有人在 ISP 提供的主页空间上有侵犯他人的知识产权或名誉权时，ISP 要承担连带责任。

④ 重视保护网络隐私权。

3．我国的信息安全立法之路

自 1994 年国务院颁布了《中华人民共和国计算机信息系统安全保护条例》至今，我国已初步建立信息安全管理法律体系。目前，相关法律法规大致可以分为以下 3 类。

① 《中华人民共和国宪法》（以下简称《宪法》）。《宪法》并没有对信息网络安全进行具体规定，但作为国家的最高行为准则，信息网络安全的有关法律、法规或网络行为都必须符合《宪法》的规定。

② 一般性法律，如《中华人民共和国国家安全法》《中华人民共和国保守国家秘密法》《中华人民共和国著作权法》《中华人民共和国电子签名法》等并没有专门对网络行为进行规定，但是它所规范和约束的对象中包括了危害信息网络安全的行为。

③ 相关的法规、规章，如《中华人民共和国计算机信息系统安全保护条例》《计算机信息网络国际互联网安全保护管理办法》《中华人民共和国计算机信息网络国际联网暂行规定》《计算机病毒防治管理办法》等对信息网络安全问题做出了专门规定。

可见，目前我国的信息安全立法体系还不科学，没有引领信息安全保障的基本法，实用性不强。因此未来信息安全立法应当注意以下几个方面。

① 建立信息安全基本法。我国面临着严峻的网络信息安全形势，但到目前为止还没有一部统一的信息法，各种相关的法律法规分散在计算机法、信息法、互联网法中，不利于信息安全监管。由于信息安全条款分散于各种法中，立法层次普遍偏低，法规内容缺乏统一的规划，应用于司法过程中的可操作性差。

② 信息安全立法应具有前瞻性。任何法律的制定由于要保证法律的权威性和稳定性，便不可避免地会导致法律的滞后性和不适应性。这一点在现在这个科技日新月异的网络时代显得更加明显。信息技术飞速发展，随时会给人们的工作、生活带来新的问题。因此立法时应考虑信息技术的发展趋势及可能带来的问题。虽然立法前瞻并非易事，但也不是绝无可能。

美国两百多年前的宪法就颇具前瞻性。

③ 加强国际交流与合作。应对信息安全并不是一个国家的问题，建立信息安全相关法律也需要国与国间的通力合作。特别是欧美国家在处理信息安全事件及立法方面经验丰富，值得我国在信息安全立法过程中参考。

本章小结

人们在享受管理信息系统带来的高效和便利之后，开始致力于开发更加便利、功能更加齐全的信息系统。管理信息系统的发展离不开各种信息技术，特别是云计算、大数据、无线技术和基于人因学的人机交互技术。无论是软件即服务模式，还是推技术，无论是射频识别技术，还是 GPS，无论是生物测定技术，还是虚拟现实，都能为管理信息系统带来新的模式。可穿戴计算机和移动商务应能为人们的工作、生活带来新的飞跃。

同时我们也不得不关注信息安全问题。各国政府在这方面做出了大量努力，建立信息安全标准，深入研究信息安全技术，同时以法律手段规范不道德的行为。我国的信息安全立法还有很长远的路，如何吸收国外立法的相关经验，尽早建立健全的信息安全法律体系是目前的重点工作。

本章思考题

1. 什么是云计算？它有哪三种最基本的服务模式，哪种服务模式与管理信息系统最为密切？
2. 什么是大数据，它有哪些特点？
3. 思考射频识别技术和 GPS 技术可为信息系统带来何种发展？
4. 什么是虚拟现实？试举例其在信息系统中的应用。
5. 目前有哪些生物测定技术？应用生物测定技术如何提供身份识别的帮助？
6. 什么是移动商务？哪些技术的发展能促进移动商务的发展？
7. 简述信息系统面临的风险及安全保障技术。
8. 什么是隐私权？你认为应当如何保障网络隐私权和知识产权？

中英文对照

Software as a Service （SaaS）软件即服务

Platform as a Service（PaaS）平台即服务

Infrastructure as a Service（IaaS）基础设施即服务

Cloud Computing 云计算

Big Data 大数据

Radio Frequency Identification（RFID）射频识别技术

Global Positioning System（GPS）全球定位系统

Automatic Speech Recognition（ASR）自动语音识别

Virtual Reality 虚拟现实

Wearable Computer 可穿戴计算机

Trusted Computer System Evaluation Criteria（TCSEC）可信计算机系统安全评价标准

Canadian Trusted Computer Product Evaluation Criteria（CTCPEC）加拿大信息安全评价标准

Common Criteria for Information Security Evaluation（CC）信息技术安全评价的通用标准

Denial of Service（DoS）拒绝服务

Distributed Denial of Service（DDoS）分布式拒绝服务

第8章 课程实验

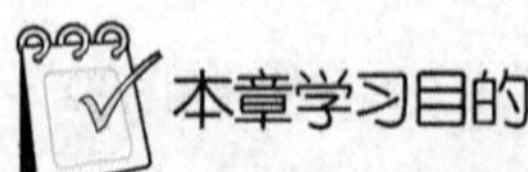
本章学习目的

管理信息系统正逐步应用于企事业组织各个环节，提高了企事业组织的管理效率和工作质量。在学习“管理信息系统”课程时，通过实验安排，既可以让同学们感性地认识和体会利用计算机信息技术手段建立的管理信息系统，以及管理信息系统对提高企事业运行的作用，又可以强化基础理论的理解与应用，培养学生动手能力和系统分析、开发、应用、管理的综合素质。

考虑到学习“管理信息系统”课程的学生专业不同，学生的计算机基础知识强弱有差异，我们设计了三个管理信息系统实验：

（1）ERP 软件流程应用，通过操作现有的 ERP 软件，让学生感知管理信息系统，熟悉企业的业务流程。

（2）单项业务系统开发，锻炼学生的系统分析与设计能力。

（3）商务智能应用，让学生感知对 MIS 发展有着重要影响的新技术。

8.1 ERP 软件流程应用

8.1.1 实验目的

（1）通过学习用友 ERP 软件中供应链模块的使用方法，了解企业管理信息系统的总体功能结构，掌握软件的操作方法，对管理信息系统有感性认识。

（2）通过操作用友 ERP 软件，使学生熟悉企业运作的基本流程。

8.1.2 实验内容

（1）根据实验指导书（见附件 1），在用友 ERP 软件上完成采购、销售和库存管理中建立账套、基础数据维护和各项业务等操作。

（2）了解数据项的含义，体会企业内部信息共享的实现方式和重要性。

（3）思考和总结企业中采购、销售、库存管理领域的各项业务的操作流程。

8.2 单项业务系统开发

8.2.1 实验目的

（1）能够正确运用系统设计的过程与方法，结合一个小型课题，复习、巩固管理信息系统中系统设计知识，提高系统设计实践能力。

（2）熟悉代码设计、数据存储设计、输入/输出设计等环节，并编制相应的文档及程序编写。

（3）进一步树立正确的系统设计、实施思想，培养分析问题、解决问题的能力，提高查询资料和撰写书面文件的能力。

8.2.2 实验内容

（1）选择前面熟悉的用友 ERP 的某个模块，对其进行功能分析、业务流程和数据流程分析，并进行模块的设计，包括数据存储设计、功能结构图设计、系统流程图设计、输入/输出设计等。

（2）在完成系统分析与设计的基础上，设计程序实现上述模块。

8.3 商务智能应用

8.3.1 实验目的

（1）通过本实验让学生感知对 MIS 有着重要影响的高新技术，激发其学习兴趣。

（2）加深课堂中数据挖掘理论知识的理解。

8.3.2 实验内容

（1）根据实验指导书（见附件 2），构建分类模型，预测银行贷款申请是否应该放贷，辅助贷款审批人员进行科学决策。

（2）采用 K-means 聚类方法进行客户细分。

附件 A：用友 ERP 软件流程应用实验指导书

采购管理练习题

一、建账工作（单击“开始”—“程序”—“U8 管理软件”—“系统服务”—“系统管理”）

1. 注册“系统管理员”（单击“系统”—“注册”—系统管理员为 admin—账套为 Default—“确定”）

2. 增加操作员：lm 刘敏（或者是自己的学号、姓名）（单击“权限”—“用户”—“增加”）

3. 创建账套（单击“账套”—“建立”）

账套如果建立不正常，后面登录时会提示“不存在的会计年”，建立过程中会看到启用会计期为当前日期，不正常的账套会显示为以往的会计期。

（1）账套号—105；账套名—采购管理练习；启用日期：当前月份。

（2）单位名称：本单位全称。

（3）本位币—人民币；企业类型—工业企业；行业性质—新会计制度科目。

（4）存货需要分类，客户和供应商均不需要分类，无外币核算。

（5）编码方案：存货—1 2；部门—2；收发类别—1 2；其他信息沿用默认值。

（6）数据精度：沿用默认值。

（7）系统启用：选择当月的第一天启用“采购管理”系统。

4. 权限分配（单击“权限”—“权限”—选择205账套）

选中lm刘敏，单击“账套主管”赋予该账套的所有权限。

二、初始化设置（单击“开始”—“程序”—“U8 管理软件”—“企业应用平台”—操作员输入lm，账套选择205采购管理练习，操作日期选择当月1号—确定）

若建账套的第（7）步未做，则进行以下操作：基本信息—系统启用—选择当月的第一天启用“采购管理”系统。

1. 基础档案（企业门户设置页签—基础档案）

（1）部门及职员档案（基础档案—机构设置，其中部门信息在“部门档案”中录入，职员信息在“人员档案”中录入）。

编号	部门名称	职员编号	职员名称
01	采购部	0101	李钢
02	销售部	0201	林同
03	仓库	0301	薛明

（2）供应商档案（基础档案—客商信息）。

供应商编号	供应商名称
01	南京钢铁厂
02	苏州轴承厂
03	深圳机械批发公司

（3）存货信息（基础档案—存货）。

A. 计量单位（先“分组”录入单位组信息，即前三列，再设置“单位”录入单位信息，即后二列）。

计量单位组编码	计量单位组名称	计量单位组类别	计量单位编码	计量单位名称
1	无换算组	无换算	01	吨
		无换算	02	套
		无换算	03	台
		无换算	04	把

B. 存货分类。

分类编码	分类名称
1	原材料
101	原料及主要材料
102	外购半成品
2	燃料
3	低值易耗品
4	自制半成品
5	产成品

C. 存货档案。

存货编码	名称	计量单位	所属分类	属性	税率（%）
10101	铸铁件	吨	101	外购、生产耗用	17
10201	轴承	套	102	外购、生产耗用	17
201	原煤	吨	2	外购、生产耗用	17
301	专用工具	把	3	外购、生产耗用	17

（4）仓库档案（基础档案—业务）。

编码	名称	计价方法
1	原料库	移动平均

（5）收发类别（基础档案—业务）。

编码	名称	收发标志	编码	名称	收发标志
1	入库	收	2	出库	发
101	采购入库	收	201	销售出库	发
102	产成品入库	收	202	领料出库	发
103	半成品入库	收	203	调拨出库	发
104	调拨入库	收	204	盘亏出库	发
105	盘盈入库	收	205	其他出库	发
106	其他入库	收			

2. 期初数据（在采购管理“业务”页中，将期初暂估入库和期初在途各明细通过“采购入库”录入后，做期初记账处理，即供应链管理—设置—期初记账）

暂估入库（货到票未到）：上月末从南京钢铁厂购进原煤 200 吨，入 1 号仓库，入库类别为 101 采购入库，暂估单价 6000。

注意：在填写采购入库单时，时间要改为上月末。

如何操作：

在“业务”页先单击“供应链—采购管理—采购入库—入库单—增加”（这时表头是期初采购入库单），入库单编号会自动出现，然后填写各项内容。在填写采购入库单时，时间要改为上月末。填完后保存、退出（如果不退出就无法记账）。

然后单击“采购管理—设置—采购期初记账”，这里是期初记账处理（如果不记账，后面的入库单都将是期初入库单）。

三、日常业务

进行相关业务处理（业务日期选择当日）。

第一笔业务过程如下（订购—到货—入库—发票—结算）。

（1）发生的业务：向苏州轴承厂（供货商）订购轴承 400 套。

如何操作：填制采购订单并审核（在“采购管理—采购订货—采购订单”里面，点“增加”填新单据，价格先不填，填好数据后，保存—审核—退出）。

（2）发生的业务：向苏州轴承厂采购的轴承已全部到货准备检验。

如何操作：填制采购到货单［采购到货—到货单—增加（部门填仓库）—保存—退出］，可以直接输入或者复制生成。

拷贝方法：如果在表格里面单击右键，选择拷贝采购订单，不输入任何条件直接点过滤，在对应订单行前面的选择框下面单击，再确定，该行内容会复制到“到货单”里面。

（3）发生的业务：经过检验后发现采购的轴承有 10 套不符合要求需要退回厂家。

如何操作：填制到货退回单（采购到货—退回单—增加，数量在英文状态写-10，填完后保存—退出）。

（4）发生的业务：其余 390 套轴承验收入 1 号仓库，入库类别为采购入库。

如何操作：填制采购入库单（不是期初采购入库单，要单击“增加”出现新单子后再填，要填供货单位，保存后退出）。

（5）发生的业务：收到苏州轴承厂开来的增值税专用发票，数量 390 套，发票单价为 355。

如何操作：填制专用采购发票（代垫单位要填，供应商要填，单价要填，保存后退出）。

发票的内容可以从入库单复制，方法同上。

（6）对上述采购轴承的业务进行采购结算处理（采购结算—自动结算）。

结算结果可在“结算单列表”中看到，对应的入库单号和发票号放在一起。能够正常结算说明前面的操作正确。

也可以选择手工结算，在“选单”里面执行刷入（代表入库单）和刷票（代表发票），在需要结算的行前面“选择”列下面单击，最后确定，单击“结算”显示“结算完成”即可。

第二笔业务请自行操作完成，内容如下。

（1）本月向南京钢铁厂采购原煤 100 吨，货到验收入 1 号仓库，请通过订单、到货及入库流程完成相关处理。

（2）本月收到南京钢铁厂开来采购原煤业务的专用发票，数量为 300 吨（包括期初的 200 吨），发票单价 6100 元，请填制采购专用发票。

（3）对上述采购原煤的业务进行采购结算处理。

注意：结算时如果要指定日期范围，要将起始日期改为当前月份的前一个月（因为期初的入库单日期在前一个月），否则系统看到发票 300 吨，入库单只有 100 吨，认为不能匹配，将不会进行结算。

（4）向深圳机械批发公司订购专用工具，数量 200，货到入 1 号库，发票没收到，请填制采购订单、到货单和入库单。

四、期末工作

月末结账（按操作向导进行月末结账的工作）

五、账簿查询

查询未完成业务明细表、订单执行情况统计表、暂估入库余额表、入库明细表及发票明细表等（在报表—统计表或采购账簿下面）。

如果本次实验下机时没做完，希望下次继续，需要备份账套，按如下操作备份：

（1）退出企业应用平台。

（2）进入系统管理，注册（用 admin）。

（3）在 E 盘建立文件夹，到系统管理中执行“账套—输出”，选择要备份的账套名称、备份的位置（刚才建的文件夹）。

下次实验前如何恢复：

（1）进入系统管理，注册（用 admin）。

（2）执行“账套—引入”，选择备份的文件（上次建的文件夹下面）。

销售管理练习题

一、建账工作（单击“开始”—“程序”—“U8 管理软件”—“系统服务”—“系统管理”）

1. 注册“系统管理员”（单击“系统”—“注册”—系统管理员为 admin—“确定”）

2. 增加操作员：zm 朱明（单击“权限”—“用户”—“增加”）

3. 创建账套（单击“账套”—“建立”）

（1）账套号—106；账套名—销售管理练习；启用日期：当前月份。

（2）单位名称：本单位全称。

（3）本位币—人民币；企业类型—工业企业；行业性质—新会计制度科目

（4）存货需要分类，客户和供应商均不需要分类，无外币核算

（5）编码方案：存货—1 2；部门—2；收发类别—1 2；其他信息沿用默认值。

（6）数据精度：沿用默认值。

（7）系统启用：选择当月的第一天启用“销售管理”系统。

4. 权限分配（单击“权限”—“权限”—选择 306 账套）。

选中 zm 朱明，单击“账套主管”赋予该账套的所有权限。

二、初始化设置（单击“开始”—“程序”—“U8 管理软件”—“企业应用平台”—操作员输入 zm，账套选择 306 销售管理练习，操作日期选择当月 1 号—确定）

1. 基础档案（企业门户设置页签—基础档案）

（1）部门及职员档案（基础档案—机构设置）。

编号	部门名称	职员编号	职员名称
01	采购部	0101	李钢
02	销售部	0201	林同
03	仓库	0301	薛明

（2）客户档案、供应商档案（基础档案—往来单位）。

客户编号	客户名称	供应商编号	供应商名称
01	洛阳轴承厂	01	南京钢铁厂
02	武汉钢窗厂	02	苏州轴承厂
03	市物资公司	03	深圳机械批发公司
04	深圳电器批发公司		

（3）存货信息（基础档案—存货）。

A. 计量单位（先分组再设置单位）。

计量单位组编码	计量单位组名称	计量单位组类别	计量单位编码	计量单位名称
1	无换算组	无换算	01	吨
		无换算	02	套
		无换算	03	台
		无换算	04	把

B. 存货分类。

分类编码	分类名称
1	原材料
101	原料及主要材料
102	外购半成品
2	燃料
3	低值易耗品
4	自制半成品
5	产成品

C. 存货档案。

存货编码	名称	计量单位	所属分类	属性	税率(%)
10101	铸铁件	吨	101	外购、生产耗用、销售	17
10201	轴承	套	102	外购、生产耗用	17
201	原煤	吨	2	外购、生产耗用	17
301	专用工具	把	3	外购、生产耗用	17
401	LY125 半	台	4	自制、在制、生产耗用、销售	17
501	LY125	台	5	自制、销售	17

(4)仓库档案(基础档案—业务)。

编码	名称	计价方法
1	原料库	移动平均
2	半成品库库	全月平均
3	产成品库	全月平均

(5)收发类别(基础档案—业务)。

编码	名称	收发标志	编码	名称	收发标志
1	入库	收	2	出库	发
101	采购入库	收	201	销售出库	发
102	产成品入库	收	202	领料出库	发
103	半成品入库	收	203	调拨出库	发
104	调拨入库	收	204	盘亏出库	发
105	盘盈入库	收	205	其他出库	发
106	其他入库	收			

(6)销售类别(基础档案—业务)。

编码	销售类型	出库
01	零售	销售出库

2. 期初数据(在销售管理中将期初发货未开票的明细录入并审核)

期初发货:上月发给武汉钢窗厂铸铁件 10 吨,从 1 号仓库出货,出库类别为销售出库。

三、日常业务

进行相关业务处理(注意登录系统日期)。

(1)当月 10 日销售给武汉钢窗厂 LY125 成品 5 台,填制销售订单并进行审核。

(2)根据销售合同将武汉钢窗厂的 5 台 LY125 成品从 2 号仓库出货,请填制销售发货单并审核。

(3)将上述销售业务进行销售开票处理,开具普通发票,单价为 31000。

(4)当月 25 日武汉钢窗厂退回 1 台 LY125 成品入 1 号仓库,填制销售退回单并审核(红字发货单)。

（5）根据客户和税务当局规定给对方开具红字普通发票。

四、期末工作

月末结账（按操作向导进行月末结账的工作）

五、账簿查询

查询销售订单执行情况表、销售发货开票收款勾对表、销售明细账、销售明细表等。

库存管理练习题

一、建账工作（单击“开始”—“程序”—“U8 管理软件”—“系统服务”—“系统管理”）

1. 注册“系统管理员”（单击“系统”—“注册”—系统管理员为 admin—“确定”）

2. 增加操作员：wj 王军（单击“权限”—“用户”—“增加”）

3. 创建账套（单击“账套”—“建立”）

（1）账套号—108；账套名—库存管理练习；启用日期：当前月份。

（2）单位名称：本单位全称。

（3）本位币—人民币；企业类型—工业企业；行业性质—新会计制度科目。

（4）存货需要分类，客户和供应商均不需要分类，无外币核算。

（5）编码方案：存货—1 2；部门—2；收发类别—1 2；其他信息沿用默认值。

（6）数据精度：沿用默认值。

（7）系统启用：选择当月的第一天启用“库存管理”系统。

4. 权限分配（单击“权限”—“权限”—选择 308 账套）

选中 wj 王军，单击“账套主管”赋予该账套的所有权限。

二、初始化设置（单击“开始”—“程序”—“U8 管理软件”—“企业门户”—操作员输入 wj，账套选择 308 库存练习，操作日期选择当月 1 号—确定）

1. 基础档案（企业门户设置页签—基础档案）

（1）部门及职员档案（基础档案—机构设置）。

编号	部门名称	职员编号	职员名称
01	采购部	0101	李钢
02	销售部	0201	林同
03	装配车间	0301	薛明
04	成品车间	0401	朱丽

（2）客户档案、供应商档案（基础档案—往来单位）。

客户编号	客户名称	供应商编号	供应商名称
01	洛阳轴承厂	01	南京钢铁厂
02	武汉钢窗厂	02	苏州轴承厂
03	市物资公司	03	深圳机械批发公司
04	深圳电器批发公司		

（3）存货信息（基础档案—存货）。

A. 计量单位（先分组再设置单位）。

计量单位组编码	计量单位组名称	计量单位组类别	计量单位编码	计量单位名称
1	无换算组	无换算	01	吨
		无换算	02	套
		无换算	03	台
		无换算	04	把

B. 存货分类。

分类编码	分类名称
1	原材料
101	原料及主要材料
102	外购半成品
2	燃料
3	低值易耗品
4	自制半成品
5	产成品

C. 存货档案。

存货编码	名称	计量单位	属性	税率（%）
10101	铸铁件	吨	外购、生产耗用	17
10201	轴承	套	外购、生产耗用	17
201	原煤	吨	外购、生产耗用	17
301	专用工具	把	外购、生产耗用	17
401	LY125 半	台	自制、在制、生产耗用、销售	17
501	LY125	台	自制、销售	17

（4）仓库档案（基础档案—业务）。

编码	名称	计价方法
1	原料库	移动平均
2	半成品库	全月平均
3	产成品库	全月平均

（5）收发类别（基础档案—业务）。

编码	名称	收发标志	编码	名称	收发标志
1	入库	收	2	出库	发
101	采购入库	收	201	销售出库	发
102	产成品入库	收	202	领料出库	发
103	半成品入库	收	203	调拨出库	发
104	调拨入库	收	204	盘亏出库	发
105	盘盈入库	收	205	其他出库	发
106	其他入库	收			

2. 期初数据录入（企业门户业务页签—供应链—库存管理—设置菜单—期初结存，分仓库点“修改”录入各存货明细，期初录入后一定要审核，否则后面业务4-6销售出库填不了）

仓库	存货编码	数量	单价
1	10101	200	3100
1	10201	300	360
2	401	120	25000
3	501	300	30000

三、日常业务

1. 填制相关业务单据（业务日期选择当日）

（1）从苏州轴承厂购进轴承（10201）400套，入1号仓库，入库类别为采购入库，单价355。

（2）从南京钢铁厂购进原煤200吨，入1号仓库，入库类别为采购入库，单价6000。

（3）退回苏州轴承厂10套轴承，从1号仓库退回厂家，入库类别为采购入库，单价355（在采购入库里选红字，-10）。

（4）销售给武汉钢窗厂LY125成品5台，从3号仓库出货，出库类别为销售出库（如果同时开通销售管理，则4~6在销售发货里做）。

（5）销售给市物资公司LY125半成品10台，从2号仓库出货，出库类别为销售出库。

（6）销售给武汉钢窗厂的LY125现退货2台，退回3号仓库，出库类别为销售出库。

（7）装配车间从1号仓库领用轴承250套，出库类别领料出库。

（8）成品车间完工产成品LY125 14台，入3号仓库，入库类别为产成品入库。

（9）装配车间完工自制半成品LY125半20台，入2号仓库，入库类别为半成品入库。

（10）月末仓库盘点发现轴承多1套，半成品LY125少1台。

2. 单据审核（单据列表界面进行相关单据的审核）

四、期末工作

月末结账（按操作向导进行月末结账的工作）

五、账簿查询

1. 现存量

2. 流水账

3. 库存台账查询

4. 收发存汇总表

5. 存货分布表

附件 B：商务智能应用实验指导书——分类挖掘

数据来源：UCI 机器学习库中的 Credit Screening Database，该数据库有 125 条记录，10 个决策属性和 1 个分类属性。分类属性将数据库分成两类（Yes 或 No），Yes 类表示同意贷款，No 类表示拒绝贷款。

实验软件：Insightful Miner8.0 数据挖掘软件

挖掘算法：决策树 ID3 算法

实验步骤：

主要步骤：数据选择──→数据挖掘──→结果评价──→应用模型预测──→结果输出

1. 打开 I-Miner 软件

单击开始—程序—Insightful Miner，选择“创建新工作簿”—按“确定”。

2. 数据选择

按住“读 Excel 文件”图标（“数据读入”—“读 Excel 文件”），将其拉入右侧的“工作簿”（WorkSheet）中，然后进行如下属性设置：（右键单击“读 Excel 文件”图标，打开“属性”编辑框）

（1）通过“浏览”按钮选中待挖掘的数据（从 FTP 上下载的“Credit Screening”Excel 文件）；

（2）选择工作簿为“Credit Screening”；

（3）设置缺省列类型为“Category”；

（4）单击“更新预览”按钮，查看是否能够读取出数据。

然后运行“读 Excel 文件”图标（右击“读 Excel 文件”图标，选择“运行至此”）。

3. 创建分类模型

按住“分类型决策树”图标（模型—分类型模型—分类型决策树），将其拉入右侧的“工作簿”（WorkSheet）中，并将其与“读取 Excel 文件”连接起来；然后进行如下属性设置：（右击“分类型决策树”图标，打开“属性”编辑框）。

（1）选择分类的目标属性：本实验中设置“因变量列”为列“Granted”；

（2）选择决策属性：本实验中将所剩下的“可用列”设置为“自变量列”；

（3）其他属性采用默认设置。

然后运行“分类型决策树”图标（右键单击“分类型决策树”图标，选择“运行至此”）。

（4）查看决策树：右键单击“分类型决策树”图标，选择“查看器”，就可以看到刚才创建的决策树模型。

4. 应用模型预测

按住“预测”图标（“模型”—“预测方法”—“预测”），将其拉入右侧的“工作簿”（WorkSheet）中，并将其与“分类型决策树”连接起来；同时将其与一待预测的数据文件（可将预测的数据保存至 Excel 文件，如 predict.xls，然后按步骤 2 所示方法进行设置）连接起来。

然后右键单击“预测”图标，选择“运行至此”。

5. 结果输出

按住“写文本文件”图标（“数据输出/写文件”—“写文本文件”），将其拉入右侧的“工作簿”（WorkSheet）中，并将其与“预测”连接起来；然后进行如下属性设置：（右键单击“写文本文件”图标，打开“属性”编辑框）

（1）在“属性”页面，单击“浏览”，选择输出文本文件保存的路径。

（2）在“文件名”文本框中，单击浏览选择输出文件路径，然后再输入 result.txt。在“分隔符”列表框中选择 tab delimited，单击“确定”按钮。

（3）运行该步骤即可。

（4）打开 result.txt 查看预测结果。

参考文献

[1] 鲍德里亚. 消费社会[M]. 刘成富，金志刚，译. 南京：南京大学出版社，2000.

[2] 许小君. 广告法律与案例[M]. 北京：中国广告电视出版社，1995.

[3] 王诗文. 电视广告[M]. 北京：中国广播电视出版社，2005.

[4] 赵育冀. 现代广告学[M]. 北京：中国商业出版社，1987.

[5] 刘林清. 中国广告学[M]. 北京：人民日报出版社，1988.

[6] 丁俊杰. 现代广告通论[M]. 北京：中国物价出版社，1997.

[7] 邓白云. 中国广告实用手册[M]. 上海：上海世界图书出版公司，1994.

[8] 陈培爱. 中外广告史[M]. 北京：中国物价出版社，1997.

[9] 欧阳康. 现代广告[M]. 北京：中国社会出版社，1996.

[10] 陆剑清. 市场营销学[M]. 北京：北京大学出版社 2010.7.

[11] 孟韬，毕克贵.营销策划[M]. 北京：北京机械工业出版社，2010.6.

[12] 陈爱国. 广告原理与实务[M]. 北京：北京冶金工业出版社，2008.6.

[13] 陈放，聂德彬. 广告策划[M]. 北京：蓝天出版社，2005.5.

[14] 胡晓云，张健康. 现代广告学[M]. 杭州：浙江大学出版社，2007.3.

[15] 张金海. 20 世纪广告传播理论研究[M]. 武汉：武汉大学出版社，2002.

[16] 王伟明. 广告学导论[M]. 上海：上海交通大学出版社，2009.

[17] 倪宁. 广告学教程（第二版）[M]. 北京：中国人民大学出版社，2004.

[18] 赛佛林. 传播理论：起源、方法和应用[M]. 北京：中国传媒大学出版社，2006.

[19] 郭庆光. 传播学教程[M]. 北京：中国人民大学出版社，1999.

[20] 王纯菲. 广告传播的民族文化功能[J]. 辽宁大学学报，2005，33（01）.

[21] 金涛声. 广告的文化传播效应[J]. 宁波大学学报，2000，（12）.

[22] 张玥. 广告文案的语用分析[D]. 天津：天津师范大学，2006.

[23] 彭飞. 广告文化的文化整合与社会作用[J]. 理论界，2005，10.

[24] 宋玉书. 商业广告的文化功能与文化责任[J]. 新闻与传播研究，2000，04.

[25] 滕文晓. 现代广告与中国传统元素[J]. 泰山学院学报，2009，02.

[26] Kevin Keller. 战略品牌管理（Strategic Brand Management）[M]. 北京：中国人民大学出版社 2003.

[27] 陆安生. 管理信息系统[M]. 北京：中国水利水电出版社，2007.

[28] 马慧，陆一平. 管理信息系统[M]. 北京：清华大学出版社，2010.

[29] 陈晔武. 企业 ERP 系统造型的路径研究[J]. 中国水运，2007，7（5）：205.

[30] 淡海英. 软件项目中系统测试概述[J]. 工业仪表与自动化装置，2014（6）：15-16.